U0882727

本套丛书得到北京市教委
“北京市中小学特级教师研修工作室”项目资助

SHUXUE JIAOXUE DE LUOJI

JIYU SHUXUE BENZHI DE FENXI

数学教学的逻辑

——基于数学本质的分析

张 鹤 著

首都师范大学出版社
CAPITAL NORMAL UNIVERSITY PRESS

图书在版编目（CIP）数据

数学教学的逻辑：基于数学本质的分析 / 张鹤著. —北京：首都师范大学出版社，2016.10（2024.3 重印）

ISBN 978-7-5656-3180-1

Ⅰ.①数… Ⅱ.①张… Ⅲ.①中学数学课—教学研究 Ⅳ.①G633.602

中国版本图书馆 CIP 数据核字（2016）第 219599 号

SHUXUE JIAOXUE DE LUOJI

数学教学的逻辑

——基于数学本质的分析

张鹤 著

责任编辑 来晓宇

首都师范大学出版社出版发行

地 址 北京西三环北路 105 号

邮 编 100048

电 话 68418523（总编室） 68982468（发行部）

网 址 http：//cnupn.cnu.edu.cn

印 刷 北京印刷集团有限责任公司

经 销 全国新华书店

版 次 2016 年 10 月第 1 版

印 次 2024 年 3 月第 9 次印刷

开 本 710 mm×1000 mm 1/16

印 张 13

字 数 235 千

定 价 45.00 元

版权所有 违者必究

如有质量问题 请与出版社联系退换

丛书编委会

主　编　孟繁华　张景斌

编　委　张景斌　郑开义　张彬福　刘晓玫

续佩君　林培英　叶小兵　孙素英

苏尚峰　李延林　王尚志　杨朝晖

卢慕稚　杨　光　黄鸣春　李兵红

序

习近平同志在2014年我国第三十个教师节前夕同北京师范大学师生代表座谈时谈道："一个人遇到好老师是人生的幸运，一个学校拥有好老师是学校的光荣，一个民族源源不断涌现出一批又一批好老师则是民族的希望。"

"国家大计，教育为本；教育大计，教师为本"已成为尽人皆知的道理。因此，教师队伍建设始终是各级政府都十分重视的一项工作。北京市为适应基础教育改革与发展的需要，落实国家和北京市中长期教育发展规划纲要，在"十二五"期间实施了"首都名师、名校长、教育家培养工程"和"农村教师素质提升计划"，加大对农村教师、中青年骨干教师、特级教师、市级学科教学带头人和基础教育名师名校长及教育名家培养的力度，全面提升教师专业发展水平，促进首都教育质量的全面提升。

特级教师作为基础教育教师队伍中具有特殊作用与地位的群体，其专业发展受到广泛关注。特级教师如何在现有基础上取得专业发展上的突破以带领更多的教师进步、成长，成为困扰许多人包括特级教师自身的问题。分析特级教师这个群体的一些特征：他们在教学实践中积累了丰富的学科教学经验；习惯于对学科课程问题和怎么教进行思考；在学科教学方面形成了一定的影响力；寻求在学科教学方面的进一步发展，但取得新的突破很难。我们不否认一部分特级教师中的佼佼者已经突破了发展的瓶颈，但多数特级教师缺乏对自身经验进行解释的意识和能力。可以说对特级教师而言，新的突破就在于对已有经验的超越！针对于此，2013年首都师范大学受北京市教委的委托，承担了"北京市中小学特级教师研修工作室"项目。该项目将"通过学习研修，使入站研修的特级教师深入理解学校教育与学科教学的本质，总结和提炼自身的教育思想与教学风格，形成理论自觉意识，获得作为特级教师的可持续发展能力，为成为北京市名师和教育名家奠定基础"作为项目的培养目标，将"提升理论自觉意识与理论素养，凝练教育教学思想"和"提升教育研究能力，坚实发展基础"作为培养特级教师的工作重点。

特级教师可以从事的研究领域是宽广的，可以研究的问题也是多样的。其中有一项研究是我们特别关注的，那就是特级教师指向自我的研究。“自己”是研究对象，也是研究者，还是一定意义上的研究工具。伴随着这样的研究，他们需要学习，需要“充电”，需要反思，需要“再成长”。在这一过程中，他们更多地思考了“是什么”与“为什么”的问题，更多地揭示了“自我经验”形成的“道理”，更清晰了对教育、教师、学生和自己的认识，从而也更清楚了自己的教育思想和教学风格。

这套丛书收录了部分特级教师指向自我的研究成果，希望丛书内容不断丰富、作者的队伍不断壮大。也衷心希望本套丛书的出版，能为中小学教师的相互学习与交流搭建一个平台，以促进中小学教师的专业发展；能为读者深入理解优秀教师的成长、理解教育教学实践提供“食粮”。

张景斌

2016年2月2日

目　录

回归本质的数学教学

作为一名教师，我们都思考过类似的问题：什么样的课才是一节好课？要教给学生什么样的数学？学生学习数学的意义是什么呢？我是 1986 年走上教学工作岗位的。作为新教师的我，当时最大的顾虑是：面对既抽象又枯燥的数学，如何才能让学生爱听呢？性格内向的我能不能在讲台上站住脚呢？那个时候我对教学的理解还停留在“学生爱听的课就是好课”的认识上。我白天除了上课、听课，就是去学校的图书馆看各种各样的教学参考资料，晚上就在学校的宿舍里备课、写教案，在课堂教学的组织形式上我也下了很大的功夫。但是，在听课的过程中，我发现身边的那些有经验的教师们的课并不是我想象的那么“精彩”、“热闹”，甚至可以说他们的课很“平淡”，很“安静”，但为什么学生那么爱听呢？

我举在数学教学上造诣颇深的几位教师的例子，正是从他们的课上我找到了答案。

首先我要说的是北京四中的常相舜老师。在我头一次教高一的那个学年，我坚持听了常老师的每一节课。他的课把知识的来龙去脉讲得一清二楚，娓娓道来、平易近人，这一点使我深深地折服，也成为我在今后的二十多年教学实践中不断追求的上课的一种境界。我们今天常说“教学上要讲知识形成的过程”，其实二十多年前的常老师的数学课已经是这样做了。

还有一位就是当时的四中数学组教研组长史连生老师。课堂上的 45 分钟，史老师从来都是掌握得恰到好处，一开口就能把学生的注意力牢牢地吸引住，学生的听课状态马上被调整到了最佳。由于讲课内容早已烂熟于胸，所以史老师上课很少用到教科书，那本翻得卷了边的课本随手揣在兜里，上课时掏出来放在讲台上却从不打开，充满自信的神态，不能不让学生们相信面对他们的老师是最好的，跟着这样的老师，一定能够学到最深刻、最透彻的数学。

这些 20 世纪 80 年代末 90 年代初的教师们对中国传统的数学教育的深刻理解和教学上所体现出来的深厚功底，使我对数学教学的认识和理解有了根本的转变。我在课堂教学中不再去追求形式层面上的“精彩”、“热闹”，转而更注重教学的内涵与价值。也就是从那时起，在课堂的教学实践中，我开始关注如何让学生能够在我的课堂上感受到数学思维活动的乐趣，让课堂教学赋有逻辑。

二十多年一线教学的实践，让我越来越喜欢上课，喜欢在课堂上和学生进行思维的交流。我的体会是，课堂教学的意义不在于教给学生一些结论性的知识去考试，而在于这些结论得出的过程。课堂教学是以提高学生的思维能力为主要目的的，忽视思维过程的课堂教学是没有价值的。数学课可能是学生中学阶段花费精力最多的学科之一，也可能是学生在学习中受到挫折最多的一门学科。如何帮助学生理解数学、学会数学的思维方法、感受数学的逻辑的魅力，喜欢学习数学呢？很多时候我们总是埋怨学生不好好学习数学，我们是不是反思过自己是否将数学课真正上得很好呢？我们曾经怪罪过学生不爱学习数学，但有没有想过为什么数学课没有引起学生的兴趣？我们常教导学生要掌握科学的学习方法，但是否自问过我们教给学生的方法是否符合数学的逻辑？作为数学教师的我们，要勇于面对数学教育中的问题，要敢于担当我们在数学教育中的责任。

1. 数学教育的本质是什么?

我在教学中，追求的是课堂上高质量的数学思维活动。我相信，在一个比较宽松的、思维交流比较充分的教学氛围下，能够让我的学生更加喜欢数学，特别是能够自觉地学习数学。我不欣赏那种给学生布置大量作业的做法，靠加重学生的学习负担提高成绩哪怕暂时是有效的，我也不会屈从。

记得在一线教学的日子里，有那么一段时间，我对自己的教学工作突然产生了一种无奈的情绪，甚至对自己的教学能力产生了怀疑，自己一直坚守的数学教学理念发生了动摇。在某个学年高三的下半学期，我教的一个学生因为户口的问题要回到老家去参加高考，临行前主动约我谈话。这是一个普普通通的女孩，她给我印象最深的是告诉我，她听了我三年的数学课，感觉我都是在教给她一种思考、研究数学问题的方法。也许这个女学生并没有意识到，她分享的这个学习数学的感悟不仅给当时的我以极大的鼓舞，而且坚定了我的教学理念和信心。

实际上很多时候，作为教师的我们正是从学生的成长中才能真正地理解我们所从事的教育工作的价值。一句发自内心的问候，一张学生毕业后寄来的明信片，哪怕就是简单的几句话，也能让我们对数学教育的思考增加几分厚重感。

2004年的暑期，我接到了一封2003年高考后因为成绩不理想又在郊区的一所学校复读一年的一位女学生的明信片，这位学生写道：

我已经是北京大学外国语学院东语系波斯语专业的学生了，现在我急于把这个好消息和您一同分享，感谢三年来您的谆谆教诲。也许您还不知道您的帮助对我来说是多么大的鼓励。初三时我曾一度有很坏的数学成绩，当时我们的数学老师也认为我没有多大的希望，以至于上了高中我对数学也缺少信心。但是自从我荣幸地成为您的学生，每日沉浸在您创造出的自由、开放的课堂氛围中，我也忍不住想要展示自己，于是数学课成了我每天最快乐的时光。在那里我可以学到丰富的知识，获得开阔的思路，更重要的是我找回了信心，这样的信心使我相信对其他理科我也可以学得很好。真的太感谢您了！不知道现在是谁有我当日的幸福可以成为您的学生，但我相信这一定会成为他们高中最美好的、最快乐的回忆。

作为数学教育的工作者，我们要清醒地认识到数学教育的本质。数学知识本身非常重要，但数学知识所承载的思维方法更重要，研究数学问题所需要的科学精神更有价值。我们一定要引导学生领悟数学教育的本质，而要如此，唯有思维。让学生真正从内心喜欢思考、学会思考，让学生的思维具有逻辑性才是我们数学教师的价值所在，才是数学教育的本质！

2. 数学教育的追求是什么？

我在一线做数学教师的时候，对教学的追求非常简单，就是要上好每一节课，让我的学生能够喜欢学习数学。那个时候，我每天晚上都要花上一到两个小时的时间认真备课，工工整整地写出第二天的教案。尽管上课的时候，这份教案我并不怎么看，但它摆在讲台上，就代表了我对工作的那份责任心，表明我对这节课想明白了。

多年的教学实践让我深深懂得：要上好一节课，需要下很大的功夫，需要教师长期的教学实践和教学研究的积累，要对所教学科的每一门课程的思维特点、整体的知识脉络及结构有自己的思考和理解。作为教师既要能以学生的角度去认识、理解所教授的知识，感受学生可能遇到的问题，又要能站在比较高的角度认识、理解教材，挖掘出教学内容真正的教育意义。教学中，要和学生分享的是：你是怎样学习的，你是怎样提出问题、思考问题、解决问题的，也就是你是怎样做学问的。当把数学教学放到一个学术的高度去看待的时候，我们教给学生的数学就能够更接近其本质，学生才能从你的数学教育中受益。

我们所要追求的数学教育的乐趣是什么呢？我认为：数学教育的乐趣在于能够带给学生思维的挑战，数学教育的魅力在于它的思维的创造性。数学是思维的科学，数学教学就是要让学生在数学问题的解决过程中培养自己的数学思维能力，磨炼自己的思维品质。作为教师的教学工作，其乐趣也就在此。只有让自己的学生学会了思考问题，会运用逻辑关系对事物做出独立的判断，在数学的学习过程中领悟到了数学的本质，学生才能够从数学的学习中感受到思维的快乐，作为教师的我们也才能够真正享受作为数学教师的幸福。

2008年9月，我从工作了22年的教学一线来到北京市海淀区教师进修学校，成为了一名专职教研员。不断走向深入的教育教学实践和研究让我分享到了教育改革带给数学教育的生机和活力；让我对数学教育的意义和价值的理解和思考更加深入；也使我对研究数学知识的本质、探索课堂教学规律，让更多的数学教师分享到数学教育的智慧充满信心。

同事和老师们常常评价我是“喜欢分享的人”。其实，我把分享当成一种很自然的事，它已经变成我的一种自觉、一种习惯、一种需要了。

2009年9月，我在海淀教研网开通了教研博客。截至2016年9月，我在教研博客中发表了203篇文章，阅读总数26万余次。在博客的公告中，我是这样写的：“在这里我愿和老师们分享数学教学的感受，体会数学教学的乐趣，领略数学逻辑的魅力！”一位《北京教育》的记者在问我为什么要写教研博客这个问题的时候，我是这样回答的：“我喜欢思维的碰撞，喜欢把自己想清楚的问题分享出来，为因其困惑的人打开一扇窗。”一位语文教师在评价我的博文时写道：“经常拜读张鹤老师的博客，博客内容紧紧围绕着数学课堂教学这一主线，小到某个教学环节或知识点的思维路径，大到如何树立学生的数学观。点点滴滴无不渗透着教师的教育理想、态度、价值观，不仅仅是在为数学学科寻根，更为重要的是在身体力行为同行教师教育教学的思想解惑。”

在这203篇博文中，我和教师们分享我对数学教育的思考，分享我对课堂教学的观察和感悟，分享我对数学知识的理解和教学的体会。在我写作博客的过程中，我也从教师们的回复中分享到教育的智慧，分享到数学教学的乐趣。这种分享也督促自己不断地关注课堂教学，思考数学教学问题。

2011年的国庆节期间，我曾经写下题为《从茶艺想到教学艺术》的博文：

有一位研究茶艺的女作家，写了这样一段文字，让我有一些感触。她写道：茶艺是茶文化一层美丽的外衣……真正的茶艺应该不拘泥形迹。它更多的，是一种内在的自由与随和。喝什么茶并不重要，关键是喝得舒心、喝得畅快……我至今也无法记住武夷岩茶冲泡的十八个工序是什么。因为这十八个工序对我来说，只是生产一杯标准武夷岩茶的流水线而已。什么事情一旦上升到流水线的程度，就消失了人情，淡漠了人心……在这一点上，我更希望每一泡茶都是手工制作，这种手工制作是真正的“手工制作”，而不是被程序化了的手工。真正的茶艺就是那个更符合人心的手工制作的过程。也许是每天早上工作开始前冲泡一杯茉莉，也许是寒冬的夜晚，家人在你案头摆放的一盏清茗，或者干脆就是草原上和着凛冽奶香的奶茶……这些用最简单的方式来到我们面前的茶，背后都有一种温暖而让人愉悦的茶艺。

细细品味这段文字，茶艺的精髓又何尝不是教学艺术的追求呢？在每个优秀、成熟的数学教师的教学生涯中，一般都经历过从照本宣科、亦步亦趋到教无定法、游刃有余的过程。这个过程中最重要的是教师自己对教学意义的不断思考与摸索。就像最优秀的学生不是老师能教出来的一样，最好的教师也绝对不是能够由谁带出来的，更不可能是由某一套固定的模式培养出来的。

数学的教学活动由于参与的是人，是教师与学生之间的思维的活动，因而是一个最有活力的思维过程，这个过程如果被模式化，被各种各样的条文所限定、所约束(如教师上课只能讲 15 分钟之类的)，那么它将失去思维活动的魅力！失去了教学活动要关注学生思维的意义！就像生产一杯标准武夷岩茶的十八个工序那样，在模式化的教学方式下也许能够产生一节符合这样或那样“理念”的课，但想通过这样的课堂诞生出一位优秀的数学教师，通过这样的课堂培养出具有良好思维品质的学生，就只能是一种奢望了。

从女作家对茶艺的感悟来反观我们的教学活动，课堂教学何尝不是一门艺术？教师的教学工作绝对不能是刻板的、僵化的。真正的教学是要教给学生最自然的、最真实的数学，要让学生能够学会用数学的思维思考问题的方法，让学生感受思维的乐趣；作为教师要对自己的工作充满敬畏，在课堂上要能够始终把学生放在你的心上，全身心地投入到和学生思维的沟通之中，让师生的思维融为一体。

在这里谈教学的艺术也许我还没有资格，但是，我们每个老师的内心深处，又有哪一个不是在自己的教学实践中苦苦追求着课堂教学的最高境界呢？就像一杯能够沁人心脾的好茶，需要用心去泡；一节能够带给学生思维乐趣的数学课，需要作为教师的我们用心去创造。

通过这篇博文，我表达出对课堂教学中忽视对教学本质的研究而热衷形式化的教学“改革”这种现象的担忧，也抒发了我对数学教学本质的理解和对教学艺术的向往与追求。教育教学的现实中确实存在这样的现象：在功利化、浮躁化的“改革”风气中，对学科知识本质的思考与研究被淡化，教学方式的形式化愈演愈烈，在这样的状态下谈教学艺术真的是一种奢望了。

3. 关于教学逻辑的思考

2013 年的夏天，我有幸参加了北京市委托首都师范大学首都基础教育发展研究院承办的为期三年的“北京市中小学特级教师研修工作室”项目。这次研修带给我的收获既是全面的也是深刻的，三年学习的收获积淀转化为我继续前进的动力，让我越来越坚定不做课堂教学改革的旁观者、抱怨者，而是要做追求课堂教学本质的研究者，要能够尽自己最大的努力影响周围的教师们，带领他们积极投入到课堂教学研究中去，探寻课堂教学的规律，把握所教授知识的本质。

在这次培训过程中，我有机会聆听东北师范大学数学系高夯教授讲中学数学。他在上课前的一次闲谈中，讲了一件他二十多年前的往事。在一次学术活动中，他向北京师范大学数学系的严士健教授请教如何才能成为一名优秀的中学数学教师，严教授只回答了两句话："一是要真会，二是要有教的意识。"高夯教授说，二十多年过去了，他就记住了严先生的这两句话。高教授转述的严士健先生的一席话，的确值得作为数学教师的我们去深思。

什么叫作真会？会不难，难的是"真"！"真"体现出来的是作为数学教师能够在自己的课堂教学实践中，真正把握数学学科的本质。如要做到这一点，就不是仅仅把课上好那么简单了。他要具备研究数学教学的意识和能力；要能够站在学科的制高点上来看待所教授的数学知识；他对数学教学的价值及意义的理解有着准确的阐述。

"真"会的数学教师不会在课堂教学中炫耀解题的技巧，也不会教给学生非数学的知识或结论。也许他的课会平淡、不热闹，但是如果你能静下心来细细地品味"真"会的教师所上的课，一定能够品出其独特的味道！即使是在"分数至上"的浮躁氛围下，"真"会的数学教师也能够从容、淡定！因为他坚信自己把握住了数学学科的本质，他教的数学是"真"的数学，是能够让学生受益终身的数学！

怎样成为"真"会的教师，成为有"教的意识"的教师呢？在这次培训项目中担任我导师的首都师范大学首都基础教育发展研究院常务副院长张景斌教授在一次《如何做教育学研究》的报告中谈到："研究的本质是科学的态度和精神。"这句话唤起我内心深处的对数学教学本质认识的探寻和理性思考，让我从对课堂上所看到的违背教学规律、缺乏教学逻辑的数学教学几乎快要麻木的状态中警醒过来。观察课堂，思考教学中的问题，提出自己的教学观点成为我在教学研究中一个主要的内容。

关于数学教学逻辑这个课题的研究与思考，也正是源于我所观察到的课堂上一些早已习以为常的现象。如在我听课的过程中常常能看到这样的一种教学的状态：教师为了引入课题，向学生提出的一些问题非常不自然，让学生摸不着头脑。但学生似乎已经习惯了老师这样直愣愣的问题，为了配合老师的教学，也努力地思考着并给出他们的解释或回答。还有一种教学现象也是常常能看到的，就是学生们在老师的指令下做一些操作性的学习活动(也常常美言为探究活动)，但是为什么这样做，学生们似乎也不是很关心，只要按照老师的要求去做就是了，并且能够在很短的时间内完成；每当在教学的过程中出现一些思维难点的时候，本来正是需要学生们静静思考的时候，教师却耐不住这份寂寞，容不得静悄悄的课堂，总要"鼓动"学生们进行小组交流，展开合作学习。这种喧闹下的学习也总是能够产生奇效，对再难的问题在合作学习下也能解决。如果按照时下流行的教学理念去对照课堂中出现的这些现象，似乎都能够看到教育教学改革的"成效"：在问题解决中培养学生的思维能力；在探究学习中培养学生解决问题的能力；在小组合作学习中培养学生合作精神和自主学习能力。

实事求是地评价教学中出现的这些现象，不能不说这样的课堂总是让人感到缺少一点东西，失去了一些味道，看不到能够贯穿课堂教学始终的一条主线。即使是这样上课的教师自己来评价也是不满意的居多，但是又说不出问题产生在哪里。一些教师对课堂教学工作产生职业倦怠，主要的原因也是在课堂上享受不到教学活动的乐趣了。

我认为上述教学现象产生的最根本的原因在于教学逻辑的缺失。教学逻辑是课堂教学的灵魂。一个让授课教师能够享受到工作乐趣的课堂、让听课的学生们能够体会到学习的快乐并能够从中感悟到学习意义的课堂，一定是把握住了课堂教学规律的课堂。这样的教师一定是认识到了教学的价值和意义，能够引导学生通过知识的学习，去感受、体验它所承载的本质的东西，在这样的课堂中总是充满着教学逻辑。

什么叫作教学逻辑呢？对“逻辑”的解释很多，本书中采用的逻辑含义是指人的思维及其规律。数学教学与逻辑密切相关，在数学教学中并存着教师的教授知识的过程、知识的发生发展过程以及学生的思维过程，这些过程实际上都是教学中客观存在的逻辑过程。本书中所谈的教学逻辑是指教学过程中教师与学生之间“教”与“学”活动的思维及其规律。

对教师而言，对教学本质的不同理解、对数学教育价值认识的深刻与否，将直接影响到教师的教的逻辑。因此，教学活动中教学逻辑所面临的最大问题是对教学本质的溯源和对数学教育价值的追求，而这又涉及教师的数学观是怎样的问题。可以说，一名教师的数学观在某种程度上决定其教学逻辑。

所谓数学观，就是对数学的基本看法。静态数学观认为数学是形式的、精确的、逻辑的科学，是概念、定理、法则、公式的集合。持静态数学观的教师常常认为“数学就是解题；数学就是解题技巧的掌握和应用；数学就是知道一大套法则公式，去解题……”，而动态数学观理解的数学是在解决数学内部与外部问题的过程中产生与发展的，是可以发明的、可误的，数学与其他学科以及社会和生活有着广泛的联系。动态数学观下，人们常常认为“数学是思考和解决问题的方法和过程……”。

理解作为科学的数学的真实面目；理解数学的发展是依靠猜想、证明、批判、反驳，不断地改进结论和推理的过程；理解数学及其思维，在其内部发展的过程中需要猜想、证明、批判、反驳等机制；理解数学不是一开始就是正确的、精确的、严谨的，在尝试、探究、前进的过程中，充满了错误、曲折、回旋。如此，有助于我们数学教师建立合理的数学观，进而建立先进的数学教育观，更好地依教学逻辑实践我们的数学教学。

作为教育的数学首先要继承作为科学的数学所蕴含的理性精神。数学学习也应看作一个过程，而不只是一个结果。数学学习、数学思维，就是一个反复尝试、探究的过程，不断修正、改进、完善的过程。教学仅展示正确的过程是不够的，也应暴露其中的曲折。当然，数学的教育形态和科学形态是有区别的。数学的科学性体现在得到的命题必须使用演绎方法在系统内证明，但是作为教育的数学，其严格性是相对的，特别是应根据学生的水平和能力来决定。在数学的教学中，因为难度有些命题作为公理不要求证明，但是要让学生知道这是需要证明的，证明是有的。

对学生而言，学习逻辑确立的意义在于对学习意义的准确认识和对知识本质探索过程中所应具有的理性精神。确立学习逻辑的关键在于教师，其数学观将直接影响学生的数学观。因此，从这个意义上说，数学教育的目的就是让学生们的思维具有数学的逻辑，要让学生越来越聪明；数学教师所采用的教学方法是为学生理解数学内容、研究数学问题服务的；数学教学的本质在课堂上是不会被掩盖于表面化的教学形式、意义不当的训练和枝节性的步骤之中的。

教学逻辑的实施需要教师具有理性的精神。数学教师要能够真正理解数学思维是理性思维的实质，在教学过程中引导学生去感受数学是能够用数量关系来刻画的，而且这种数量关系可以深刻到定性；数学教师在教学研究中要认识到数学的严谨性不仅仅是数学的结论是一步步推导出来的，对于直观的结果也是能够深刻到符号化水平的；同时我们还要把握好度，要知道我们所进行的数学是教育的，与科学的数学有区别，过分的理性是不恰当的。

从教学逻辑的角度看我们的数学教学过程，就不能是机械的、操作性的活动，而应是认识数学知识本质的思维活动过程。在这个过程中并存着教师教的过程，数学知识发生、发展的过程以及学生的思维过程。为了让学生能够通过数学知识这一载体提高逻辑思维能力，增强理性精神，教师对知识教学的态度起着非常重要的作用。如果教师认为知识的学习是为了让学生尽快地掌握结论型的知识，并通过熟练运用知识取得好的成绩的话，在教学中忽视思维过程、强化数学结论就成为必然。在一些课堂教学中，教师甚至把大量的时间、精力放在数学结论在解题中的应用、题型分类及解法，以及如何有效记忆上。这种非理性的、缺乏逻辑的教学行为背离了我们进行数学教学的根本，忽视了学生学习数学的真正目的。

美国著名数学家、数学教育家 M.克莱因在《西方文化中的数学》一书的第三章“数学精神的诞生”中写了这样的一段话，也许能够让我们警醒，他写道：“……希腊人坚持演绎推理是数学证明中唯一的方法，这却是最为重要的贡献。它使得数学从木匠的工具盒、农民的小棚和测量员的背包中解放出来，使得数学成了人们头脑中的一个思想体系。在这以后，人们开始靠理性，而不是凭感官去判断什么是正确的。正是依靠这种判断，理性才为西方文明开辟了道路。因此，希腊人以一种比其他方法更为高超的方法，清楚地揭示了他们赋予了人的理性力量以至高无上的重要性。”①在本章的最后，M.克莱因感慨道：“希腊人最大限度地决定着今天文明本质的贡献，则是他们的数学……他们改变了这门学科的性质，这是为人类奉献的最好的礼物。”②M.克莱因这段话阐述的是数学的理性精神对人类文明的影响，实际上这种理性的精神在作为教育的数学中同样也是具有崇高地位的。

如何确立教学逻辑呢？首先，要用理性的精神对待数学教学，不仅要通过研究揭示出知识逻辑，还要能透过知识逻辑看清数学教育、教学的价值，让理性的精神在我们与学生共同的教学活动中发出耀眼的光辉，让数学教育真正成为促进学生全面发展的教育。在我们的教学实践中，要深刻认识到知识逻辑所承载的思维逻辑的价值。不要把理解问题、思考问题的过程看成是浪费时间，理解问题是思维活动最有效的形式，教学活动中大部分时间都是教师在引导学生理解各种各样的问题，这种理解问题的过程就是在运用理性的思维去试图解释问题，探寻解决问题的方法。我们要珍惜学生动脑想问题的情景，思考问题在任何时候都是有价值的。

其次，教学逻辑要倡导数学的理性精神，不仅是教师要坚持按知识逻辑的主线展示思维逻辑，也要让我们的学生有独立的思维习惯，不轻易接受任何形式的结论。教师不要教“相信”，而是要教“质疑”、教“思考”！要让学生们具有思维逻辑，就要让学生学会用最基本的概念去理解问题和思考问题；要让教学逻辑呈现在我们的课堂，就要让教师和学生共同参与的课堂教学活动在知识逻辑的基础上赋有思维逻辑！

在这本书中，我将结合本人的数学教育教学实践及研究过程中积累的素材，尽我所能，阐述我所理解的基于数学本质的知识逻辑、思维逻辑以及在此基础上的教学逻辑，并结合在近几年教研员工作中积累的教学案例对教学逻辑在课堂教学中的实施做一阐述。

全书结构图如下：

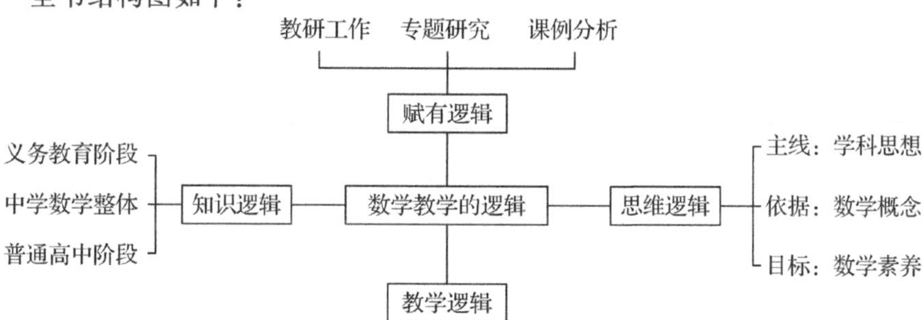

① M.克莱因著，张祖贵译：《西方文化中的数学》，上海：复旦大学出版社，2013年，第29页。
② M.克莱因著，张祖贵译：《西方文化中的数学》，上海：复旦大学出版社，2013年，第38页。

第1章　数学教学中知识逻辑的分析

“知识逻辑回答教学‘教什么’的问题，它是教学系统中最实质性的要素。”①

数学教学逻辑首先是知识逻辑。数学教学的展开都是以知识为载体的，而知识是有逻辑关系的。但是知识逻辑是具有隐蔽性的，它无时无刻不在，可是如果不去研究就看不到它。这种隐蔽性源于教学过程中为了满足课堂教学的需要，相互联系具有逻辑关系的知识被分解成知识点或以章节为载体的知识块，原有的逻辑关系被人为地割裂开了。我们不可能一下子让学生掌握知识的所有联系或它们的逻辑关系，但是教师在教学的过程中，随着知识教学的逐步深入，必须要有机会和学生一道通过课堂教学活动把这些知识之间的逻辑关系梳理出来。也就是说，既要让学生对每个知识点或知识块有准确的理解，又要让学生明确不同的知识点或知识块在整个知识系统中的位置以及它们之间的逻辑关系。这种逻辑关系一方面体现在本节课的知识与其所处的学科知识中的地位和作用，另一方面体现在本节课的知识与本节课前所学知识的逻辑关系和本节课之后将要学习的知识之间的逻辑关系。作为教师在进行这节课的教学前，就要能够明确这些知识的逻辑关系，并依据对知识逻辑的理解和认识，进行教学的设计。

如果不研究知识逻辑，课堂教学陷入单纯的知识教学就不可避免，缺乏逻辑的教学也就“应运而生”了。我们常常能够看到缺乏知识逻辑的教学，其教学目标总是定位在让学生记住结论、会应用数学公式，并通过大量的练习让学生熟练掌握。缺乏知识逻辑的课堂教学常常表现为对数学知识本质的挖掘不够或根本就没有，对数学思维的阐述不够到位。其原因在于教师自己对所教授知识的逻辑关系研究不够，因而也就不可能揭示出知识所承载的数学思维、数学观点或思想。我曾经听过这样的一节高一“集合”的新授课，内容是讲集合的补集运算。授课教师通过简单的例子，平铺直叙式地进行集合补集运算的教学。学生从这节课中能够得到什么呢？他们能够知道什么叫集合的补集运算，并会运用补集的运算法则进行基本的运算操作，但经历这样的数学教学的学生却没有机会体会集合知识的逻辑主线是什么。我们知道这条主线源于集合概念，其逻辑为通过元素与集合间的关系来刻画集合之间的关系以及集合之间的运算。学生在缺乏知识逻辑的课堂教学中可能会熟练地进

---

① 朱德全，张家琼：《论教学逻辑》，《教育研究》，2007年第11期，第49页。

行交、并、补集的运算，但这样的数学学习仅仅停留在操作层面，是记忆型的学习。学生通过这样的学习无从知道集合运算背后的知识逻辑是什么，也没有机会感悟知识所蕴含的数学学科观点是什么。进行这样教学的数学教师的教学逻辑是让学生记住数学概念和运算法则并能熟练应用，为此还指导学生做了很多数学练习，但学生真正得到的知识却是浅层次的。因为在这种教学逻辑下学习的学生，只能掌握集合补集运算的技能，但学不到理解集合问题的思维方法和研究集合问题的一般方法。缺乏逻辑的知识往往是最容易遗忘的，还是这所学校的学生，在高三复习之前的一次区基础知识调研检测中，选择题以外的题目学生的答案基本都是空白，教师的解释就是学生把高一、高二所学的数学知识大多数都忘记了。这表明没有掌握数学知识逻辑的学生其数学思维能力是不强的，凭记住结论学习数学可能最终学不到东西。只有学生真正理解了知识逻辑，把握了数学知识的本质，他们的数学理解能力和解决问题的能力才会得到提高。

缺乏知识逻辑的教学还表现在关注解题方法的讲授时，不重视对解决问题的思维方法的概括。如比较典型的就是目前课堂教学中常常会出现的所谓“题型教学”。这种教学的特征是教师把数学问题按着某种外在的形式或特征进行比较细致的分类，每一种类别下对应着解决问题的方法。可以看出“题型教学”满足于在形式上去做概括而忽略了数学知识之间逻辑关系的提炼。“题型教学”由于只是在外在的形式上做文章，没有触到数学思维的本质，容易使学生对数学问题的理解僵化，是对学生领悟知识逻辑、把握数学问题本质的一种误导。可以说，“题型教学”是偏离数学本质的教学。

缺乏知识逻辑的教学片面强调知识的运用。这种运用实际上是为了熟练地用数学结论去解题，为了挤出时间多做题目而不讲知识形成的思维过程，不讲知识之间的联系。有这样一节高三第一轮的复习课，课题是“等差数列”，授课教师首先引导学生把等差数列的概念、公式、性质一一罗列复习并将其相关的内容填写在学案的表格上。教师时时叮嘱要记住这个结论、别忘记那个公式，对如何记忆等差数列的前 n 项和的求和公式也做了专门的指导。然后就是讲一道例题，做两道相关的练习题。讲练例题、练习题的目的就是要让学生记住公式、会用公式。这种串讲式的高三复习课貌似容量很大，但实际上存在的问题很多。最大的问题就是授课教师没有明确等差数列这部分的知识逻辑是什么，导致教学中把握不住重点，无法实现高三数学复习的目标。实际上，从知识逻辑看，这节课由于是等差数列复习课的第一节，教师引导学生把有关的概念、公式、性质复习到位就已经非常不错了。讲数列概念，要能够从函数的高度去认识和理解；讲等差数列的通项公式，要能讲出公式的由来，要能够通过通项公式的推导，提炼出“叠加法”是由数列的递推关系式求通项公式的重要方法这样的思维高度；要能够讲出等差数列公差的几何意义，把等差数列的公差概念和平面解析几何的直线斜率的概念联系起来；要能讲出等差数列的通项与一次函数的联系；讲等差数列的前 n 项和公式不是要教给学生记忆的技巧，而是要能够把公式背后思维层面的逻辑充分地挖掘出来。这才是有逻辑的知识教学。

可以看出，缺乏知识逻辑的教学是对知识教学的一种误导，是对教师专业发展的阻碍，是对学生学习兴趣的一种伤害。只有用知识逻辑的力量来征服学生的教学，才能真正激发学生的学习兴趣，也才能够使学生享受到数学知识带给他们的快乐。

如果没有认识到知识逻辑在中学数学学习中的地位和价值，那么就难免会对数学知识的学习产生各种各样的疑问或错误的理解，最终影响到学生数学知识的学习。

2014 年前后，社会上对数学学习出现了许多误解或误导性的舆论，如让数学这门学科“滚”出高考。某知名门户网站所进行的调查显示，70%的网民持有学数学没用的观点；还有一种比较盛行的说法是“学习数学知识是为了实际应用的”。这种说法有它的实际背景，从十多年前开始流行的“数学建模”到现如今以教育技术工具普及为背景下的数学实验的探究活动，似乎都在演绎着数学与生产、生活等实际的联系。不可否认数学建模与数学应用在数学学科中所占有的学术地位，也不能否认一些优秀教师在引导学生将生产、生活中的实际问题抽象成数学问题并加以解决的过程中，对学生的数学思维的培养和解决问题能力的提高所做出的贡献。但是我们不能因此就得出类似“学习数学知识就是为了实际应用”这样的结论。因为如果按照这样的逻辑，学习数学不就是为了应用数学知识解决实际问题了吗？在这个逻辑下学生在 12 年中学习的大多数数学知识真是没有用了。

众所周知，数学教学与其他学科的教学一样，都是以知识为载体的，但是，载体终归是载体，任何学科的教学都不是为了单纯的知识，不仅仅是以学生掌握知识为教学的目标。实际上，课堂教学中，教师引导学生学习学科知识，目的是使学生建立起学科的知识逻辑，体会知识所承载的学科思维、学科观点，掌握解决学科问题的一般方法。就中学数学来说，教师就是要通过数学的教学，对学生的思维进行训练，让他们的思维更具有理性、更具有逻辑。教师只有真正地把握教学知识的本质，明晰所教授内容的知识逻辑，才可能在教学的实践中实现育人的目标。学生只有明确了学习的目的，才能够通过教师的专业指导懂得学习知识的价值和意义，才知道什么是真正的学习。

本来学习活动应该让学生在探索知识的本质的过程中享受思维活动带来的快乐，但是如果是为了考试的分数进行的教学就常常让学生感受不到学习的快乐。因为在这样的逻辑下进行的教学是要让学生所学到的知识都兑换成分数的。

M.克莱因在他的著作《西方文化中的数学》第一章“导论”中指出：“一些‘具有社会头脑’的作家断言：数学完全或者是由于实际需要，如需要建筑桥梁、制造雷达和飞机而产生或发展的。这种断言也是错误的。数学已经使这些对人类方便有用的东西成为可能，但是伟大的数学家在进行思考和研究时却很少把这些放在心上。”①这段话尽管是M.克莱因从数学的产生和发展来阐述的，并不是针对数学教学的，但我们是不是也能够从中去思考数学教学价值的所在，能够认清那种认为学习数学知识就是为了实际应用的认识的不足呢？

作为数学教育家的M.克莱因在这本著作中对如何理解数学从文化的角度阐述了自己的观点：“在最广泛的意义上说，数学是一种精神，一种理性的精神。正是这种精神，激发、促进、鼓舞和驱使人类的思维得以运用到最完善的程度，也正是这种精神，试图决定性地影响人类的物质、道德和社会生活；试图回答有关人类自身存在提出的问题；努力去理解和控制自然；尽力去探求和确立已经获得知识的最深刻和最完美的内涵。”②

这段话对于我们深刻认识数学知识的教育价值及意义是有启发性的。学校的数学教学就是要让学生通过数学知识的学习，探寻知识内在的逻辑关系，使得自己的思维更理性；作为数学教师的视野不能止于中考或高考，应该指向一个青年人可能的发展；教学研究不应该局限于“如何教”，而应当超越方法与手段，指向对“是什么”的内涵式追问。数学教师必须对本学科知识的内涵实质以及具体教学内容的内涵实质有着准确的理解与把握。

总之，让学生理解数学知识、掌握数学知识，就是要掌握知识的内涵及知识之间的关系，即知识逻辑。而要达到这样的教学目标，不是靠教师反复地讲、不断地提醒，其关键在于激发学生的数学思维活动，引导学生对知识进行质疑、探究、分析、概括和系统化的思索。学生只有真正地理解了数学概念，才可以用自己的语言描述数学概念，并能够运用数学概念去分析、解决数学问题。可以说，数学的教学活动就是数学的思维活动，教师上课就是要引导学生的思维活动。作为教师如果能够深刻地认识到这一点，就能深入地研究知识逻辑，明晰知识的本质。

1.1 中学数学的知识逻辑分析

数学是一门逻辑性很强的学科，知识体系呈现十分严谨的系统性。如何在课堂教学中把握中学数学的知识逻辑呢？

数学教科书是呈现学生学习数学知识体系的最基本载体，它是按照一定

① M.克莱因著，张祖贵译：《西方文化中的数学》，上海：复旦大学出版社，2013年，第4页。

② M.克莱因著，张祖贵译：《西方文化中的数学》，上海：复旦大学出版社，2013年，第9页。

的逻辑顺序和学生的心理发展规律将学生所要学习的数学知识分布在不同的章节和不同年级的。教师在进行具体内容的教学时，深刻理解所要教授的知识在中学数学知识体系中的地位和教育价值是非常重要的，这也是教师研究教学的最为重要的工作。我们常常能够看到一些教师由于没有把所要教授内容的知识逻辑明确下来，导致课堂教学的逻辑主线不清晰，数学课的“数学味道”不足的问题。

实际上，根据数学知识逻辑的特点，在数学教学中，要处理好以下的一些关系：“首先，要处理好逻辑连接和螺旋上升的关系。中小学的各个教学内容，彼此之间有其特定的逻辑关系。数学知识必须按照逻辑关系循序渐进，不能出现知识结构上的科学错误和逻辑混乱。与此同时，也要根据学生的心理特点和认知能力，由简单到复杂，由低级到高级螺旋上升地安排教学内容的教学顺序……其次，数学的系统性认识，需要教师高屋建瓴地讲解，也需要学生自主地探究，二者需要适度地对接，均衡处理。学习数学的系统性，不仅仅要把握数学知识的形式化逻辑结构，更重要的是理解数学本身内在的数学思想方法体系。”①

北师大数学系教授、人民教育出版社普通高中课程标准实验教科书数学主编刘绍学先生所撰写的《中学数学概观》给我们展现了一个数学家眼中的中学数学的知识逻辑：“在进行具体内容的教学时，对它在中学数学整体结构中的位置有一清晰的了解是重要的，为此需要对中学数学有一个概括性的描述。这里我把中学数学概括为一些知识点，并选择‘数量关系’、‘空间形式’、‘数形结合’等三条粗线条把它们编织起来，以便大家对它有一条粗线条但略有秩序的理解。”②

我用结构图的形式将刘绍学教授所划分的三条主线展示如下：

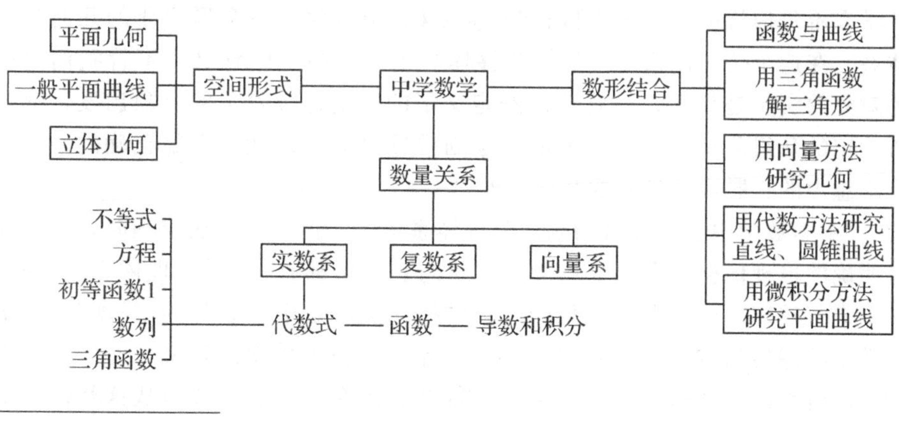

① 张奠宙，于波：《数学教育的“中国道路”》，上海：上海教育出版社，2013 年，第 123 页。

② 刘绍学：《中学数学概观》，《普通高中课程标准实验教科书·数学选修 1-2 教师教学用书》，北京：人民教育出版社，2012 年，第 2 页。

刘绍学教授在这篇短文中，通过自然、平和、生动的文字语言以“数量关系”、“空间形式”、“数形结合”三条逻辑主线，高度概括地阐述了中学阶段学生所要学习的数学知识的逻辑地位和逻辑关系，让我们能够从逻辑的高度审视我们所教授的数学知识，为我们确立知识逻辑提供了一条清晰的逻辑脉络。

对于中学数学教学内容的认识，可以从不同的观点、不同的角度，用不同的呈现方式来理解。如何从数学教学内容的自身逻辑看待我们的教学，如何让学生能够从本质上理解所要学习的内容，这是教师在进行教学研究中要关注的一个重要的问题。如果我们能够把中学阶段学生所要学习的数学知识用几条主要的逻辑线索梳理出来，把每一个单元的数学知识的逻辑关系揭示出来，就可以帮助学生在理解和研究数学问题的过程中，感悟到数学知识内在的逻辑性。

1.1.1 从公理化思想的角度看待中学数学教学内容

公理化思想是数学中最重要的思想基础之一，反映了数学之不同于其他学科的本质特性。公理化思想是建立在公理化方法之上的，而所谓的公理化方法简言之就是从尽可能少的基本概念和一组不证自明的公理出发，利用纯逻辑演绎构成一个公理体系，并在这个体系的基础上演绎出数学的所有概念和命题，进而将一门数学建立成演绎系统的方法。这种构造逻辑系统的思想称为公理化思想。

原东北师范大学校长史宁中教授在《数学思想概论》中写道：“欧几里得的《几何原本》对于人类文明的最大贡献在于用演绎方法构建了一个公理化体系，使得人们对数学的认识可以从经验上升到理性，从具体上升到一般……欧几里得之后，几何公理化体系的集大成者是19世纪最伟大的数学家之一的德国数学家希尔伯特……希尔伯特在《几何基础》中构建了一个形式化的几何公理体系，在这个公理体系中，我们能够体会出‘形式化’的含义：不管我们讨论的对象的实质是什么，只要从已经定义了的、用符号表示的对象出发，依据所确定的几组公理以及认定的逻辑法则推导出的结论就一定是正确的，这就是理想中的、脱离了经验的数学。”①

“中学数学中虽然没有明确的公理体系形式，但在每一次推理时，我们都有明确的推理依据。在这个意义下，我们心目中都有一个‘公理体系’，并在其中进行推理。这种潜移默化的逻辑结构的熏陶是中学数学的‘灵魂’，是培养学生的理性精神的特有载体。如在概率中，根据概率的定义，经实验、观察得出概率的一系列性质；后来古典概型的概率计算公式就是从这些性质出

① 史宁中：《数学思想概论第2辑·图形与图形关系的抽象》，长春：东北师范大学出版社，2009年，第98页。

发，经演绎推理而得；在立体几何中，明确了线线、线面、面面之间的平行、垂直定义，并归纳出一些判定定理之后，经推理得出一些性质定理；在向量中，有了向量的相等定义和运算定义之后，根据这些定义推导出了向量运算的运算律，等等。”①

北京市海淀区教师进修学校教研员翟刚老师在《公理化思想的渗透、学习与落实》一文中从公理化思想的角度，就代数和几何中的公理化思想进行了阐述，给我们展示了作为区域教研员所理解的中学数学的知识逻辑：

“我们知道代数中离不开算，数要算，式要算，方程与函数也离不开算，那么就这个问题我们研究和思考‘怎么算’的问题，就会发现公理化思想的影子在其中的重要作用。从最简单的问题入手想就更容易一些，例如，7 与 11。要考虑这个问题就需要回到问题的起点，即 7 和 11 是什么，它们之间有什么关系？首先 7 与 11 都是自然数，或者说它们是同类数，并且它们共同的存在都是 1 作为单位量而形成的，那么算的问题之所以可以实现就是因为它们具有相同的单位量，那么单位量实际上就是数系的基本条件。如果我们从公理化的角度看问题，那么这种单位量的存在和应用实际就是体现公理化思想的起点，也就是说由于存在了这种基本量的现象才可能确立这个数系，因此我们说这就是公理化应用的起点的范例。类似的，代数式之所以能算，是因为它们有‘同类项或者公因式’，那么实际上这种同类项和公因式不就是单位量吗？单位量的存在恰好印证了公理化思想的存在和意义。客观事物的存在都是因为其存在着由一生二，由二生三，进而生成事物的全部，或者说生成万物，那么‘一’就是事物的起点和事物演变的起点，同样的数学也反映了这种基本规律，这是因为数学是反映客观事物本质的规律的基本形式，因此数学也就具有了客观事物的基本规律。这种规律实际上就是我们所说的公理化思想的体现。现在我们再回过头来看几何问题，就可以发现与我们提及的代数问题基本类似。任何几何问题的存在其实都是因为首先存在着一个最基本的图形而产生的，最初一个点，当存在两个点时就形成了相对位置问题，同时形成了直线，又由此产生了两条直线的相对位置问题以及它们可形成什么问题的情况，进而产生了所谓的几何知识以及几何问题，而在这个过程中形成了公理、定理及公理体系。如果我们从这个角度看几何与代数知识中的公理化思想，就可以得到它们都存在着公理体系的认识。简言之，它们共同存在着：一个概念的确定以及需要研究它的范围、两个量之间的关系与联系、运算等基本问题。正因为存在着相似的现象，可以说它们具有基本一致的本质属性，即公理化现象，所以我们在教学中要渗透这种思想，并在解决数学问

① 刘绍学：《中学数学概观》，《普通高中课程标准实验教科书·数学选修 1-2 教师教学用书》，北京：人民教育出版社，2012 年，第 6 页。

题中运用这种思想，帮助学生确立这种思想。”

回顾中学阶段的数学教学内容，的确有很多的知识是可以从基本量的角度作为公理化的起点来演绎我们的教学内容的。例如，七～九年级“数与代数”的教学内容中，数是基础。这是因为数的概念是一切运算的基础。方程与不等式的研究始终离不开数；式的运算除遵循本身的一些运算法则外，最后的运算常常归结到数的运算；函数的研究也离不开数集。学生在初中阶段一开始就学习用字母表示数，学习整式及其相关的运算，作为教师在进行这段内容的教学的时候，是不是要研究其在中学阶段的地位和价值是什么呢？实际上，如果从中学教学知识的整体看，用字母表示数可以看作变量思维的开始阶段。通过用字母表示数的教学，不仅能够让学生体会到抽象概括的数学观点，而且能够领悟到用字母表示的数的任意性和抽象性所反映出的辩证思维。数不仅可以用一个字母表示，也可以用数字与一个字母的乘积来表示，还可以用几个不同的字母与数的乘积来表示，这样就产生了单项式的概念。对单项式的理解不能仅仅停留在表示数这个水平上，要从数学思维的高度上去深刻理解单项式。对于用一个字母和数字所表示的整式来说，可以深刻到函数概念。在课堂教学中，的确有不少的学生对含有一个字母的整式的理解已经进入到了函数的思维。如在进行“整体代入求值”的教学时，对于类似条件$3x^2+y=1$的理解，就有学生提出只需要将$x=0$、$y=1$代入到所要计算求值的式子中即可。可以看出这样的学生已经不再把$3x^2+y$这样的式子中的字母x、y看成是不变的，而是能够用变量的思维理解等式中的字母。授课老师如果能够在此基础上进一步地激发学生的变量思维，如用“你还可以取其他的x、y的数值吗?”来让全班学生思考，感受任意给一个x值，就有唯一的y值和它对应，并进一步告诉学生：这样的x与y具有一种特殊的关系，就是将来要学习的函数。这样的教学一定会给听课的学生们以观念上的影响。

同类项的概念是整式加减的基础，从同类项的概念容易得出其所表达的数的结构是一样的。对同类项本质的理解有助于加深学生对代数式本质的认识。我们说任何单项式所表达的数都是变化的，而在同类项前提下的单项式所表达的数具有共同的代数特征。从运算的角度看，合并同类项表示的是同一种形态的数之间的运算，但不是所有的各种各样的式子都能进行相互之间的运算，这是式与数运算的区别，也是用式表示数之后带来的局限性。但换一个角度看，不是同类项的式子所表达的数本质上是应该能进行计算的，只不过在式的背景下受到了约束，只能表达出来而不能计算到最后的结果，这也就是产生多项式的原因。合并同类项后，所得项的系数是合并前各同类项的系数的和，且字母连同它的指数不变。如何理解合并同类项的本质呢？如xy、$3xy$、$7xy$这些同类项合并之后是$11xy$，这里的xy相当于一个基本单位，所有和它同类的项，都是具有相同基本单位的式子(或数)，在相同的基本单位的前提下，所谓的加与减，就是在用基本单位来进行表示了。也可以说在相同基本单位的前提下，合并同类项的问题就是实数的问题。

在分式的教学中，“从分数到分式”这一讲就是在梳理从小学的分数到中学的分式的逻辑关系。两个分母不同的分数为什么能够比较大小？关键在于统一了分数基本单位。如比较$\frac{3}{5}$与$\frac{1}{2}$的大小前提是将一个整体重新进行基本单位的划分。$\frac{3}{5}$的分数基本单位是$\frac{1}{5}$，也就是将一个整体分为 5 份，每一份即$\frac{1}{5}$为一个分数基本单位，所以$\frac{3}{5}$是 3 个分数基本单位；同样，$\frac{1}{2}$是将整体分为 2 份，每一份为一个分数基本单位。但是为了比较这两个分数的大小，就要将以$\frac{1}{5}$为分数基本单位的整体的每一份再等分，也就是将整体 10 等分，$\frac{1}{10}$为分数基本单位，从而$\frac{3}{5}$就是 6 个$\frac{1}{10}$，即$\frac{6}{10}$；同样，将以$\frac{1}{2}$为分数基本单位的整体的每一份再 5 等分，这样也是以$\frac{1}{10}$为分数基本单位；$\frac{1}{2}$就是 5 个$\frac{1}{10}$，即$\frac{5}{10}$；当然，$\frac{6}{10}$大于$\frac{5}{10}$就非常好理解了。将两个不同分母的分数统一成具有相同分母的分数，本质上就是将两个不同等分下的整体等分为相同的分数基本单位，在这个基础上的等分的份数也就具有了可比性，从而可以比较不同分母的分数大小和进行加减运算，这也就是分数通分的本质。理解了分数的通分及加减运算，那么对于分式的通分及加减运算也就解决了。可以看出，基本单位的思维在分数及分式的运算中起着核心的、本质的作用。也与前面我们所说的数的加减、单项式的概念、合并同类项的本质是一致的。从这个角度看，这些初中的数学知识又是在基本单位(或基本量)的前提下得到了统一，也让我们能够从基本单位(或基本量)这样的一个角度整体地去看待我们的教学内容，并以此为起点进行公理化思想的演绎。

在“平面向量”中学生要学习的两个最重要的基本定理，即平行向量基本定理和平面向量基本定理，这两个基本定理告诉我们，在一维的向量空间中，任意一个向量，都可以用一个和它共线的非零基向量来表示；同样，在平面中的任意一个向量，也都可以用两个不共线的基向量来线性表示。推广到三维向量空间，空间向量基本定理告诉我们，空间中任何一个向量都可以用三个不共面的基向量来线性表示。这里面的基向量就是我们前面所说的基本单位。向量的这三个基本定理将不同维度的向量空间的任意向量都归结为基向量的线性表示，从而使得不同维度下的向量都可以代数化、坐标化，让不同的向量之间的代数运算得以进行。有关向量的这三个基本定理让学生们进一步地体会到了基本单位(或基本量)在数学知识中的重要作用，从而更本质地理解我们学习的数学知识的逻辑主线。

在"数列"的教学中，除了用函数的思维理解数列问题，也要引导学生从公理化思想认识数列。如我们知道，等差数列$\{a_n\}$的通项a_n由首项a_1和公差d确定，等比数列$\{a_n\}$的通项a_n由首项a_1和公比q确定，因此等差数列$\{a_n\}$或等比数列$\{a_n\}$的问题就归结为两个基本量——首项a_1和公差d或公比q了。可以说，等差数列$\{a_n\}$是由基本量首项a_1和公差d生成的，等比数列$\{a_n\}$是由基本量首项a_1和公比q生成的。等差数列$\{a_n\}$的前n项和S_n与等比数列$\{a_n\}$的前n项和S_n本身也都是数列，本质上也都是由基本量a_1和d或q确定的。研究数列问题的基本方法是首先要判断这个数列的属性，如果是等差数列或等比数列，就转化为基本量a_1和d或q；如果不是等差数列或等比数列，研究的一个主要途径就是将其转化为等差数列或等比数列问题，从而最终还是转化为基本量。因此，在数列的教学中，通过公理化思想让学生明确等差数列或等比数列的知识逻辑是一个有效的途径。

在几何学的教学内容中，这种基本单位(或基本量)的思维同样在知识逻辑中发挥着核心的作用，通过几何教学帮助学生树立公理化思想就成为教学的主要目标。如在平面几何中，点、直线是组成几何图形的最基本的几何元素，是它们构成了各种各样的基本图形，如三角形、四边形等。圆也是一个基本图形，它与直线形的基本图形又构成了复杂的复合图形。在立体几何的知识中，除了点、线、面这些基本的元素之外，基本几何体(如正四面体、正方体等)也是构成复杂空间几何体的基础，当然，也是研究复杂的空间几何体的出发点。从这个角度看我们的初中和高中的数学内容，在基本单位(或基本量)的思维下又找到了它们的共性的东西，也为我们整体地看待初高中的数学知识选择了一个独特的视角。当然，支撑这个视角的是公理化的数学思想，在代数和几何的教学内容中，基本单位(或基本量)使得数学的演绎在公理化体系中得以实现。

2012年我在海淀区教委宣传科组织的"家庭教育大讲堂"上，就"高中数学学习的策略与方法"和自愿来听讲座的家长们做了比较深入的交流。在会后和家长们的对话过程中，一位有在英国留学读博经历的家长给我留下了比较深刻的印象。他非常认同我在讲座中对中学阶段学生数学学习的现状的分析和思考，他认为在高中数学的教学中对数学基本思想和方法的唤醒不仅非常必要，而且难能可贵。他的观点是"在当前应试教育的背景下，使学生能够从哲学角度去看问题，用系统性的方法论去尝试解决问题，对学生未来的生活、工作，以及当前的考试都会有很大的帮助"。他在后来发给我的邮件中阐述道："从广义上来说，许多社会问题，无论是科学的、政治的、经济的、文化的，甚至是军事的，很多都是起源于对基本单位的定义和理解，也就是数学上的1，以及0到1的由来。在这个问题上没有共识，随后的基数递增以及更大级数上产生的误差和冲突的数量就可想而知了。即便是没有在基态上有明确的定义，在次级或次 2 级态能有最大程度的一致，就可以降低几何基数的分歧。”

这位家长用“基本单位”这一概念从宏观的层面上揭示了许多社会现象的本质，实际上就是公理化的思维。对于我们的数学教学、数学教育来说也是一种启示。我们的学生在数学学习中遇到困难的原因不是学生做的题目少，也不能怪学生不刻苦。需要我们反思的是，我们的数学教学是不是从学生开始学习数学的时候，就本着从数学的概念出发引导学生去思考数学的问题。

总之，公理化思想有利于数学教师的教学和学生系统掌握数学知识。因为首先，公理化思想可以揭示一个数学系统或分支的内在规律，从而使它系统化、条理化、逻辑化，有利于学生学习和掌握；其次，由于公理化系统是一个逻辑演绎系统，所以对于培养学生的逻辑思维能力和演绎推理能力都有其重要意义。作为教师要明确的是，学生数学水平的提高体现在他们会不会用最基本的数学概念来理解和解释数学问题，用最一般的数学方法去研究和解决数学问题。可以说，公理化思想在学生的数学思维逻辑的培养中具有重要的地位，用公理化思想阐述中学数学知识逻辑有助于促进他们对数学知识的真正理解和把握。

1.1.2　用学科知识的整体性贯穿中学数学教学内容之间的逻辑关系

数学学科的系统性和严谨性决定了数学知识之间深刻的内在逻辑关系，包括各部分知识的纵向联系和横向联系，因此要做好数学的教学，就要善于从教学内容的本质上抓住这些联系，进而通过分类、梳理、综合，构建数学知识的逻辑框架结构。

由于中学数学教学的对象年龄跨度大，从七年级到高中三年级，学生的思维处于一个不断发展、完善的阶段，而所要学习的知识内容繁杂，各个阶段的教学要求差异较大，要想通过六年的数学教学，让学生所受到的数学教育是一致的、连贯的，逻辑主线是清晰的，就要在数学教学中引导学生从知识的整体性入手来理解数学知识，这是提高学生的数学思维水平和解决数学问题能力、提高教学质量最为重要的方面。现在的数学教学总的来看对知识的整体性强调不够，讲授一个个知识点，教给学生一个个具体的数学方法容易被重视，也比较容易做到；把一个个知识点发展成知识“链”，形成知识网络，把各个局部知识按照某种观点和方法组织成整体，却容易被忽视或不易做到，结果是教学往往只见树木不见森林。那种认为把一个又一个数学的知识点教给学生就等于教给学生全部数学的观点，是不利于学生的学科素养的提高，也不利于学生真正理解和掌握知识逻辑的。

学生具备了数学知识的整体性是其切实掌握数学知识本质的重要标志，可以以此检验学生是否形成一个有序的网络化、结构化的知识逻辑体系，并能从中提取相关的信息，有效地、灵活地理解问题和解决问题。因此，从学科知识的整体性来认识中学数学教学内容之间的逻辑关系，从学科本质上理解知识就成为数学教学所追求的目标，这个目标的实现与否关系到数学教育价值是否达成。

其中，明确所教授的知识与这段知识所处的学科知识系统的逻辑关系是最为重要的，因为从这种关系能够看清楚：教师今天所教授的知识在整个的学科知识体系中的地位与价值；教师在课堂上所进行的知识教学是否遵循着学科的观点和思维的方法；教师的课堂教学是不是引导着学生探寻学科知识的本质。可以说每一节课的知识教学就是在明确着这些知识与学科知识系统的内在逻辑关系，让学生通过局部知识的学习去体会、感受所学知识与其所处的学科知识体系的逻辑关系。

下面以中学阶段的几何学的教学内容为例，阐述用学科知识的整体性贯穿中学数学教学内容之间的逻辑关系：

我们知道在中学阶段几何学的学习是学生们最为重要的学习内容之一，从七年级开始的平面几何到高中的立体几何，都属于欧氏几何，平面解析几何尽管是用代数方法研究几何对象的学科，但是由于研究对象仍然是几何图形，所以在研究内容与方法上与平面几何和立体几何具有一致性。

如何从整体上来认识这三门学科在知识上的整体性，把握其中的知识逻辑呢？除了研究对象所具有的共性外，研究内容的一致性和研究方法的一般性，决定了这三门不同学科在几何学知识体系中的整体性，构建了具有共性的知识逻辑关系。

由于几何学的研究对象是平面图形或空间几何体，因此，研究平面图形或空间几何体的几何特征是几何学研究的重要内容。几何特征的内涵包括两个方面：一是平面图形或空间几何体自身的几何性质；二是不同平面图形或空间几何体之间的相互位置关系。

依据几何学的研究内容我们不难看出，无论是九年义务教育阶段的平面几何对平面图形的研究，还是高中阶段的立体几何对空间几何体的研究，包括平面解析几何对几何对象的研究，都是按照这样的研究内容展开的。

1.1.2.1　平面几何

如何从几何学的知识体系整体认识九年义务教育阶段的“图形与几何”的教学呢？依据几何学的观点，几何学是研究图形的性质及不同图形之间相互的位置关系的。为了从学科知识整体性的角度梳理这些教学内容，找到这些知识之间的逻辑关系，我们以“平面几何图形”为主线来分析其中的逻辑关系。如下图所示：

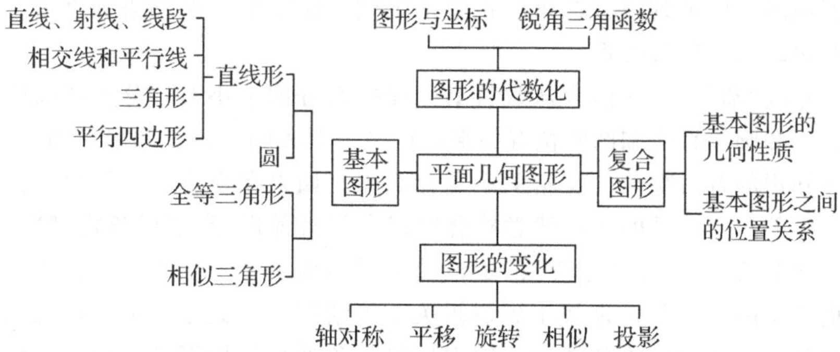

我们所说的几何图形可以分为基本图形和复合图形两部分。基本图形包括直线形和圆，其中直线形包括相交线和平行线、三角形与四边形。对于基本图形性质的研究是图形研究的基础，也是学生在“图形与几何”学习中最重要的内容。复合图形是指由两个或两个以上的基本图形所构成的几何图形，研究复合图形，就是要研究几个基本图形之间的位置关系，但前提是要能够从整体上去认识理解复合图形。因此，研究复合图形首先就要能够明确它是如何生成的。图形生成过程的研究价值在于让学生能够直观地感知复杂图形是如何得到的，而不是去观察老师提前画好的几何图形，从而为从整体上去研究复合图形做好准备。

图形变化的研究就是从运动、变化的观点去研究几何图形，包括轴对称、平移、旋转、相似和投影。将几何图形按着某种法则或者规律变换成另一个图形的过程叫几何变换。几何变换既是一种思想，也是一种方法，从几何变换的角度看待图形、研究图形，相比较欧氏几何对静态图形的研究方法，是一种观念性的变化。在这种观念指导下，学生研究几何问题时，就可以尝试将图形的基本元素平移、旋转、翻折等具体的操作，在运动的过程中获得新的点、线、图形，从而使得问题得到解决。“我们可以清晰地感悟到，只有通过图形的运动或者图形的变换，才可能真正地把握图形的性质。”①

图形代数化的目的是用代数的方法来研究几何图形。图形与坐标是最基本的几何元素的代数化，这个问题的研究让学生第一次感受到平面解析几何的思维方法，为将来学生进入高中学习平面解析几何奠定了思维的基础。将来学生在学习平面解析几何的时候，是绕不开这一段看似简单但是具有观念性的数学思维与研究方法的。锐角三角函数由于受到学生的思维水平的限制等因素还不能用函数的观点与思维去进行教学，暂且放在“几何图形的研究”中的“图形的代数化”这一分支。其代数化的含义在于通过直角三角形的直角

① 史宁中：《数学思想概论第 2 辑 · 图形与图形关系的抽象》，长春：东北师范大学出版社，2009 年，第 154 页。

边与斜边的比值来刻画其锐角的正弦或余弦，让学生能够感悟到直角三角形中边与角之间的代数关系。

九年级“圆”的教学内容从教科书的安排看分四个小节：分别是圆的有关性质；点和圆、直线和圆的位置关系；正多边形和圆；弧长和扇形面积公式。在这些知识的背后隐藏的逻辑关系是什么呢？如果在众多的教学内容面前理不清其中的逻辑关系的话，就必然会出现类似教师进行“切线长定理”教学的时候与之前所教的“垂径定理”的逻辑关系讲不出来；学生学弧长公式的时候与前面所学的圆心角定理找不到逻辑关系等情况。如此单一的、孤立的知识内容的教学，就会影响到学生从知识逻辑的角度整体把握学习内容，学生在知识学习的过程中就无法提炼出赋有几何学科观点的思维层面的东西，这必然会影响到学生对几何学这门学科的认识和理解。

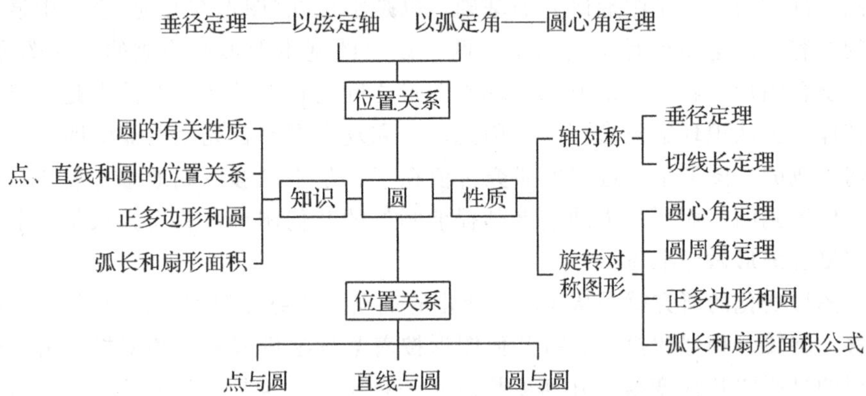

按照几何学的研究内容，首先要研究圆的几何性质，也就是教科书“圆”这一章第一节的教学内容。随着教学内容的展开，知识发展的逻辑主线向两个方面交叉着进行。一个方面就是圆的性质的研究，另一个方面就是和圆有关的位置关系的研究。圆的性质分轴对称性质和中心对称图形性质，对于这两个性质的研究是分散在全章的四个小节之中。其中圆的轴对称是通过圆的垂径定理和切线长定理来刻画的，尽管这两个定理分别在不同的小节中，教学时其间隔的课时也较长，但是这两个定理本质上的一致性是明确的。在切线长定理的教学中要能够结合前面所学习的垂径定理，用联系变化的观点，深刻理解圆的这种轴对称性。同样，圆心角定理、圆周角定理、正多边形与圆及弧长公式，都是在刻画圆的中心图形性质(或旋转对称性质)。另一个方面，就是要研究不同几何元素与圆的位置关系。点和圆、直线和圆、圆与圆的位置的研究就是在这样的几何学科知识体系下展开的。所谓的“以弦定轴”，就是通过垂径定理告诉我们，圆的某条确定的弦的中垂线也就是圆的对称轴，弦确定，圆的对称轴也就确定了，这个事实是在论述圆和直线形图形之间的逻辑关系。同样，所谓的“以弧定角”，也是通过圆心角与其所对的弧之间的关系，明确了直线形图形与圆的逻辑关系。

通过以上的分析可以看出，尽管“圆”这一章的内容看起来很繁杂，要研究的问题很多，但是，如果从几何学的知识体系的整体角度去理解，就能够找到隐藏其中的知识逻辑脉络，为我们在教学中实现教学的目标和教学价值，提供了理性的依据和实现的有效途径。

1.1.2.2　立体几何

高中阶段立体几何的研究对象是空间几何体，知识逻辑的主线是研究构成空间几何体的点、直线、平面的确定和其相互的位置关系，以及在此基础上研究空间几何体的性质及不同空间几何体的位置关系。在教学中，要能够通过对线线、线面、面面之间的位置关系以及空间几何体的研究，让学生把握知识逻辑的主线，在义务教育阶段的平面几何学习的基础上，进一步地体会几何学的研究内容与研究问题的方法。

在教科书的第一章首先是研究空间几何体，其课程目标就是使学生认识、了解、掌握一个空间几何体的结构特征，通过对空间几何体的整体把握去培养和发展学生空间想象能力。在教学中要能从空间几何体的结构特征、画图方法和度量计算三个角度展开，以帮助学生认识空间几何体。这一部分的教学，就是加强几何直观的教学，适当进行思辨论证，引入合情推理。在以往的立体几何教学中，对空间想象能力的培养仅仅依赖逻辑推理，培养途径比较单一；新课标下的教材给出的对空间想象能力的培养途径是：几何直观、合情推理、逻辑推理。培养途径多元，符合学生的认知规律。在教学中，不要误认为这部分的要求是降低了，讲课时一带而过。实际上，要在这一部分的教学中，加强几何直观的训练，加强学生几何图形的思维。在引导学生直观感受空间几何体结构特征的同时，学会类比、学会推理、学会说理。

教科书要求学生能够从实物想象出空间图形，从空间图形想象出实物的形状；能够画出实物的三视图和直观图，能够从空间几何体的直观图画出它的三视图，从三视图画出它的直观图，这些数学活动是使学生掌握图形语言、提高识图能力的有效途径。可以看出培养学生空间想象能力要通过画图这个途径；帮助学生认识空间几何体要通过画图来实现。

与九年义务教育阶段的三视图教学要求比较，高中的要求更高，更复杂。教学的落脚点要找好，其中“实物模型”、“三视图”、“直观图”三者之间的转化是教学的重点。由几何图形想象出实物的形状，进行几何体与其三视图之间的转化，这是一个包括观察、想象、比较、综合、抽象分析，不断由低到高向前发展的认识客观世界的过程，是建立在对周围环境、对空间与平面相互关系的理解和把握上的。教师在这部分教学中应该意识到：实物与相应的平面图形、几何体与其三视图之间的相互转化关系，不仅是一个实际操作过程，也是一个思维过程。通过教学，要使学生能根据条件做出立体模型或画出其三视图，在头脑加工和组合的基础上，通过实际尝试和动手操作来实现。总之，三视图与直观图的知识逻辑不是仅仅会画空间几何体，而是通过作图，让学生经历“实物模型”到“三视图”再到“直观图”这样一个过程，来认识空间几何体。

对于空间几何体的表面积和体积公式的教学不是仅仅为了应用公式去解决有关的计算问题，更重要的是通过对公式的推导思路的寻求(如侧面展开图)和各种几何体计算公式联系的分析，帮助学生从计算的角度去认识空间几何体，更加准确地把握空间几何体的结构特征。

对空间几何体的研究经常都是借助或转化为平面的问题来解决的。“确定平面”是将空间图形问题转化为平面图形问题来解决的重要条件，而这种转化又是空间图形中解决相当一部分问题的一种重要的思想方法。这种转化的最基本的依据就是三个公理。

“平行”和“垂直”在定义和描述直线和直线、直线和平面、平面和平面的位置关系中起着重要作用。它集中体现在：空间中的平行关系之间的转化、空间中的垂直关系之间的转化以及空间中垂直与平行关系之间的转化。

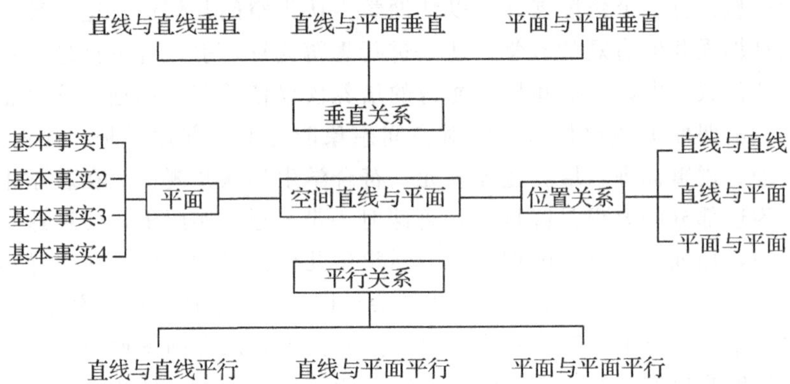

在新课标背景下的立体几何教学削弱了以演绎推理为主要形式的定理证明，减少了定理的数量，删去了大量的几何证明题，淡化了几何证明的技巧，降低了论证过程形式化的要求。这样的安排体现了《普通高中数学课程标准(实验)》的理念，引入合情推理，突出几何直观，在大量实际背景、直观操作和感受的基础上，引导学生归纳、概括出若干定理，让学生感受公理化思想，了解证明的含义。但也正像前面我们所指出的那样，这样做不是为了降低几何证明的难度，而是对几何证明的要求分阶段、分层次，是丰富了几何教学的价值。

欧几里得公理体系建立以来，几何与演绎推理结下了不解之缘，几何教学培养推理能力的这种价值一直受到人们的重视。事实上，推理既有合情推理，也有演绎推理，而且从数学自身发展的过程来看，即使演绎推理也并非

“几何”所独有，它广泛存在于数学的各个分支中。所以，20 世纪 80 年代以来，国际数学教育对几何推理的要求相应地发生了变化，其普遍趋势是：从纯粹的演绎推理转向较少的演绎推理，更多地强调从具体情景或前提出发进行合情推理；从单纯强调几何的推理价值转向更全面地体现几何的教育价值，特别是几何在发展学生空间观念，以及观察、操作、试验、探索、合情推理等方面“过程性”的教育价值。

由于立体几何与平面几何都属于欧氏几何，因此从知识整体性的角度看待这两门学科之间的联系还是容易被学生理解和接受的，这两门学科的知识逻辑也是一脉相承的。

1.1.2.3　平面解析几何

高中阶段的平面解析几何由于研究的对象是几何图形即曲线，尽管是用代数的方法来研究，但也是依据几何学的研究内容来演绎的。其原因在于对几何对象代数化的前提是要研究曲线的几何性质，也就是要研究单个的曲线自身的几何性质和不同曲线之间的位置关系。只有明确了几何对象的几何性质才能够进行准确的、适当的代数化，从而为用代数化的方法研究几何对象奠定了基础。尽管平面解析几何使用代数方法来研究几何问题，但这不是说，一切都通过计算来解决是最有效的，平面解析几何毕竟是属于几何范畴的学科，绝不能忽视对几何对象的几何特征的认识与理解。从这一点来说，平面解析几何与平面几何和立体几何是一致的，具有整体性。

由于平面解析几何的研究对象如直线、圆、圆锥曲线大多以方程的形式出现，因此对它们的几何性质的研究也主要是以研究其曲线方程为主，从曲线方程中研究其对应的几何性质如对称性等。从这种用代数方法研究几何对象的角度看，平面解析几何有它独特的地方，但如果超越具体的方法，我们还是能够看到平面解析几何与平面几何、立体几何的研究是一样的。另外，曲线之间的位置关系除了通过其方程进行研究之外，也经常借助图形来研究，这一点也和欧式几何具有共性。

作为教师有责任通过课堂教学，让学生体会到平面解析几何的学科特点，掌握这门学科的基本思想方法。这不仅是我们上好解析几何课的前提条件，也是我们完成教学任务的重要标志。同时，我们也要让学生能够从教学中去感受到这门学科与他们之前所学过的平面几何与立体几何所具有的逻辑关系，从学科的知识体系中揭示出平面解析几何的知识逻辑。

总之，强化数学知识的整体性有助于把握知识逻辑。学生在不同的教学阶段所获得的知识往往是局部的。只有在整体中才能看清局部知识的意义和作用，以及局部知识与其他知识的逻辑关系。各个局部知识按照某种观点和方法组织成整体，才便于存储、提取和应用。如果用知识的整体性来认识我们的教学内容，可以使我们的学生看到，尽管这些学科研究的对象有差别，但是研究的内容是有共性的，研究的思维方法是一致的。如果我们的教师在教学中，能够帮助学生认识到这种不同学科、不同单元的知识之间的联系，就有助于他们建立起符合学科观点的知识逻辑。

1.2 义务教育阶段七～九年级部分章节的知识逻辑分析

抓住本质的东西，才能使学生对中学数学知识逻辑的认识深化。现代心理学研究表明，数学学习过程主要就是建立各类数学概念体系的过程，而学生数学才能的大小，在一定程度上取决于学生头脑中有关数学概念体系的形成状态。数学教学的目的之一就在于组织和重新组织学生的有关知识经验系统，促进其心理发展。因此，教学中首先应当揭示概念与概念之间的逻辑关系，使数学知识成为一个整体；其次应尽可能地用那些概括化程度较强的概念、基本原理和方法贯穿知识系统，使知识围绕这些重要的概念展开。

以下，我就义务教育阶段七～九年级部分章节的内容的知识逻辑进行简要分析。

1.2.1 如何确定有理数

九年义务教育阶段七年级的“有理数”这一章节的内容中，概念多、运算法则多且不易理解，对于七年级的学生来说，学习这一章知识在思维上难度较大。为了帮助学生从全局上把握教材，从整体中学习知识，建立起良好的知识逻辑结构，教学中就要重视概念的形成，注意概念的前后逻辑关系，在教学过程中反复回到基本概念上来。

在“有理数的意义”的教学中，学生学习了正数和负数、相反数、绝对值等几个非常重要的基本概念。为什么要学习这些概念呢？教学中启发学生思考数 a 是怎样在数轴上表示出来的：首先要知道它的正负，才能决定和它对应的点在坐标原点的哪一侧；其次还要知道数 a 的绝对值，才能确定表示数 a 的点与数轴上坐标原点的距离。由此可见这一节内容的知识逻辑是：要确定一个有理数，一是看符号，二是看绝对值。有了这个认识，学生所学到的知识才不再是孤立的，学生的数学活动也不再是盲目的。对于诸如“$a<0$ 时，$|-a|=-a$ 还是 $|-a|=a$”的问题，学生也就有办法、会思考了。

在“有理数的运算”的教学中，针对运算法则多、含义不易理解的难点，注意引导学生把在“有理数的意义”的学习中建立起来的知识逻辑应用于这一节的学习中。例如有理数的加法法则：“1. 同号两数相加，取相同的符号，并把绝对值相加。2. 绝对值不相等的异号两数相加，取绝对值较大的加数的符号，并用较大的绝对值减去较小的绝对值。互为相反数的两个数相加得 0。

3. 一个数同 0 相加，仍得这个数。”①从形式看，叙述复杂，不好理解，但实际上说的无非是这样一个问题：两个加数的和的确定问题，一是符号，二是绝对值。同样，在有理数的乘法法则、乘方法则中，讲的都是如何从这两个方面去确定积、确定幂。

如此看来，“有理数”全章都是围绕同一个逻辑展开的，即在各种运算中，如何通过符号、绝对值去确定其运算结果。不难看出，“确定一个有理数，一是符号，二是绝对值”是全章知识的灵魂，是最本质的东西，是知识逻辑的主线。如果学生能够抓住本质，把握知识发生发展的逻辑脉络，就可以提纲挈领地把握各部分数学知识，把所学知识按一定的逻辑结构组织起来，形成一个整体，从而使学生对数学知识的认识得到进一步的深化。

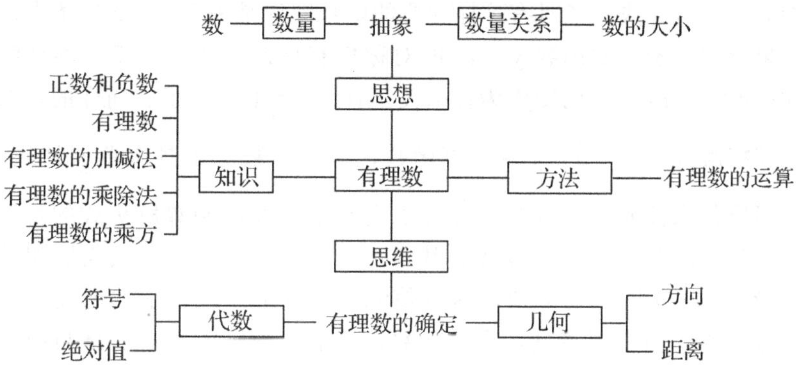

1.2.2　函数的性质是由谁来决定的

打开八年级的教科书有关“函数”章节的时候，常常能够看到这样的描述：“从函数图像可以看出，直线从左向右上升，即当 x 由小变大时，$y=x+0.5$ 随之增大”；“从函数图像可以看出，曲线从左向右下降，即当 x 由小变大时，$y=\frac{6}{x}(x>0)$ 随之减小”。九年级教材的标题也是“二次函数 $y=ax^2$ 的图像与性质”。

可以看出，函数的性质都是经历“描点画图”加“可以看出”得到的。教科书似乎在告诉教师及学生，函数的性质都是由函数的图像确定的，函数的性质只能够从函数的图像得到。如果知识逻辑是这样的话，我们不禁要问：函数的图像又是从哪里来的呢？

什么是函数的性质呢？从本质上说，函数自变量的变化所引起的因变量的变化都可以认为是函数的性质，但是我们所能够研究的函数性质指的是函

① 《义务教育教科书·数学七年级(上册)》，北京：人民教育出版社，2014 年，第 18 页。

数的自变量有规律的变化所引起的函数值有规律的变化。如当自变量 x 在它所能取到的范围内或其中的某个区间内由小到大地变化，函数值也是由小到大或由大到小地变化的时候，这种变化就是有规律的，就是我们所说的函数的单调性质。这种性质反映在函数的图像上，不论这个图像是直线还是曲线，图像从左至右是向上的，这就是单调递增函数的图像特征；如果从左至右图像是向下的，反映的就是单调递减函数的图像特征；如果函数的自变量取两个相反自变量的时候函数值总是相等，这就是偶函数的性质，如九年级学生所学的最简单的二次函数 $y=x^2$，高中学生所见到的例子就更多。而偶函数的图像特征是什么呢？由于点(x, x^2)与点$(-x, x^2)$总是成对地出现在函数的图像上，这样的两个点的横坐标在数轴上以 0 为中点坐标，其对应的纵坐标总是相等的，这就决定了具有这样性质的函数图像是关于 $x=0$ 这条直线对称的。如果学生对于二次函数 $y=x^2$ 的对称性有理性的认识，就不难理解二次函数如 $y=(x-1)^2+1$ 的图像为什么关于直线 $x=1$ 对称了。同样的，八年级的学生就接触到了 $y=x$，$y=\dfrac{1}{x}$等函数，这些函数除了具有单调性质之外，还可以研究什么性质呢？教师仍然可以引导学生关注函数解析式的特点，探索函数所具有的其他的一些性质。其实不难发现，这一类函数当取相反的两个自变量 x 和 $-x$ 时，其对应的函数值总是相反的。从以上的论述不难得出有关函数性质的知识逻辑是：决定函数性质的，是函数的自变量与因变量的关系。

八年级在讲"一次函数的性质"的时候，教科书有这样的概括："当 $k>0$ 时，y 随 x 的增大而增大；当 $k<0$ 时，y 随 x 的增大而减小。"如何理解这段描述呢？一种理解是：一次函数的单调性质是由 k 的符号决定的。也就是说：一次函数的单调性质是由一次函数解析式中的参数决定的，类似的问题在高中的教学中也经常出现。如在三角函数的教学中，不是也有很多的教师误认为正弦型函数 $y=A\sin(\omega x+\varphi)$的性质是由参数 A、ω、φ 决定的吗？这都是从根本上违背了函数性质的知识逻辑的。

实际上，$k>0$ 时，是指一类一次函数，并不是一个确定的一次函数，准确的理解应该是：当 $k>0$ 时，这些一次函数都具有 y 随 x 的增大而增大的性质；当 $k<0$ 时，这些一次函数都具有 y 随 x 的增大而减小的性质。它所表达的是一类函数的共同性质。具体到某一个具体的一次函数，它的单调性一定是由其自变量 x 与因变量 y 的关系所决定的。

函数思维的特点是什么？如何用函数的思维方法思考和函数有关的问题？函数性质的本质是什么？研究函数性质的一般方法是什么？类似这样的问题作为数学教师要多想一想。只有明确了数学学科教学的知识逻辑，才能够真正地把知识讲透，让学生学得明白。

1.2.3　函数图像应该怎样看

教科书八年级下“变量与函数”之后专门有一节讲“函数的图像”。在这一讲中如何通过函数图像的教学，让学生进一步领会函数概念的本质、初步掌握研究函数性质的基本方法是非常重要的。教科书中所提出的思考问题和所举的例题很有意义和价值，但是比较遗憾的是其对所提出的问题及例题的解答或分析，并没有从研究函数性质的知识逻辑出发去认识并解决，没有借助函数图像的教学更深刻地揭示出函数的本质。

如：围绕有关北京的春季某天气温 T 如何随时间 t 的变化而变化的函数图像，教科书在引导学生从图像中寻找可以得到信息时，给出以下结果：

(1)这一天中凌晨 4 时气温最低(−3℃)，14 时气温最高(8℃)。

(2)从 0 时至 4 时气温呈下降状态(即温度随时间的增长而下降)，从 4 时到 14 时气温呈上升状态，从 14 时至 24 时气温又呈下降状态。

(3)我们可以从图像中看出这一天中任一时刻的气温大约是多少。

如何用函数的思维去理解函数的图像，如何用研究函数的方法分析函数的图像呢？上述的回答有什么问题吗？

实际上，我们借助函数的图像理解函数的时候，首先要从函数的整体变化状态进行分析，函数图像中这是最直观的；在整体分析函数变化状态的基础上，再进一步地分析函数的最大值或最小值问题。很显然，教科书中由函数的图像可知的第一个信息(这一天凌晨 4 时气温最低，14 时气温最高)应该放到对函数的整体分析之后得到，而不是首先得到。只有从整体上认识了这个函数，才有可能从局部上去认识它。教科书所提供的信息不符合研究函数性质的思维特点，也违背研究函数性质的知识逻辑。

教科书在(3)中所提出的让学生进一步思考的问题：“我们可以从图像中看出这一天中任一时刻的气温大约是多少”，实际上是对函数概念的理解，这个信息确定了这是函数的图像，只有在这个问题明确的前提下才有前面的两个信息。也就是才有可能进一步去分析函数的变化状态及函数的最值问题。因此，教科书所给出的由函数图像得到的信息或提出的问题的顺序是有悖知识逻辑的。

作为教师围绕这个函数的图像应遵循函数的知识逻辑去提出一些问题，让学生观察、思考。如：函数图像所体现出来的函数变化状态是怎么样的？函数图像在 x 轴的上方或下方的含义是什么？函数图像在 y 轴右侧的含义是什么？不同时刻温度是否可以相等？等等。

教科书在这一节中的例题是学生熟悉的实际生活中的问题：给出的函数图像(如图 1-1)反映的是小明从家出发到食堂吃早餐，再到图书馆读报然后回家的情境。教科书要求学生根据图像回答下列问题：

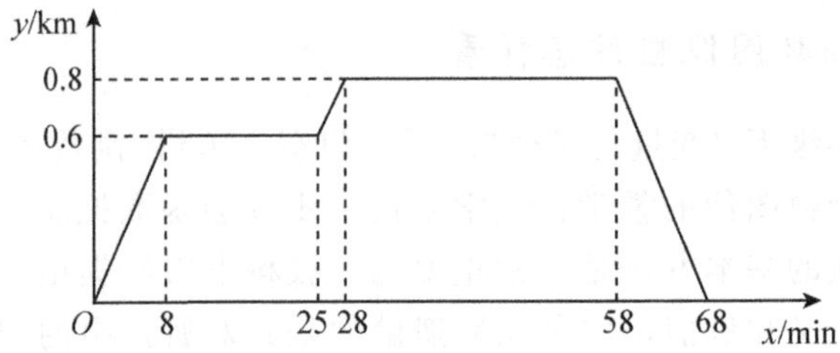

图 1-1

(1)食堂离小明家多远？小明从家到食堂用了多少时间？

(2)小明吃早餐用了多少时间？

(3)食堂离图书馆多远？小明从食堂到图书馆用了多少时间？

(4)小明读报用了多少时间？

(5)图书馆离小明家多远？小明从图书馆回家的平均速度是多少？

上述五个问题都是围绕图像的信息进行计算。这个函数的自变量是时间 x，因变量是小明离家的距离 y。问题(1)是求函数的值及相应的自变量的值；问题(2)是计算自变量的值；问题(3)(4)(5)类似。可以看出上述问题缺乏引导学生去理解函数概念的作用，没有从研究函数性质的角度启发学生去思考，不提函数的自变量与因变量，在解答部分也是“从纵坐标看”如何、“从横坐标看”如何，函数的味道尽失。

符合知识逻辑的教学应该是教师围绕这个函数的图像从函数的思维角度和研究函数的方法出发，提出一些有价值的问题。如：从函数图像的整体描述一下自变量 x 是如何影响因变量 y 的？函数图像上升的含义是什么？函数图像下降的含义是什么？函数图像与 x 轴的两个交点的含义是什么？等等。

函数的知识逻辑告诉我们，研究函数不仅仅是求值，研究函数的变化状态，研究函数的性质是函数教学包括函数图像教学的重点。让学生在观察函数图像的基础上去思考函数问题和研究函数问题更有价值，让学生在思维的活动中体会函数的知识逻辑，领悟函数的本质才是最有意义的。

1.2.4 “三角形”的知识逻辑

三角形是学生最熟悉的平面图形，作为教师首先要明确在初中阶段研究三角形的目的是从边的角度认识和研究三角形。这个问题也就是知识的教学价值。实际上，三角形是学生研究的第一个封闭的平面图形，通过对三角形的研究，要教给学生研究平面图形的一般方法，为今后研究四边形和其他的多边形打下一个基础。

在本章第一节“三角形的边”的教学中，要从研究几何图形的角度进行教学，让学生能够感受到研究几何图形的意义和价值，掌握研究几何图形的基本方法。因此，通过边来研究三角形是本节的知识逻辑主线，知识逻辑是通过研究三角形边的几何特征和代数特征的途径确立的。

边的几何特征就是三角形的定义所描述的“由不在同一条直线上的三条线段首尾顺次相接所组成的图形”。定义告诉我们三角形是由三条确定的线段所围成的封闭平面图形。因此，对于三角形的研究重点在于对边及由边所产生的角的研究。

边的代数特征一方面体现在某两边相等或三边相等上，即等腰三角形或等边三角形，并以边的这种关系为标准将三角形进行了分类；另一方面体现在三边的数量关系上。而数量关系的得来，源于对几何特征的分析和认识。正是由“两点之间，线段最短”得到了“三角形两边的和大于第三边”。

“三角形的高、中线与角平分线”的教学目的是从与三角形有关的线段的角度认识和研究三角形。本节课的知识逻辑分析如下：对三角形的认识可以换一个角度，如图 1-2 所示，已知点 A 在直线 BC 外，点 A 与线段 BC 的两个端点 B、C 的连线与线段 BC 构成三角形 ABC。设点 D 为线段 BC 上的动点，当点 D 从 B 点运动到 C 点时，在这个运动过程中，线段 AD 是三角形 ABC 内的动线段。在这些线段中，有没有从位置关系看比较特殊的线段 AD 呢？

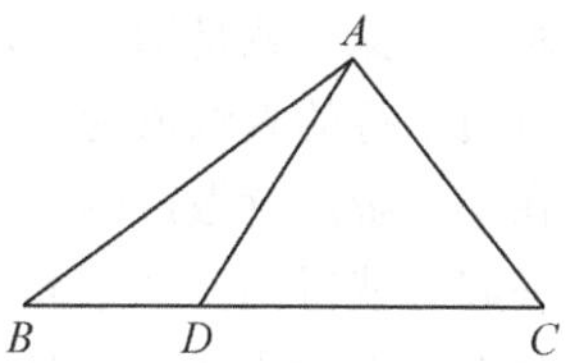

图 1-2

从线段 AD 与直线 BC 的位置关系来看，当线段 AD 垂直于直线 BC 时，此时的线段 AD 叫作$\triangle ABC$ 的边 BC 上的高；（如图 1-3）

从点 D 在线段 BC 上的位置来看，当点 D 为线段 BC 中点的时候，此时的线段 AD 叫作$\triangle ABC$ 的边 BC 上的中线；（如图 1-4）

从线段 AD 与角 A 的关系来看，随着点 D 从 B 点处开始运动，$\angle BAD$ 增大，而$\angle DAC$ 减小。在这个变化的过程中，一定会在某一时刻$\angle BAD=\angle DAC$，也就是线段 AD 平分角 A，此时所得到的线段 AD 叫作$\triangle ABC$ 的内角 A 的角平分线。（如图 1-5）

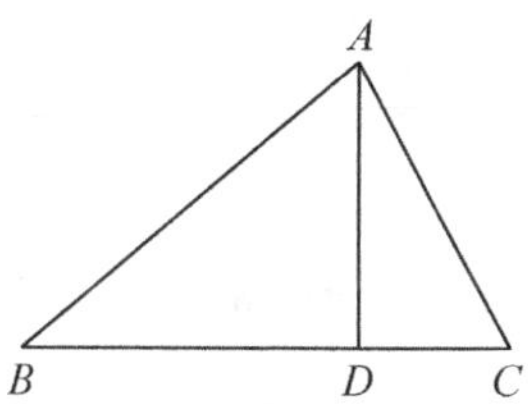

图 1-3

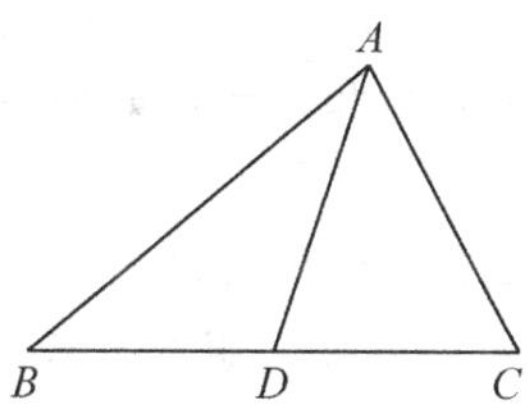

图 1-4

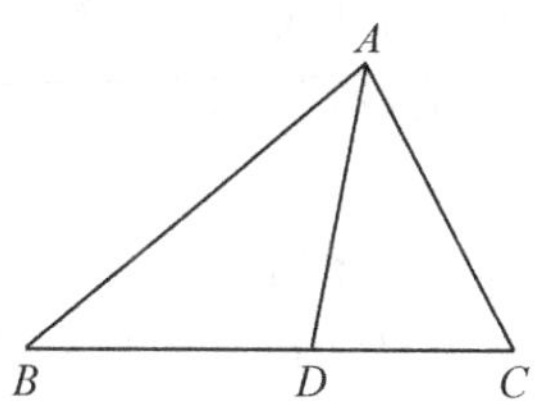

图 1-5

教学中还可以提出探索性问题启发学生从三角形这个图形与其高、中线与角平分线的位置关系的角度来理解问题，进一步地明确这一节的知识逻辑。如：在进行$\triangle ABC$ 的 BC 边上的高的教学时，可以先从锐角$\triangle ABC$ 分析，此时，点 D 在线段 BC 上，高 AD 在锐角$\triangle ABC$ 的内部，然后让学生们进一步思考，对于任何$\triangle ABC$ 来说，其边上的高都在其内部吗？$\triangle ABC$ 的中线与角平分线与$\triangle ABC$ 的位置关系是怎样的呢？这样的问题就是在依据平面几何学科的观点来进行的知识逻辑的确认，是从几何元素与几何图形的位置关系的角度进行思维活动。

"三角形的内角和等于 180°"是在学生小学阶段就已经知道结论并加以验证的教学内容，七年级再讲这个尽人皆知的定理，一定要能够讲出结论背后的逻辑关系。因此，这节课的研究重点不是如何让学生进行操作性的验证活动，而是教学中的知识逻辑的梳理。"三角形的内角和等于 180°"证明思路的思考、探寻就是知识逻辑的形成过程。如何作出那条过三角形一个顶点且与对边平行的直线成为思维活动的焦点，教材所安排的探究活动实际上是学生在小学阶段就做过的："在纸上任意画一个三角形，将它的内角剪下来拼合在一起，就得到一个平角。从这个操作过程中，你能发现证明的思路吗?"只不过在中学阶段强调的是证明的思路而不是仅仅满足于验证。但是，上述探究中的"将它的内角剪下来拼合在一起"是如何想到的呢？小学学习的时候如果不讲，那么到了中学，教师是不是要引导学生去思考呢？我们知道，在课堂教学中，教师的任务不是教给学生一个又一个结论，而是要引导学生去理解问题、分析问题及解决问题。任何操作行为的背后都要有思维活动，教师的教学就是要让这种思维活动能在课堂教学中展示出来，并不断地引向深入。

因此，按照几何学的思维方法，明确这个结论背后的知识逻辑就成为必然。而这种逻辑关系的找寻要依赖于学生已有的知识，通过它们之间的联系构建知识逻辑。如向学生提出这样的问题：在平面几何的学习中，有关"定值"的问题你曾经讨论过哪些？这样，"两直线平行，同旁内角互补"必然被学生所关注。

设 $a/\!/b$，直线 l 与直线 a、b 相交所截得的同旁内角为$\angle A$ 和$\angle B$，则$\angle A+\angle B=180°$。如图 1-6，当直线 a 从平行直线 b 的位置上顺时针向直线 b 旋转时，让学生观察分析$\angle A$ 和$\angle B$ 是如何变化的。

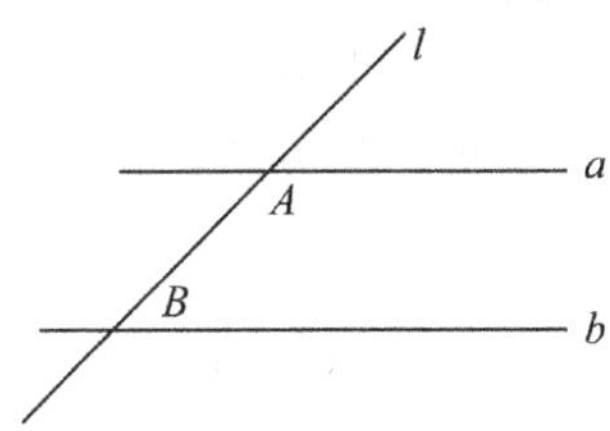

图 1-6

从几何上看，$\angle B$ 没有变化，但$\angle A$ 随着直线 a 的旋转而改变形状；从数量关系看，随着直线 a 的顺时针旋转，$\angle A$ 的度数在变小，若设变化后的$\angle A$ 为$\angle A'$，则$\angle A'+\angle B<180°$。

再进一步从位置关系的角度分析几何特征：如图 1-7，随着直线 a 的顺时针旋转，直线 a 就不再与直线 b 平行，因而必然与直线 b 相交。为了说明的方便，设旋转后的直线 a 为 a'，直线 a'与直线 b 相交于点 C，得锐角为$\angle C$，则此时的$\angle A'$、$\angle B$、$\angle C$恰好为$\triangle A'BC$的三个内角。

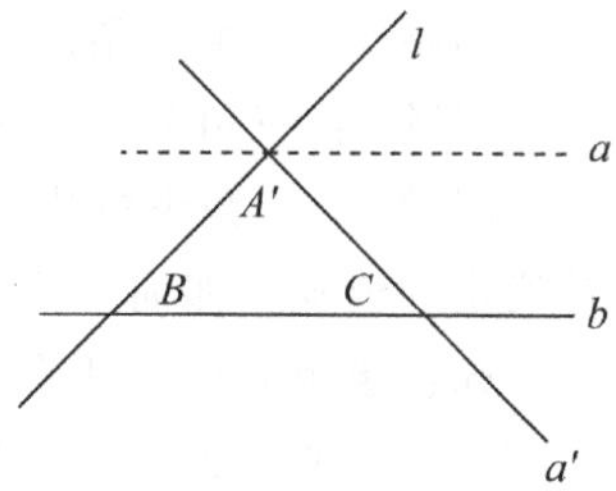

图 1-7

从数量关系看，此时的$\angle C$与$\angle A'$的度数之和正是$a // b$时的$\angle A$的大小。通过这种运动变化的分析，让学生从图形变化的关系上看到相对应的数量关系，从而为证明三角形内角和定理找到了一个符合逻辑的依据。

其实，还有一个问题需要教师在备课时思考，就是 180°是怎么想到的。

我们仍然从运动变化的角度去引导学生观察分析。如图 1-8，让$\triangle ABC$的顶点C在直线BC上从左向右运动，请学生从几何的变化状态和代数的数量关系的角度去分析$\triangle ABC$的边和角的变化。

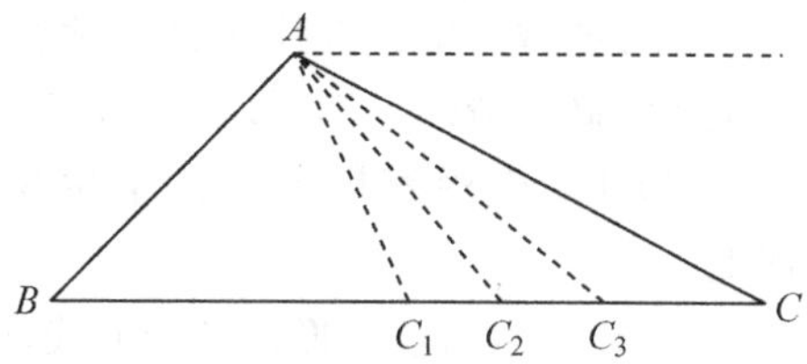

图 1-8

从边的角度看，边AB的长度不变，但AC、BC的长度都随着点C向右运动而增加；同样，$\angle B$的大小没有发生变化，但是$\angle A$越来越大，而$\angle C$逐步减小。当点C在直线BC上运动到无穷远处的时候，$\angle C$的大小几乎为零。此时，直线AC与直线BC的位置也接近于平行。这样，$\angle A$与$\angle B$的几何位置关系接近于平行直线被一条直线所截产生的同旁内角了，两角的度数和也就无限接近于180°，至此可以提出三角形内角和的猜想。

可以看出，如果数学知识在没有受到质疑的情况下匆匆讲过，学生往往会被讲“糊涂”了，被动地接受教师所教授的知识就有可能成为学生学习的常态，这些知识由于缺乏逻辑关系的确认过程，所以在学生的大脑中并没有留下深刻的印象，学生反而缺失了对核心问题的思考和建立在问答基础上的学科观念的交流，其结果是思维方法的僵化。

研究三角形的外角的逻辑是(如图 1-9)：

(1)从几何图形入手，观察外角的几何特征：从定义看，是三角形的一边与另一边的延长线组成的角。由此可以分析出外角与其对应的内角之间的几何关系；

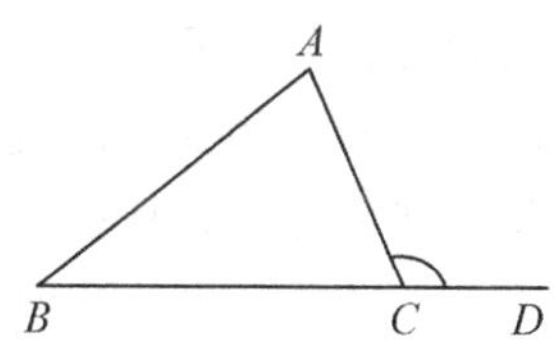

图 1-9

(2)从数量关系进行进一步的分析：从外角与相对应的内角之间的互补关系及三角形内角和为定值，可以得出和外角有关的哪些数量关系。

在教学中可以提出一些问题，启发学生进行思考和探究：

问题1：一个三角形有几个外角？

问题2：三角形的外角与内角有什么关系呢？

问题3：三角形的内角和是一个定值，那么，三角形的外角的和是不是也是确定的值呢？如何计算三角形的任意一个外角呢？

知识逻辑的价值体现在让学生通过学习有关三角形的外角知识，进一步理解三角形的有关性质，更重要的是学会研究几何图形的基本思路。要注意的是，不要在课堂教学的开始阶段就进入到大量的有关角的计算，而是要能够创设出问题的情境，让学生进行思考，激发学生研究几何图形的兴趣，帮助学生经历知识逻辑的形成过程。

在习题教学中，教师在引导学生进行理解问题、分析问题时的知识逻辑一定要明确、清楚，不要以计算正确、结果正确为目的。如：

(1)让学生观察图形，让学生说说如何认识图形，重点放在几何的特征上；

(2)让学生结合图形及已知的代数条件，从数量关系的角度理解问题；

(3)从要求的结论或要证明的结论入手，让学生说说解决问题的整体思路。

通过对“三角形”的知识逻辑的分析，我们看到：知识逻辑就是依据平面几何的学科观点、思想，在知识形成的过程中，研究几何图形的基本方法和三角形有关的知识的内涵。

1.2.5 “旋转”的知识逻辑

在数学中旋转是图形变化的方法之一，如何明确“旋转”的知识逻辑呢？初中教科书中的关于旋转的定义告诉我们：“把一个平面图形绕着平面内某一点 O 转动一个角度，叫做图形的旋转。”从定义可以看出数学中的旋转不是任意的、没有约束的旋转。

首先，这种旋转是在平面内绕着某一个点完成的，这个点即旋转中心；其次，旋转是用数量关系来刻画的，是转动了一个确定的角度，这个转动的角叫旋转角；最后，定义还告诉我们，旋转这种图形的变化只是改变了位置，图形的形状并没有改变，因而旋转出现了两个图形，一个是旋转前的，一个是旋转后的。正因如此，“对应点”就成为旋转的核心概念。

旋转反映出的几何学的学科观点仍然是几何对象的确定及位置关系的研究，只不过与之前的平面几何研究的内容相比，是动态变化下的图形的确定和相互位置关系问题。因此，在旋转背景下的知识逻辑也就是旋转后的图形的确定及旋转前后两个图形之间的位置关系，这种逻辑关系可以帮助我们利用旋转前图形的性质得出旋转后图形的性质。可以看出，在这种动态下研究图形的性质，对于培养学生认识图形、研究图形具有重要的教学价值。

旋转的性质实际上是针对旋转前后的两个图形的关系进行阐述的。第一条性质“对应点到旋转中心的距离相等”就是从对应点到旋转中心的数量关系，是从量上刻画两个位置上图形的一种联系；第二条性质“对应点与旋转中心所连线段的夹角等于旋转角”是从“角度”这样一种可以量化的概念刻画旋转前后不同对应线段之间的一种内在联系，即通过旋转角都相等这一不变的数量关系反映出动态下的两个图形之间的逻辑关系。如此，性质“旋转前、后的图形全等”也就顺理成章容易理解了。

“中心对称”和“中心对称图形”的知识逻辑是什么呢？

“把一个图形绕着某一点旋转 180°，如果它能够与另一个图形重合，那么就说这两个图形关于这个点对称或中心对称。”从上述定义可以看出，中心对称就是特殊的旋转。这种特殊性表现在中心对称规定了一个旋转角度，即 180°。定义中所谓的“另一个图形”实际上就是“一个图形”旋转 180°之后的那个图形。也正是这种特殊性，中心对称的性质只不过是旋转性质的特殊表达形式而已，与旋转的性质没有实质性的不同。因为旋转 180°，所以中心对称的两个图形的对称点所连线段都经过对称中心。旋转性质中的对应点与旋转中心的距离相等，在中心对称性质中即表述为对称点所连线段被对称中心所平分。

中心对称图形与中心对称又是什么关系呢？把一个图形绕着某一个点旋转 180°，如果旋转后的图形能够与原来的图形重合，这样的图形就是中心对称图形。从定义可以看出，从某种意义上来看，中心对称图形就是特殊的中心对称。因为旋转的方式与中心对称完全一样，也是绕某一个点旋转 180°。区别在于旋转 180°之后与谁重合而已。中心对称是“与另一个图形”即旋转后的图形重合，而中心对称图形是与自身重合。

总之，研究知识逻辑就是要深刻领会数学概念。概念教学的过程就是明晰其知识逻辑。一些教师仅仅是口头上重视概念，但是不会讲概念，在课堂上概念教学走过场的现象比较普遍，其原因在于教师缺乏对数学概念的深入研究。实际上，只要你研究了，也就把握住了知识逻辑，也就能够把概念教出味道。

1.2.6　“圆”的知识逻辑

圆是学生在平面几何学习中一个重要的内容。如何在圆的知识教学中，让学生在直线形图形研究的基础上进一步去体会研究几何图形的思维与方法，深刻领悟几何学的学科观点，是圆的知识逻辑所要承载的教学的价值和意义。

研究一个几何图形的时候，首先要关注这个图形的确定性问题。如：两点确定一条直线；不共线的三点确定一个三角形。那么如何确定一个圆呢？正如圆的定义所告诉我们的那样：“在一个平面内，线段 OA 绕它固定的一个

端点 O 旋转一周，另一个端点 A 所形成的图形叫做圆。”定点 O 也就是圆心，确定了圆的位置；定线段长也就是半径，确定了圆的大小。如此，就从位置关系和数量关系上确定了圆。

为了让学生进一步理解圆的内涵，教科书设计了一个动手画圆的过程(如图 1-10)。通过这个过程，让学生首先从整体上感受到圆是一个点的集合。再进一步从两个方面去理解这个点集合的含义，即：从圆的角度看，圆上各点到定点的距离都相等；从点的角度看，到定点的距离等于定长的点都在同一个圆上。

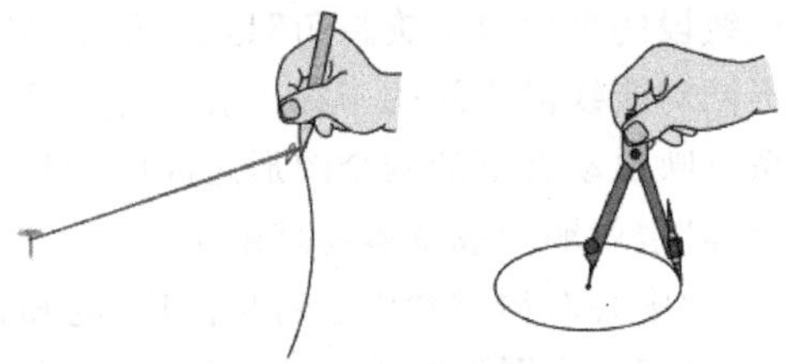

图 1-10

研究圆的性质是为了更好地认识圆。就像在函数性质的研究中首先要关注这个函数的对称性那样，在几何图形的研究中，对称性的研究也是被放在了首位，因为这种对称性反映出来的是圆的本质特征。圆既是轴对称图形，又是中心对称图形。圆的轴对称的性质体现在以圆的直径为对称轴的背景下的弦、弧与直径的位置关系。如图 1-11，这种位置关系的刻画又是通过垂直弦与平分弦来实现的。换句话说，通过弦来确定圆的对称轴，即垂直平分弦的那条直径所在的直线为圆和这条弦的共同的对称轴，从而为圆与直线形图形建立联系做好准备。

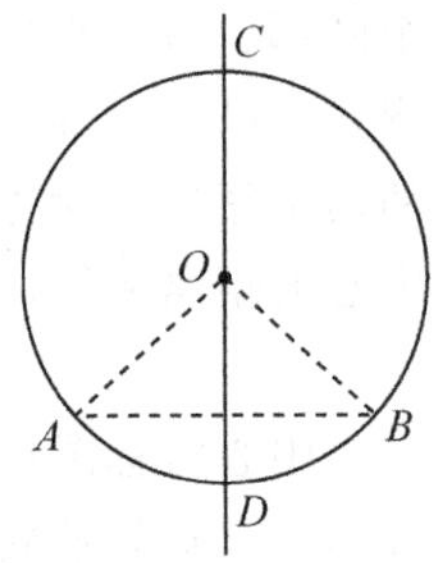

图 1-11

圆的中心对称图形的性质体现在弧及所对的弦与圆心角的数量关系上。“同弧或等弧所对的圆心角相等”这个结论一方面可以通过圆旋转任何角度都和自身重合去演绎，也可以通过代数的角度如弧长的计算去刻画。

在圆周角的教学中，同弧所对的圆心角与圆周角的数量关系的分析，要先从它们的位置关系的研究开始。让学生能够从圆心角的顶点也就是圆心与同弧所对的圆周角的位置关系入手分析，就是要讨论圆心角的顶点在圆周角内、在圆周角上及在圆周角外三种情况。对数量关系的研究首先选择圆心角的顶点在圆周角上这种特殊位置寻找研究方法就比较自然了，并在此基础上将研究的方法转化到其他的位置关系上。要让学生通过同弧或等弧的圆心角与圆周角的关系，体会到以圆为背景下角的关系研究的基本方法是通过弧来刻画角的数量关系。这也许就是教师要传达给学生的观念性的东西。

在对点、直线与圆的位置关系的研究中要注意数学思维的连续性，不要割裂研究问题的情境。如在“点和圆的位置关系”这一节中，教材设计的探索性问题是：“已知圆心和半径，可以作一个圆。经过一个已知点 A 能不能作圆?”在教学中，教师可以补充“不经过点 A 作圆”的要求。这里又涉及点 A 在圆内和圆外两种情形。如此，不仅契合了这一节的主题，更重要的是培养了学生研究点与圆之间位置关系的意识。

在对直线与圆位置关系的研究中，直线与圆相切是重点研究的一种位置关系。为了让学生能够更深刻地体会这种位置关系的判定和性质，就要使其能够从联系的、运动变化的角度去理解直线与圆的三种位置关系，进而理解直线与圆相切。如：从直线与圆相交开始平行移动直线，让学生从几何的角度(交点个数)和代数的角度(圆心到直线的距离与半径的关系)分析直线与圆的三种位置关系；或者过一点作圆的切线(此时，这个点与圆的位置关系必然要做讨论)。如果点在圆上，过这个点旋转这条直线，让学生观察、分析直线与圆的公共点的个数以及与过这个点的半径所成的角度，由此合情推理得到切线的判定定理；如果点在圆外，让这条直线旋转，通过与圆有两个交点、一个交点到没有交点的连续变化的过程，让学生去体验和感受直线与圆相切的位置关系。

在圆的教学中，教师只有依据知识逻辑的脉络，从研究几何图形的角度出发，不断地渗透几何学的观点、方法，才能够落实圆的教学目标，实现圆的教学价值。

1.2.6.1 垂径定理

圆是轴对称图形，这种对称性的直观描述是：沿着圆的任意一条直径翻折，直径两侧的图形也就是两个半圆能够完全重合。这种对称性质如何具体地体现为几何元素之间的关系呢？本节内容的知识逻辑是：垂径定理就是圆的轴对称性质的具体表述形式，它刻画了圆在确定的对称轴的背景下的对折重合。明确垂径定理的知识逻辑可以分以下几个层次(如图 1-12)：

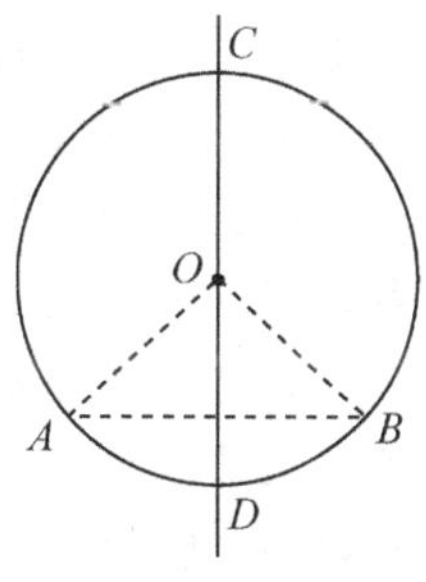

图 1-12

(1)首先证明圆是轴对称图形。这个证明的价值在于如何把用描述性的语言表达出来的几何性质转化为数学的符号语言，并能够通过推理证明确定这个结论的准确性。在轴对称性的证明中，重要的是证明思路的获得，也就是如何去证明一个几何的图形是关于某条直线对称的。由于在直线形的轴对称图形中，都没有涉及类似的证明，因此对于学生的思维来说这个证明是个难点。学生容易忽略的是在圆上任取一个点，而仅仅希望能够通过有限的点，甚至是特殊的点来说明圆的轴对称的性质；还有的学生可能会通过圆中所构造的直线形几何图形具有轴对称的性质来说明圆的轴对称性质。

(2)由圆的轴对称性得到垂径定理。这个过程似乎很简单，甚至有的教师觉得没有什么可讲的。其实不然，这段知识的教学存在着大量的思维活动。

教师要能从几何的轴对称概念出发引导学生直观感受圆的这种轴对称性，让学生能够用语言清楚描述把圆沿着直径折叠时能够重合所带来的几何元素之间的相等关系，即重合的弧及相对应的折叠重合的弦。在这个基础上让学生用数学的符号语言表达出相等的线段和弧，之后让学生思考：这些几何元素在量上的相等关系是由谁决定的？学生也许会认为是由圆的轴对称性质决定的，那么教师就可以进一步地引导学生分析在这个确定的弦与对应的弧中，相对应的对称轴即直径所起到的作用。教师要引导学生思考：圆的对称轴有无数多条，如何确定其中的一条，使得圆的弦或弧能够运用它的对称性去解决问题？实际上，通过弦确定相对应的对称轴，也就是这条确定弦的中垂线，找到和弦共同的圆的那条对称轴就非常自然，最后让学生去描述这条对称轴也就比较清楚了，即要么是垂直于弦的直径所在的直线，要么是平分弦(不是直径)的直径所在的直线。在这个基础上学生也就能够将垂径定理及推论用语言描述出来。

(3)垂径定理的应用。应用垂径定理的教学要突出通过弦确定圆的对称轴的重要性。教科书在关于赵州桥主桥拱的计算问题中的分析中写道：解决此问题的关键是根据赵州桥的实物画出几何图形(如图 1-13)。应该说这个分析没有点到问题的本质。实际上，最关键的是作出主桥拱对应的弦所对应(垂直这条弦或平分这条弦)的直径(或半径)。以弦定轴是本节知识逻辑的最核心的内容，圆的关于直线对称的性质是垂径定理的逻辑主线。

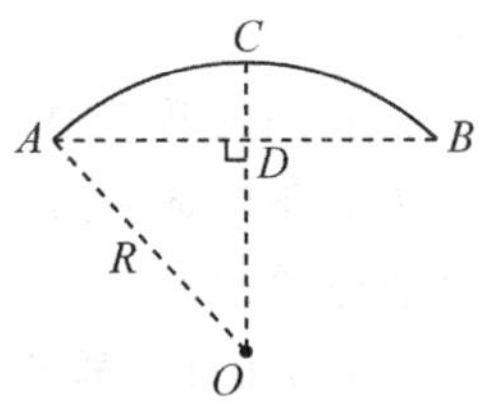

图 1-13

总之，教师要能够站在知识逻辑的高度去认识我们所教授的内容，这种逻辑关系也没有多么神秘，实际上就是知识所承载的数学的思维，只不过需要我们能够提炼出其中的思维规律。

1.2.6.2　圆心角与圆周角

圆是中心对称图形，把它绕圆心旋转 180°，所得的图形与原图形重合。不仅如此，实际上，把圆绕圆心旋转任意一个角度，所得的图形都与原图形重合。那么，如何将圆的这种旋转对称性转化为几何元素的相等关系呢？对于这个问题的思考能够帮助我们建立本节内容的知识逻辑，从本质上理解我们所要教授的内容。

将圆的这种旋转对称性转化为圆上的一段弧与另一段弧相等是最自然的，也是最能真实地反映圆的旋转对称性的。但是如何刻画这两段同一个圆上或等圆上的弧呢？这个时候就需要以直线形的几何元素来辅助了，如弧所对应的弦或弧所对应的角。弧所对应的弦是唯一确定的，但是弧所对应的角却是有各种各样的。从几何位置关系进行分析的话，无外乎角的顶点与圆的位置关系的几种情况，如图 1-14，即：角的顶点在圆内、在圆上或在圆外。角的

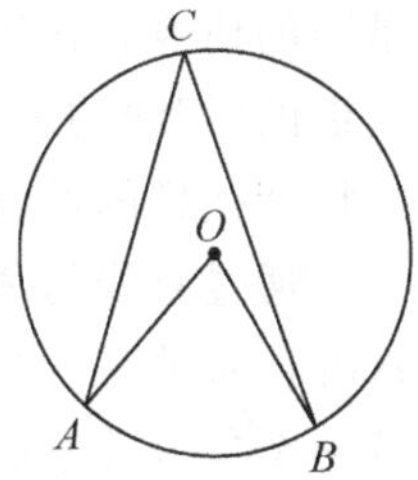

图 1-14

顶点在圆上是最有研究价值的，因为在对以圆为背景的直线形几何图形的研究中，几何图形往往要与圆有交点，这样也就会产生许多顶点在圆周上，并且角的两边与圆相交的角，这样的角就是我们所说的圆周角。其次是角的顶点在圆内且角的两边与圆相交的角，但从圆的旋转对称的角度看，此时只有角的顶点与圆的旋转中心重合时，才能运用圆的旋转对称性研究角。我们把这样的角就形象地称为圆心角。由于每一个圆心角都对应着唯一的一段弧，所以圆心角和这段弧所对应的弦就有相同的地位和价值。在同圆或等圆的条件下，由其中一个几何元素(如圆心角)的相等关系就可以推出相对应的其余的两个几何元素(如弦与弧长)的相等关系。这也说明在圆的旋转对称背景下的相对应的弧、弦、圆心角关系的本质。对于角的顶点在圆外、角的两边与圆相交的角的问题可以通过转化为圆周角得到解决。

如上所述，由于圆心角与其所对弧的一一对应的关系，就为我们研究圆周角提供了研究的思路或途径，也就是通过弧来分析不同的圆周角的关系。显然，在同一个圆中，有各种各样的大小不等的圆周角，当这些圆周角所对的弧之间的关系不明确的时候，我们是无法认识这些不确定的圆周角之间的关系的。但是如果我们把所研究的圆周角放在一个相同的条件或等价的背景下的时候，如在同一段弧或等弧的条件下，所对应的不同的圆周角之间会是什么关系呢？由于同一段弧或相等的两段弧所对应的圆心角是确定的，因此也就可以将问题转化为同弧或等弧背景下的圆周角与圆心角之间的关系了，毕竟研究直线形之间的关系要容易一些。

在教学中我们要引导学生依据知识逻辑去认识问题，研究问题的时候也是遵循着知识逻辑。如：在研究几何元素间关系的时候，一般来说都是从两个方面去分析，首先是分析几何元素之间的位置关系，其次是研究它们之间的数量关系。从几何的角度看，就是从位置关系入手分析，如圆心角的顶点相对于同弧的圆周角有几种位置关系；从代数的角度看，就是关注量与量之间的数量关系，在这个问题中也就是同弧背景下的圆心角和圆周角大小关系如何。

在圆的背景下角的研究相比直线形时角的研究来说要复杂得多，但圆的旋转对称性为我们研究圆心角与圆周角的关系及圆周角之间的关系提供了非常好的中介——“同弧或等弧”。就像圆周角的定理及推论告诉我们的那样：“一条弧所对的圆周角等于它所对的圆心角的一半”；“同弧或等弧所对的圆周角相等”。简而言之，即“以弧定角”，这就是本节知识逻辑的主线。

1.2.6.3　切线的判定定理与性质定理

切线的判定定理告诉我们：“经过半径的外端并且垂直于这条半径的直线

是圆的切线。"如何理解这条判定定理所阐述的知识逻辑呢？这个定理与之前所讲的"切线的定义"和"用圆心距与半径是否相等"来判定圆的切线的方法是一种什么样的逻辑关系呢？

通过直线与圆只有一个公共点来判定直线与圆相切，是对直线与圆相切这种位置关系的最本质的刻画。它是在把直线与圆看成点的集合的情况下，从两个集合关系的角度进行分析的，即直线与圆相切是这两个点集合有一个公共元素的情形。但是这个定义在平面几何的推理论证中是不能作为推理的依据的，因为通过观察直线与圆的公共点的个数来判定直线与圆的位置关系显然有失严谨，但定义的重要性却毋庸置疑；用点到直线的距离等于圆的半径来刻画直线与圆相切有较强的可操作性，就像"同旁内角互补，两直线平行"一样，可以让学生体会通过数量关系来刻画几何图形之间的位置关系的思维方法。但是，不论是在切线定义中的公共点的个数上还是在圆心到直线的距离与半径相等的数量关系上，切线本身的几何特征是什么几乎看不到，这也许就成为继续深入研究切线问题的逻辑所在吧。

几何问题研究的一个重要的任务就是要研究几何元素的几何特征和几何图形之间的位置关系。研究直线与圆的位置关系不仅仅是知道或者说是能够判定直线与圆是相交、相切还是相离，我们还要对位置关系确定的情况下的直线和圆的几何特征进行更深入的分析。例如，如果直线与圆有两个公共点，这条直线就是圆的割线。这条割线相对于圆心来说有两种位置需要考虑：一种是过圆心交圆于 A、B 两点，此时线段 AB 就是圆的直径，直线 AB 也就是圆的对称轴；另外一种就是直线不过圆心与圆交于 A、B 两点，此时线段 AB 就是弦 AB，所涉及的性质就是垂径定理所表述的。至此，对于直线与圆相交情况下的直线与圆的几何性质也就比较清楚了，当然我们知道这实际上是圆的轴对称性质的具体体现。

对于切线的几何特征的认识，是从两个方面让学生去理解和感受的：一个方面是通过直线与圆的某种位置关系的确定来判断这条直线与圆相切。这种位置关系即"经过半径的外端并且垂直于这条半径的直线"，它可以理解为是圆心到直线的距离等于半径的几何意义的表述。另一个方面是从作为切线的直线与圆会具有什么样的位置关系来刻画的，也就是圆的切线性质定理所表述的"圆的切线垂直于过切点的半径"。教学中可以引导学生从运动变化的角度去感受切线的几何特征。如设过圆上一点 A 的直线 l 经过圆心与圆相交于 B 点，并从这个位置开始按顺时针方向旋转直线 l。在旋转的过程中，直线 l 与直径 AB 所成的角不断地扩大。当这个角由 $0°$ 逐渐扩大的时候，直线 l 与圆相交所得到的那两个点 A、B 之间的弧长逐渐地缩小。当直线 l 与直径 AB 所成的角恰好为 $90°$ 时，弧 AB 的长度为 0，点 B 与点 A 重合，直线 l 与圆只有一个公共点 A。因此作为切线的直线 l 与过点 A 的圆的半径(或直径 AB)是垂直的。

在直线与圆的位置关系中，对直线与圆相切时直线和圆所体现出来的几何特征的研究是平面几何学习的重要内容，对几何对象之间位置关系的研究是平面几何学习和教学的根本。

1.2.6.4　切线长定理

在“圆”这一章节的学习与教学中，研究问题的逻辑主线实际上已经非常鲜明，就是研究圆的对称性并应用圆的对称性解决具体的问题。如垂径定理是圆的轴对称性质的具体体现；圆周角定理是圆的中心对称图形性质的体现。那么切线长定理又是如何体现圆的对称性质的呢？和之前所讲的垂径定理、圆周角定理又是什么关系呢？这是教师在切线长定理教学时应该思考的问题，也是教师必须明确的知识逻辑。

如图 1-15，切线长定理告诉我们：“从圆外一点可以引圆的两条切线，它们的切线长相等，这一点和圆心的连线平分两条切线的夹角。”从定理的描述中我们可以看到，这是在圆的背景下的线段相等和角相等，那么这种相等的关系与圆的对称性是一种什么样的关系呢？

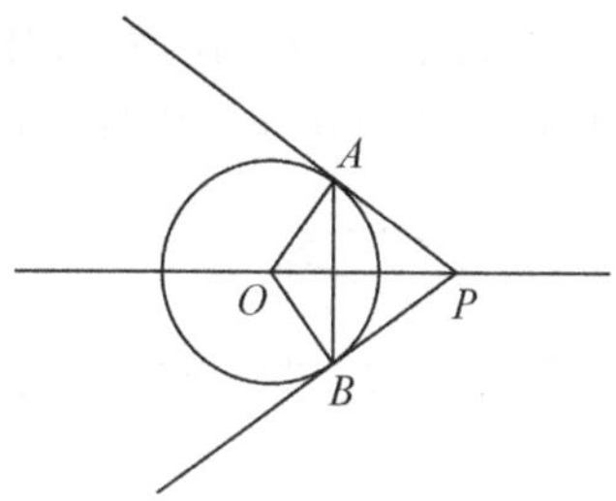

图 1-15

实际上在“从圆外一点可以引圆的两条切线”的背景下，圆上的两个切点 A、B 就是确定的，因而圆的弦 AB 是确定的。因此，相对于弦 AB 的圆的对称轴也就是确定的。我们知道：圆的轴对称性问题的关键是确定圆的对称轴，就如定理所说的“这一点和圆心的连线”实际上就是这个圆相对于弦 AB 的一条对称轴。由于这条对称轴不仅是圆的对称轴，也是弦 AB 的唯一的一条对称轴，因此，这条对称轴上的任何一点(设为点 P)到弦的端点 A、B 的距离始终都是相等的。当点 P 在圆外时的某一位置恰好使得直线 PA、PB 是圆的切线时，这种特殊的直线与圆的位置关系下的相等关系就是切线长相等。因此我们可以说，切线长相等是圆的轴对称性质的具体表现形式。至于弦 AB 所对应的圆的对称轴还平分这两条切线所形成的夹角，本质上来说是由弧 AB 被对称轴平分之后所得到的两段等弧所决定的。因此可以认为这个结论源于圆的中心对称图形性质。至此，我们可以确定的是切线长定理是圆的对称性质的具体表述形式。这个定理与之前所学过的垂径定理和圆周角定理处于并列的地位。

在切线长定理教学的探索阶段，很多学生会不假思索地去连接圆心 O 与切点 A、B 以及圆心 O 与圆外一点 P，但为什么这样连？原因是什么？教师不说，学生也不问。在这个基础上学生又漫无目的地找相等的线段和相等的角。如此的探索似乎也能够找到相等的切线长和被平分的角，得到切线长定理，但是对学生理解切线长定理的本质是没有帮助的，也不利于学生明确知识逻辑的主线。

在教学中，揭示知识本质的关键在于抓住数学思维的脉络，让学生通过你的教学能够把知识之间的联系确定下来。在对圆的对称性的研究中，这条主线毫无疑问就是圆的对称轴和对称中心。因此教师在定理探索的初始阶段，应该引导学生思考如何利用圆的轴对称性质解决过圆外一点所作的圆的两条切线的问题。如何确定和两条切线相关的圆的对称轴呢？实际上，如图 1-16，由于两条切线在圆上的切点 A、B 是确定的，连接 A、B 即得到确定的弦。这样通过弦 AB 确定圆的一条对称轴 OP 就成为必然选择。

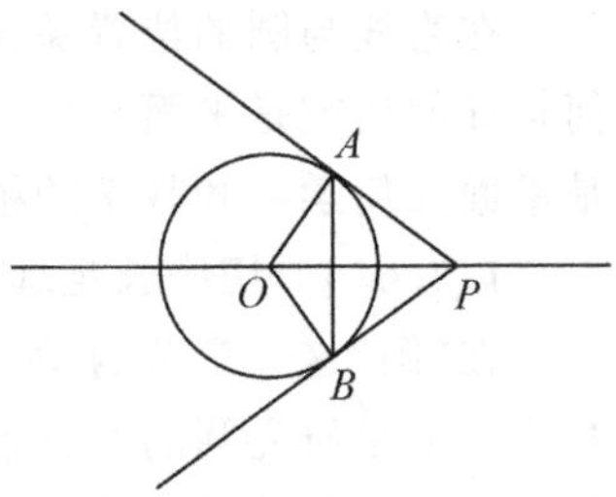

图 1-16

如图 1-17，在理解切线长定理的教学阶段，要让学生能够用联系变化的观点去认识切线长定理的价值。

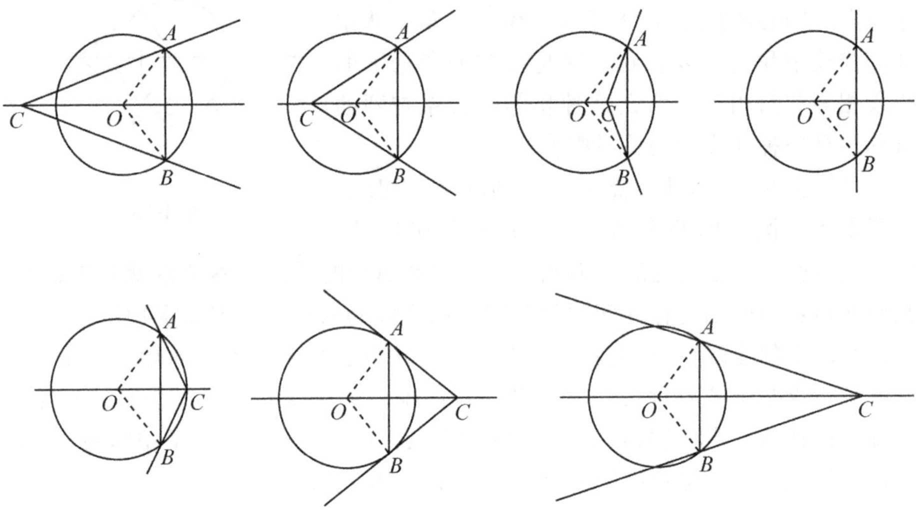

图 1-17

由于 OC 是弦 AB 和圆 O 的公共对称轴，因此对于圆 O 来说，对称轴 OC 上的任意一点 C 与切点 A、B 连接之后所成的两个角总是相等的。当点 C 沿着对称轴 OC 从圆外到圆上、圆内(包括和圆心重合)再到圆外时，这两个角始终都是相等的。特殊的位置就是等弧所对的两个圆周角、两个圆心角及圆外一点所引的两条切线与对称轴 OC 所成的两个角。这正是圆的中心对称的性质所决定的；对于弦 AB 来说，圆 O 的对称轴 OC 就是弦 AB 唯一的对称轴，即线段 AB 的中垂线，因此无论点 C 运动到哪里，都有 $CA=CB$。特殊的位置如与圆心 O 重合、落在对称轴与圆的弦相交的点(此时就是垂径定理)，或与过圆外一点 C 引圆 O 的切线的点 C 重合(此时就是切线长定理)。

在应用切线长定理的教学阶段，要注意渗透几何的学科观点，要能继续用联系变化的观点认识几何问题。如在这个阶段的教学中，教师会在切线长定理的基本图形上，过圆的劣弧上的一点 C 作圆的一条切线，和之前的两条切线交于 D、E，进而探究线段之间的相等关系。另外，研究三角形的内切圆也是切线长定理应用的经典问题。但是，如何使得提出的问题自然，符合知识逻辑呢？这就是教师在备课的阶段要认真研究的。我们知道，几何学的最重要的任务就是研究几何元素的位置关系。在我们的几何教学中，要能够始终沿着这样的学科观点展开我们的教学活动。因此，为了让切线长定理应用问题的提出具有逻辑性，在教学的引入阶段，就可以引导学生研究过圆 O 上一点 A 作圆的切线问题(这是上一节课“圆的切线判定定理”的内容)；过圆 O 上的两个点 A、B 作圆的切线问题，此时就要分这两条切线平行或相交两种位置关系。其中，两切线相交于一点 P 的情景就是切线长定理；如果过三个点 A、B、C 作圆的切线，又该如何研究呢？此时就要在过两个点作圆的切线的基础上讨论第三个点 C 的位置。在过两个点作圆的切线相交于一点 P 的情况下，点 C 的位置要么在劣弧 AB 上，要么在优弧 AB 上(此时就是三角形的内切圆问题)。

总之，在切线长定理的教学研究中，教师要能够站在几何学的学科观点的高度，做好切线长定理在“圆”这一章的知识逻辑的定位，并在课堂教学的具体实施中揭示其数学思维的基本途径。

1.2.6.5　弧长和扇形面积

我们知道，课堂教学从形式上是一节课一节课上的，教学的内容也是一节课一节课完成的，但是知识不应该被这些教学形式所割裂。教师要有意识地把似乎是碎片化的教学内容串起来，让知识能够以一个整体的面目呈现在学生的面前；教师要有能力挖掘所教授知识的内在逻辑关系，让学生从本质上理解所学的知识，从而在自己的大脑中不断地构建知识逻辑体系。学生的学习水平、学习质量的高低在很大的程度上取决于他的教师的教学水平，或更准确地说是取决于教师研究教学内容的水平。有些看似简单的教学内容其实课未必好上，这种现象老师们都非常清楚。不好上的原因是什么？能不能把看似简单的知识在教学时讲出逻辑关系、上出味道，也许是问题的关键。

“弧长和扇形面积”就是具有这样特点的一节课。本节课的内容主要就是弧长公式和扇形面积公式，是一节比较典型的以推导公式、应用公式为主要内容的课。如何在这样的教学中能够上出一节有数学思维含量、有数学味道的课，是需要授课教师研究和关注的。

首先，“弧长和扇形面积”的知识逻辑定位是什么呢？从几何上看，圆心角与所对应的弧之间的关系已经解决，是圆的中心对称图形性质的具体体现，如“等弧对相等的圆心角”。但是弧与所对应的圆心角之间的这种几何关系的代数形式是什么呢？这正是本节课要解决的问题，也就是要从定量上研究弧与圆心角之间的关系。按照这个逻辑，由于圆心角有大小，那么弧有大小也就成为必然。而探索弧长与圆心角的大小关系的研究也就成为本节课的研究重点。同样，类似三角形、四边形等封闭图形都可以用其围成的面积来刻画其大小。那么，在弧长的计算问题解决的前提下，由组成圆心角的两条半径和圆心角所对的弧围成的图形面积(也就是扇形的面积)是不是也就可以计算出来了呢？

其次，推导弧长和扇形面积公式的知识逻辑是什么？教学中，比较常见的教学方法是通过举一些特殊的圆心角所对应的弧长和扇形面积让学生感受到弧长与圆心角之间、扇形面积与圆心角之间的关系，并由此归纳出弧长公式和扇形面积公式。这样的教学基于归纳的数学思维，对培养学生发现问题探索结论是非常有益的。但是，如果我们的教学仅仅局限在这种用归纳的思维去概括计算公式的话，教学的知识逻辑就略显单薄一些。因为学生们没有机会去体会如何度量一个曲线长度或由曲线参与围成的图形面积。实际上，要度量就必须确定单位，而度量的本质就是计算所要度量的图形包含多少个度量单位。1°圆心角所对的弧长和扇形面积就是度量单位，正是明确了这样的度量单位，才使得弧长和扇形面积的计算成为可能。

如何理解弧长公式和扇形面积公式？弧长公式 $l=\frac{n\pi R}{180}$是刻画圆弧与所对的圆心角关系的代数形式。在同一个圆内，圆的半径是确定的，因此，这个公式表明：弧长是其所对的圆心角度数 n 的函数。随着圆心角的度数 n 的变化，弧长 l 发生变化。从这个意义上说，在归纳得出弧长公式的教学阶段，通过对特殊角所对应的弧长的分析，不仅仅是为了归纳得到弧长公式，其实更重要的是让学生能够感受到弧长的变化是依赖于其所对的圆心角大小的变化的。在应用公式解决具体计算问题的过程中，也要让学生能够体会到在同一个圆内，弧长 l 与圆心角度数 n 之间的函数关系。同样，对于扇形面积计算公式的理解也是如此。

总之，教师在教学研究的过程中，要能够明确教学内容的知识逻辑，不要将目光仅仅局限在本节课的内容上，还要能够从学过的知识中找到研究方法上的联系，在解决问题的思维上找寻共性的东西，让学生感受到计算公式背后的数学学科最本质的东西。

1.3 普通高中阶段部分章节的知识逻辑分析

《普通高中数学课程标准(实验)》在实施建议中指出："高中数学课程是以模块和专题的形式呈现。因此，教学中应注意沟通各部分内容之间的联系，通过类比、联想、知识的迁移和应用等方式，使学生体会知识之间的有机联系，感受数学的整体性，进一步理解数学的本质，提高解决问题的能力。”①

高中数学知识的教学注重提高学生的数学思维能力，这是数学教育的基本目标之一。为此，在教学中揭示出知识之间的联系，梳理出知识形成过程中的逻辑主线，让学生在学习数学和解决数学问题时，能够不断地经历提炼、概括的思维过程，从数学知识的整体性去认识、理解所学的内容，有助于学生思维水平的提高。

“知识教学首先要揭示出知识的价值”②。如学生在高中阶段的数学首先要学习“集合”，作为教师首先要清楚为什么要讲集合。在高中阶段，是把集合作为一种语言来看待的。通过教学，一方面是让学生掌握这种语言，会用集合语言描述数学问题；另一方面，要让学生能够识别集合语言，能够读懂别人用集合语言描述的数学问题。如：

$A=\{x\mid y=x^2-2x+3\}$，$B=\{y\mid y=x^2-2x+3\}$，$C=\{(x,\ y)\mid y=x^2-2x+3\}$。

集合 A、B、C 的含义学生是否能够理解？

其次，研究集合的逻辑主线是什么呢？实际上，无论是集合的定义，还是集合的关系、集合的运算，都是通过研究元素与集合的关系来进行的，这也就告诉我们集合这种语言的特点，要从元素与集合的关系来掌握并运用这种语言。集合之间的关系：如子集关系、相等集合的关系、真子集的关系，无一不是体现在元素与集合的关系上。如：“对于两个集合 A、B，如果集合 A 中任意一个元素都是集合 B 中的元素，称集合 A 为集合 B 的子集。”这里就是通过元素与集合的关系来确定集合与集合之间的这种包含关系。我们知道：集合与集合之间的关系不仅仅是包含关系，还有非包含的关系。非包含关系的确定同样也是通过元素与集合之间的关系来明确的。

又如：我们常说的集合的三条性质：确定性、互异性、无序性，都是针对元素与集合的关系的：

给定的集合，它的元素必须是确定的——集合的确定性；

一个给定集合中的元素是互不相同的——集合的互异性；

集合与组成它的元素的顺序无关——集合的无序性。

再如：两个集合的运算的结果是集合。要引导学生研究在各种关系下的交集、并集及补集运算如何进行，要通过我们的教学使学生理解这种运算定义的依据仍然是元素与集合的关系。如：由属于集合 A 且属于集合 B 的所有元素组成的集合，称为 A 与 B 的交集。

---

① 中华人民共和国教育部制订：《普通高中数学课程标准（实验）》，北京：人民教育出版社，2013 年，第 109 页。

② 季苹：《教什么知识》，北京：教育科学出版社，2009 年，第 250 页。

可以看出，只有从元素与集合关系的角度来认识集合、理解集合，才能够真正掌握集合的本质，才能够对这种现代数学的基本语言运用自如。教学中的任何行为：如教学目标的制定、重难点的确定、教学过程中数学思维的展开等都要围绕这一知识逻辑主线展开。因此，教学研究首先就是要能够对所教授知识的逻辑有自己的认识和理解，确定知识逻辑是做好教学工作的重要前提。

以下，就高中数学的几个核心内容的知识逻辑做一简要分析：

1.3.1 “函数”的知识逻辑

函数的教学在高中数学教学中的地位与作用是有目共睹、毋庸置疑的。在高中必修的五本教科书中，包括必修一的函数、必修四的三角函数、必修五的数列，教师用了相当多的课时在进行函数的教学。选修阶段的微积分的教学，使学生学会以动态的、变化的、无限的变量数学观点来研究函数，而不仅仅是停留在静态的、有限的变量数学观点上。那么，函数的知识逻辑是否在不同时期的教学中能够一以贯之，将决定函数教学的质量。

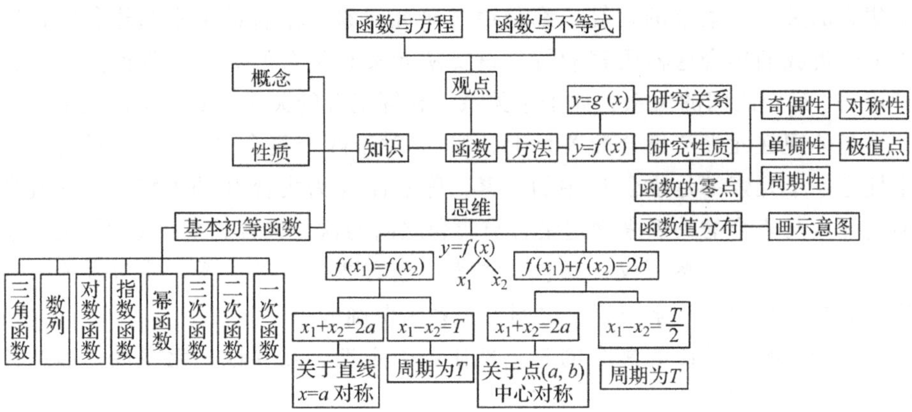

函数的知识逻辑首先体现在函数的概念上。进入高中阶段的函数概念，不再仅仅满足于那种描述性的变量观点，尽管这种观点是那么易于学生理解和接受，但作为一门学科理论的发展，必然要走向抽象化和符号化，这也是数学发展的一般规律。因此到了必修一函数概念的学习，引入集合的观点和映射的观点也就成为必然，这绝不是由于类似“$y=1$”这样的常值函数无法用变量观点的函数概念解释。在这样的背景下，函数的语言也就不再是生动的描述性语言了，而是用更加抽象的、符号化的数学语言来描述函数的有关性质。这种变化带给学生的数学学习的困难可能超出了教师们的想象。没有意识到这种变化的教师的函数教学也就难免有隔靴搔痒的感觉，教学的低效也就不可避免。

函数的语言是函数思维的载体，是呈现、表达函数知识逻辑的主要途径。函数的语言有三种，即：反映函数代数特征的描述性语言、数学符号化的语言和反映函数几何特征的图形语言。所谓掌握函数的语言，也就是要掌握这三种函数语言之间的转化。既能够把描述性语言所表达的函数的代数特征转化为数学符号语言，又能够在理解数学符号化语言的基础上，用描述性的语言准确表达出它所描述的函数性质；同样，在理解符号化语言的基础上，要能够把其对应的代数特征反映在几何图形上，说出其几何特征；有的时候要能够先把从描述性的语言所表达出来的函数性质体现在图形上，再用抽象的符号化语言去表达。

可以看出，进入高中阶段的函数的教学，不论是概念的教学阶段还是函数性质的教学阶段，用描述性语言表达函数的本质是核心的能力，抽象的、符号化的函数语言是学生学习函数的难点。从教师的角度看，函数教学的最为重要的任务是要让学生理解并掌握用函数的语言表达出的函数的代数特征，以及对用数学符号化函数语言的识别和运用。当然，函数语言只是一种表现的形式，更深的层次是要掌握函数的思维。只有用函数的思维去分析函数的性质，才能够准确地运用抽象的符号化的数学语言来表达和函数有关的知识逻辑。

实际上，函数的学习就是在了解函数思维特征的基础上学会函数的思维方法，并能够用恰当的函数语言把这种思维表达出来；同时，也要能够理解别人用这种函数的语言所表达出来的函数性质及有关问题。只有具备了这样的能力，才能够谈得上去分析和解决函数问题。可见，提高“函数”教学质量的突破口就在于函数的三种语言之间的有效转化。

研究函数性质的知识逻辑又体现在哪里呢？我们常常看到，很多教师在函数的奇偶性和单调性的教学中，为了增加函数性质教学的直观性，常常借助函数的图像进行教学。通过让学生观察函数图像，得到函数变化的状态或函数图像关于 y 轴或坐标原点对称的结论，之后再通过函数的解析式加以验证。这样的教学设计看似有利于学生理解函数的性质，也体现了函数的图像语言向符号化语言转化的教学设想，但是从函数的知识逻辑上看却是存在着问题的，因为函数的图像是取决于其函数解析式。从根本上说，函数的性质是由函数解析式决定的，而不是函数的图像，函数的图像只是直观地表达了函数的性质，这个逻辑不能乱。因此，通过函数解析式来研究函数的性质也就成为函数性质教学的主要目标，这就是函数性质的知识逻辑所在。

在对函数奇偶性的研究中，首先让学生感受到的不应该是函数图像的对称性，而是要通过引导学生分析函数解析式，例如函数 $y=x^3$ 或 $y=x^2$，让学生能够从自变量 x 与因变量 y 的某种特殊关系去感受函数的整体性质。也就是当函数 $y=x^3$ 或 $y=x^2$ 的自变量分别取相反数的时候，即 x 和 $-x$ 的时候，

函数 $y=x^3$ 对应的函数值相反，而函数 $y=x^2$ 对应的函数值相等。如果我们是结合函数 $y=x^3$ 或 $y=x^2$ 的图像去谈上述函数的性质，既不符合函数的知识逻辑，更谈不上函数性质教学的意义和价值了。

在归纳函数奇偶性概念的教学中，要能够引导学生深刻理解并描述和这两条性质相对应的符号化的数学语言：$f(x)+f(-x)=0$ 和 $f(x)=f(-x)$。也就是让学生用自己的语言从代数的角度和几何的角度去诠释这两个符号语言所描述的函数性质。

在对函数的单调性的研究中，我们可以让学生分析他们所熟悉的一次函数、二次函数及反比例函数的解析式，让学生从自变量 x 的变化对因变量 y 的影响去感受函数变化的状态，即自变量 x 在函数的定义域内的某个区间内由小变大时，其对应的函数值 y 是逐渐增大还是逐渐减小。在这个分析的过程中，如果所研究的函数具有对称性的话，利用函数的这种整体性质就可以简化所研究的范围，即只需要研究对称轴或对称中心一侧的单调性质，之后再给出函数的图像，从直观的角度进一步确认刚刚从函数的解析式分析得到的有关函数的变化状态，为随后的用函数的符号化的语言来刻画这种变化状态做好准备。

在归纳函数的单调性的定义时，由于有了之前的对函数性质的理性和感性的认识和分析，如何用符号化的语言来刻画函数值 y 的这种变化的状态，即在某个指定的区间内逐渐增大或减小就成为概括函数单调性的主要任务。而函数值的大小源于其对应的自变量的取值，函数值逐渐增大或减小实际上就是函数值的大小比较，它一定是针对两个函数值的，因而也就是针对其对应的两个自变量的取值的，而这两个自变量的取值的方式如何才能够准确地刻画出函数值 y 在区间 M 内的这种连续的逐渐增大或减小的变化过程，就是让学生进一步去思考的问题。这部分的教学对学生的理性思维的要求无疑是非常高的，但也是函数单调性的教学中最有思维含量、最有教学价值的地方。

函数的观点是函数教学的最上位的目标，也是其知识逻辑中最隐性的部分。具有函数观点的学生表现在能够主动地用函数的思维思考数学问题，用研究函数的方法去解决数学问题。如面对方程问题或不等式问题，他们能够用函数的观点理解并解决方程或不等式。在教学中，对于学生函数观点思想的培养，不能搞标签式的教学，而是要把函数的观点渗透到每一节的数学课中，让学生在学会用函数的思维理解问题、用研究函数的一般方法解决问题的同时，数学思维品质得以提高，逐步树立函数的观点。

总之，函数教学质量的提高在于教师自身对知识逻辑的深入研究。教师在课堂教学过程中的教学设计和教学策略所反映出的是教师对函数性质的知识逻辑准确的把握，以及对其教学价值和教学意义的深刻理解。看似普通的课堂教学是否能够体现出它应有的教育价值，取决于我们每一位数学教师的教学研究能力。

1.3.2 “平面解析几何初步”的知识逻辑

平面解析几何是 17 世纪数学发展的重大成果之一，其知识逻辑的主线就是用代数方法研究几何图形的几何性质。在“平面解析几何初步”中，学生将在平面直角坐标系下建立直线和圆的代数方程，运用代数方法研究它们的几何性质及其相互位置关系。体会平面解析几何的基本思想，初步形成用代数方法解决几何问题的能力。

在平面解析几何初步的教学中，知识逻辑主要脉络的明晰需要教师帮助学生经历如下的过程：首先将几何问题代数化，用代数的语言描述几何要素的性质及其相互的位置关系，进而将几何问题转化为代数问题，处理代数问题、分析代数结果的几何含义，最终解决几何问题。这种思想贯穿平面解析几何教学的始终，我们在教学中要让学生能够感受到其知识逻辑的精髓：解析几何研究的是几何问题，要得到的也是几何的结论。但它使用的方法却不是几何问题中常用的演绎推理的思维方法，而是代数方法。

要用代数方法去研究几何图形，第一步，需要把和几何对象相关的问题转化成代数形式；第二步，用代数方法研究几何对象的性质及其位置关系；第三步，把研究出来的代数结果转化成几何形式(也就是给出几何解释)。这两次转化是解决解析几何问题的关键，也是我们在教学中的重点和难点。这两次转化的桥梁(条件)就是法国数学家、哲学家笛卡儿提出的两个基本观点：用坐标表示点；用方程表示曲线。据此，平面解析几何的知识逻辑主要体现在两个方面：(1)根据曲线的几何特征，把它的代数形式表示出来；(2)通过曲线的方程来讨论它的几何性质。

理解几何对象的几何特征是实现几何问题代数化的基础和落脚点。尽管平面解析几何是使用代数方法来研究几何问题的，但并不是说一切都是通过计算来解决最有效。平面解析几何毕竟是研究几何对象的学科，绝不能忽视对几何对象的几何特征的认识与理解。要完成好“几何问题”向“代数问题”的转化，还要善于将“几何性质”通过“代数形式”表达出来。

通过曲线的方程来讨论它的几何性质即是“代数结论”向“几何结论”的转化，这一转化突出的是数形结合的思想，是“数”向“形”的转化。教学中要注意“数”与“形”的结合，在通过代数方法研究几何对象的位置关系以后，还可以画出其图形，验证代数结果；同时，通过观察几何图形得到的几何特征的结论要进行代数证明。不应割断它们之间的逻辑关系，只强调“形”到“数”的方面而忽视“数”到“形”的方面。

必修二的“平面解析几何初步”的教学以直线方程与圆的方程为载体，使学生初步理解并掌握平面解析几何的基本思想，学会用解析几何的思维去分析和解决几何问题。教师在这部分内容的教学中，不仅要让学生掌握直线与圆的方程的建立和简单的应用，而且要能够从"曲线与方程"的高度去认识直线方程与圆的方程的知识逻辑。真正体会用代数方法解决几何问题的思维过程。

在直线方程的建立过程中，如果仅仅是通过直线上的任意点与定点所确定的斜率为 k 建立关于动点坐标所满足的方程就认为是直线的方程的话，常常会导致学生对曲线方程的一种片面的认识和误解，这种误解随着用类似的方法建立圆的方程而加深。理科学生在高二学习选修课程有关"曲线与方程"概念时，会对学习的必要性产生怀疑或某种不以为然。文科学生由于在选修模块的学习中不再学习"曲线与方程"的概念，就更无法从"曲线与方程"的高度去认识解析几何的这种代数化的思维依据了。因此，在必修二的"平面解析几何初步"的学习中，渗透"曲线与方程"的思想非常必要且符合知识逻辑。它会使学生更好地理解为什么可以用代数的形式来表示一个几何的对象。如果回避这个问题，囫囵吞枣式地进行教学，不仅许多问题说不清楚，也会给学生一个不好的学习方法的误导。

在教学过程中，教师可以从"几何"与"代数"两个方面渗透"曲线与方程"的概念。

从几何的角度看：在直线的方程的建立过程中，首先让学生思考如何理解直线的几何特征。对于过定点 P 的直线 l，直线 l 上的任意一个不同于点 P 的点 M，点 M 与定点 P 所确定的斜率是确定的值，即 k；同样，平面上的任意一个点 M（不同于点 P）与点 P 所确定的斜率如果是 k，则点 M 一定在直线 l 上。

从代数的角度看：直线 l 上的任一点 M 的坐标 (x, y) 满足直线的方程；以直线方程的任意一个解为坐标的点 M，由于它与定点 P 的坐标所确定的斜率为 k，所以点 M 在直线 l 上。

在圆的方程的建立过程中，同样要让学生首先理解：圆的几何特征是什么？实际上也要从两个方面去阐述，即：圆上的点到圆心的距离等于圆的半径；平面上的任一点如果到圆心的距离等于半径 r，这个点也一定在圆上。只有从几何的角度如此理解圆的几何意义或特征，学生才能够更好地从代数的

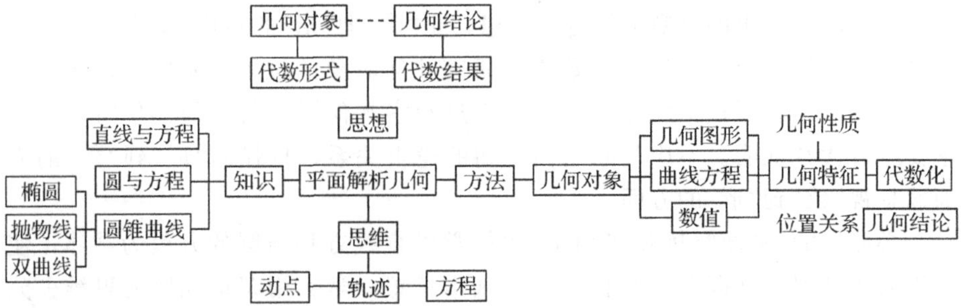

角度去理解“曲线的方程”和“方程的曲线”的真正意义。

上图是高中阶段平面解析几何的知识逻辑结构图。从这个结构图中，我们可以从整体的角度进一步体会平面解析几何这门学科的知识逻辑。即：这门学科研究的对象是直线、圆和圆锥曲线；曲线与方程思想是平面解析几何的思维特征；研究几何对象的几何特征并将其代数化是解决平面解析几何问题的一般方法；这门学科的基本思想就是将几何对象代数化，经过代数运算得到代数结果，从而得到几何结论。

作为一名教师，就是要让学生能够真正掌握学习内容的知识逻辑。而只有理解了学习的内容，明确了知识逻辑，才能够真正促进学生思维水平的提高。

1.3.3 “平面向量”的知识逻辑

在“平面向量”的教学中常常令教师感到困惑的是不知如何把握其学科知识的逻辑关系，很容易使向量的教学陷入各种各样概念的辨析与各种法则下的计算求值，而对这门学科的概念之间的联系及思维上深层次内涵的挖掘总感觉力不从心，也就是对向量的知识逻辑的把握没有信心。

平面向量是一个代数概念，是一个定义了运算的量；平面向量又是一个几何概念，它具有代数和几何的双重特征。在教学中如何凸显向量的这两种属性成为教师们在教学中思考并不断探索的问题。

向量的知识逻辑是怎么样的呢？向量的代数属性源于向量是可以度量的。在有了向量的“模”的定义以后，就有零向量、单位向量、相等向量的概念。然后就有向量的加法、减法和数乘运算。尽管向量的加法、减法的运算法则不同于实数的运算法则，然而这毕竟是一种量的运算规定。对于不同方向的向量可以首尾相接，直接做加法、减法运算，而且运算结果仍旧是向量。这一切都说明了向量应当从属于代数。尽管向量有不同的方向(因此向量不同于实数)，然而，在同一个方向上的向量，它的一切规定、一切运算，又都和(这个方向上的)实数完全一致。我们甚至可以把它称为“这个方向上的实数”。与此有关的名词，如共线向量、平行向量、相反向量、实数与向量的乘积，以及实数与向量乘积的运算律，都说明了同一个方向的向量的一切特征就如同这个方向上的实数的特征。特别值得一提的是，规定零向量和任何向量都平行(共线)，清楚地表明在同一个方向上的向量系统的完整性。平行向量与共线向量之所以是同一个概念，就在于一个方向上只有一个“实数系统”。直线上的向量的坐标是一个实数，平面中的向量的坐标是实数对(x, y)，而空间中向量的坐标是三实数组(x, y, z)。从这个意义上看，向量可以看作实数的一种推广。

向量的几何属性源于它不但有大小，而且还有方向。因此向量的平行、

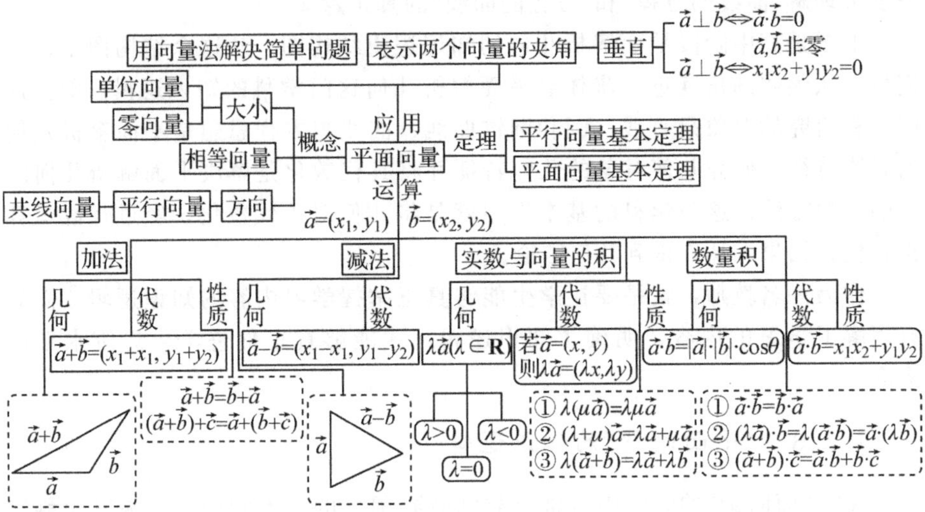

向量的共线、向量的夹角、向量的垂直都是向量几何属性的反映，是在描述几何对象的位置关系。从向量的表示方法来看它是一种图形，具有直观形象的特点，便于用来描述客观世界。向量的几何属性还表现在陈述向量加法的交换率、结合律的时候，在说明三角形法则和平行四边形法则的一致性的时候，我们所根据的都是平面几何的推理。

向量的教学存在的问题有点像目前平面解析几何教学中所面临的困境。在平面解析几何的学习中，学生们常常把用代数方法解决几何问题误解为就是单纯的计算，以为解决平面解析几何问题就是联立方程组并求解；同样，如果把向量的学习也是简单地归结为坐标之间的计算的话，必然会导致学生对向量这一具有双重属性工具的肤浅认识以及应用这一工具的片面化，必然导致对向量知识逻辑的误解。

在向量加减法的基础上有这样两个基本定理：一是平行向量基本定理，二是平面向量基本定理。为什么要将这两个定理称为基本定理呢？这两个定理在向量中的地位和作用值得我们每一位教师去思考和研究，它可以帮助我们更深入地理解其知识逻辑的内涵与价值。

首先我们来认识一下同一方向的向量体系与实数体系之间的关系是怎样的。平行向量基本定理的大意是："如果向量 $\vec{a}$ 与向量 $\vec{b}$ 满足 $\vec{b}=\lambda\vec{a}$（λ 为实数），那么向量 $\vec{a}$、$\vec{b}$ 一定是平行向量；如果非零向量 $\vec{a}$ 与向量 $\vec{b}$ 平行，则一定存在实数 λ，使得 $\vec{b}=\lambda\vec{a}$。"可以看出，这个定理说的就是两个平行向量（或称共线向量）与实数 λ 之间的关系，非常清楚地阐述了这两个体系的等价性，也说明为什么我们可以把同一方向上的两个向量看作实数了。如果我们规定了共线向量的单位向量 $\vec{e}$，那么这个体系中的任何向量 $\vec{a}$ 就可以和它的一维坐标 x（实数）一一对应了。

同样，由平面向量基本定理我们知道，由两个非零向量 $\vec{e}_1$、$\vec{e}_2$ 确定的平面上的向量体系叫作“二维向量空间”，这个空间是由两个不共线的基底确定的，这个二维空间的任何向量都可以用这一对基底唯一地线性表示。在这个二维向量空间中，如果这两个基底是模长为 1 的正交基底，用它们所线性表示的任一向量 $\vec{a}$ 就都和一对有序实数 (x, y) 一一对应了，这对实数 (x, y) 就是向量 $\vec{a}$ 的坐标。在平面向量的坐标表示下，向量的加、减及数乘运算就很容易地用坐标表示出来了，从而使得平面向量的运算变得简单起来。

尽管向量的坐标表示法只是向量的特殊的基底所派生得到的一种特殊表示方法，但是这种坐标表示方法对于向量而言，却能够反映出它的本质特征。我们常说向量具有代数的属性，这种属性的直接表现形式就是它是一个能够度量的量，而这种度量就要通过向量的线性表示，通过它的坐标表示。其理论依据就是向量的两个基本定理。

平行向量基本定理与平面向量基本定理尽管都是由向量的加、减及数乘运算法则派生出来的，但它们不仅继承了向量加、减及数乘运算中既有代数特征又有几何特征的双重性，也承担了代数与几何属性相互转化的桥梁作用，因而能够反映平面向量本质特征，也是确立向量的知识逻辑的最重要的两块基石。也许这就是能够成为“基本”定理的最为重要的依据吧。

总之，平面向量的教学要防止那种互不搭界的名词的记忆和计算公式的套用，要克服那种肤浅的、走过场式的两个基本定理的教学方法。而应该在平面向量的概念的教学中，建立一个表达形式与运算统一的完整体系，使得平面向量的教学整体化、系统化，在学生的头脑中形成一种观念，让学生在学习向量知识的过程中感受知识逻辑的力量。

1.3.4　“数列”的知识逻辑

数列是高中数学的主干知识、核心知识。在教学中，要引导学生理解数列概念的本质，明确数列的知识逻辑是掌握研究数列的思维方法的前提。

首先，要关注数列的属性。当拿到一个数列问题时，首先要判断所要研究的数列是否为特殊数列：等差数列或等比数列。如果是，用公式和性质解决；如果不是，要么转化为等差数列或等比数列，要么寻找其他方法。这是解决数列问题的基本思路。如，求和：$2^n+2^{n-1}\cdot 3+2^{n-2}\cdot 3^2+\cdots+2\cdot 3^{n-1}+3^n(n\in \mathbf{N}^*)$。对于这个问题，学生常常被问题的外在形式困扰，还没有看懂问题就选用“错位相减法”等。这说明学生解决数列求和问题的基本思维方法还没有落实到位。实际上，应首先对求和的数列的属性做出判断。通过后项与前项的比不难发现这是一个项数为 $n+1$，公比为 $\frac{3}{2}$ 的等比数列。

其次，要关注数列的项数。如：设 $f(n)=2+2^4+2^7+2^{10}+\cdots+2^{3n+10}$ (n

$\in \mathbf{N}^*$)，求 $f(n)$ 的值。在学生判断出这是一个公比为 8 的等比数列之后，数列的项数的确定就是一个主要的问题。如果认为这是 n 项的求和，那就错了。实际上，我们可以引导学生用归纳法来思考：

$f(1)=2+2^4+2^7+2^{10}+2^{13}$，有 5 项；

$f(2)=2+2^4+2^7+2^{10}+2^{13}+2^{16}$，有 6 项；

$f(3)=2+2^4+2^7+2^{10}+2^{13}+2^{16}+2^{19}$，有 7 项；

……

由此归纳得：$f(n)=2+2^4+2^7+2^{10}+\cdots+2^{3n+10}$ 有 $n+4$ 项。

也可以从底数 2 的指数是等差数列这个特点入手，同样可以得到 $f(n)$ 有 $n+4$ 项。实际上，关注数列的项数，相当于关注函数的自变量，研究数列就需要首先研究其项数的关系。数列的知识逻辑还体现在对两个数列的研究上，即：数列 $\{a_n\}$ 及与其相伴的数列 $\{S_n\}$。确定数列 $\{a_n\}$ 的通项是基本问题之一，判断数列 $\{a_n\}$ 的属性是特殊数列(如等差数列或等比数列)还是一般数列是求其通项公式之前要解决的问题；同样，对于数列 $\{S_n\}$，由于它是数列 $\{a_n\}$ 的前 n 项和，因此数列 $\{a_n\}$ 的属性关系到数列 $\{S_n\}$ 的确定。而对于特殊数列的前 n 项和 S_n 的公式推导的思考具有指导性的意义，是知识逻辑形成的基础。

例如：在等差数列的前 n 项和的计算公式的推导中常常采用“倒序相加”的方法。这个方法是如何想到的呢？在这节课的知识教学中要体现出来的知识逻辑是什么呢？

人教 A 版教材的做法是通过二百多年前被誉为“数学王子”的高斯家喻户晓的故事——“计算 $1+2+3+\cdots+100$”作为引子，通过一个探究活动——“高斯的算法妙处在哪里？这种方法能够推广到求一般等差数列的前 n 项和吗？”提出了所谓的“倒序相加”的方法；而人教 B 版是通过生产实践中的一个例子“计算按等差数列码放的一堆钢管的个数”为问题情境，设想在这堆呈梯形的钢管倒放的情况下和原来的那堆拼在一起得平行四边形，从而计算出钢管的总数。可以看出，两套教材都不约而同地采取了用生活或生产中的具体的实际例子为背景作为“倒序相加”方法提出的合理依据，符合新课程标准所提出的“高中数学课程应提供基本内容的实际背景，反映数学的应用价值”的理念。在课堂教学中很多教师也是采取这样的引入进行等差数列的前 n 项和公式的推导的。

但是，无论是从数学知识之间的逻辑看，还是从教学内容的内在关系看，上述做法都显得牵强、不够自然。如果每一个数学公式的推导的背后都有这样一个生动的实例作为依据，那倒真是有趣的数学了，但问题是上述做法的思维过程是什么反而无人愿意知晓了。我的理解是：数学教学的思维含量的多少是数学课堂是否有质量的标志，数学教师的任务就是要把自己对所教授知识的深入研究和深刻的理解融入自己的课堂教学实践中，“人云亦云”式的、缺乏教师个人研究与思考的教学，终究是没有个人特色的教学；缺乏知识逻辑的数学教学哪怕是“生动的”、所谓的能够激发学生学习“兴趣”的教学设计，也终究是违背数学教学理念和数学教学价值的。

在“等差数列的前 n 项和”的教学中，符合知识逻辑的教学应该是研究等差数列性质的继续。特别是在上一节进行完“等差数列”的教学之后，应该把学生研究等差数列的思维引向深入：通过对等差数列的性质的分析，学生已经掌握了等差数列与“和”有关的一个非常重要的性质，即这个数列的某两项的序号和如果等于另外的某两项的序号和，则其对应的这两项的和就与另外的两项的和相等。如果用更形象一点的话来叙述，就是在等差数列中，与首项及第 n 项距离相等的任意两项的和都与首项及第 n 项的和相等。

如何运用等差数列的这条性质求其前 n 项和呢？能否回避对序号 n 的奇偶性的讨论而计算出等差数列的前 n 项的和呢？教师可以通过类似这样的问题引发学生的思考，尽量能够比较自然地，以让学生能够接受的方式提出“倒序相加”的方法。

上述教学设计的价值在于，“等差数列的前 n 项和”的教学目的不仅仅是推导出一个求和公式，更重要的是让学生通过本节课的学习加深对等差数列的认识，学会如何运用等差数列的性质解决问题，使学生对等差数列的研究方法有更深一层的理解，从而进一步明确这部分知识的逻辑关系。

在数列的知识逻辑体系中，a_n 与 S_n 的关系问题本质上就是两个数列之间的关系问题。这种关系用 $a_n=\begin{cases}S_1 & (n=1)\\ S_n-S_{n-1} & (n>1)\end{cases}$ 刻画出来，深刻地揭示出其知识的逻辑关系。

这种逻辑关系体现在两个方面：(1)由数列的前 n 项和 S_n 求数列 $\{a_n\}$ 的通项 a_n。上升到思维能力层面，就是如果数列 $\{a_n\}$ 的前 n 项和 S_n 所构成的数列 $\{S_n\}$ 是特殊数列的话，可以先求 S_n，再利用 a_n 与 S_n 的关系求出数列 $\{a_n\}$ 的通项 a_n。

问题 1：已知数列 $\{a_n\}$，$a_1=-2$，$a_{n+1}=S_n$，求通项公式 a_n。

用归纳法分析：$a_1=-2$，$a_2=-2$，$a_3=-4$，$a_4=-8$，……可知数列 $\{a_n\}$ 从第二项起是等比数列；又 $S_1=-2$，$S_2=-4$，$S_3=-8$，……可以看出：数列 $\{S_n\}$ 是等比数列。从而，将已知条件 $a_{n+1}=S_n$ 改为 $S_{n+1}-S_n=S_n$，即 $S_{n+1}=2S_n$。所以，由 $\dfrac{S_{n+1}}{S_n}=2$ 知道数列 $\{S_n\}$ 是首项为 -2，公比为 2 的等比数列。所以，$S_n=-2\cdot 2^{n-1}=-2^n$。再利用 a_n 与 S_n 的关系可以求得：

$$a_n=\begin{cases}-2 & (n=1)\\ S_{n+1}-S_{n-1}=-2^{n-1} & (n\geqslant 2)\end{cases}。$$

从上例可以看出，要注意研究与数列 $\{a_n\}$ 关系密切的数列 $\{S_n\}$。如果数列$\{a_n\}$不是特殊数列如等差数列或等比数列的话，再看看数列$\{S_n\}$，如果是特殊数列，就可以先求出S_n，再利用S_n与a_n的关系求出通项a_n。有关a_n与S_n的问题，常常需要把有关它们的条件等式转化为关于a_n或S_n的条件，这种转化的意识非常关键，不要把两者混着进行变形。另外，转化的方向是思维的要点，如本题讲条件等式中的a_n转化为S_n就是因求证问题的需要而确定的。

问题 2：设数列$\{a_n\}$满足$a_1+3a_2+3^2a_3+\cdots+3^{n-1}a_n=\frac{n}{3}$，$n\in\mathbf{N}^*$。求数列$\{a_n\}$的通项。

分析：对于已知条件$a_1+3a_2+3^2a_3+\cdots+3^{n-1}a_n=\frac{n}{3}$，$n\in\mathbf{N}^*$如何理解呢？实际上，等式的左端就是一个前$n$项的和，只不过不是数列$\{a_n\}$的，而是数列$\{3^{n-1}a_n\}$的前$n$项和而已。因此还是可以利用$a_n=S_n-S_{n-1}(n\geqslant 2)$的逻辑关系解决问题。

因为：$a_1+3a_2+3^2a_3+\cdots+3^{n-1}a_n=\frac{n}{3}$ ①

所以：$n\geqslant 2$时，$a_1+3a_2+3^2a_3+\cdots+3^{n-2}a_{n-1}=\frac{n-1}{3}$ ②

①－②得：$3^{n-1}a_n=\frac{1}{3}$，即$a_n=\frac{1}{3^n}$。在①中，令$n=1$，得$a_1=\frac{1}{3}$，

故$a_n=\frac{1}{3^n}(n\in\mathbf{N}^*)$。

理解本题题意的焦点在于怎样认识等式$a_1+3a_2+3^2a_3+\cdots+3^{n-1}a_n=\frac{n}{3}$，$n\in\mathbf{N}^*$。

(2)数列$\{a_n\}$的通项a_n与前n项的和S_n的关系还体现在由通项a_n求S_n。对于非等差、等比数列的S_n的求解，首先要观察数列的通项a_n的特点，再选择相应的方法。如：错位相减法、裂项相消法、分组求和法等。

例如，求$S_n=\frac{1}{2}+\frac{3}{4}+\frac{5}{8}+\cdots+\frac{2n-1}{2^n}$。显然，数列$\left\{\frac{2n-1}{2^n}\right\}$既不是等差数列也不是等比数列。再看其通项：$a_n=\frac{2n-1}{2^n}$是由一个等差数列$\{2n-1\}$与一个等比数列$\left\{\frac{1}{2^n}\right\}$对应项乘积组成，故可用错位相减法求和。

问题 3：求和$1+\frac{1}{1+2}+\frac{1}{1+2+3}+\cdots+\frac{1}{1+2+\cdots+n}$ $(n\in\mathbf{N}^*)$。

分析：可以看出，所要求和的数列不是特殊数列，那么就观察这个数列的第n项。

由于 $a_n=\frac{1}{1+2+\cdots+n}=\frac{2}{n(n+1)}=2\left(\frac{1}{n}-\frac{1}{n+1}\right)$，这样，数列的每一项均可写成这个形式，从而通过相邻项抵消，再求和：

即：$S_n=2\left[\frac{1}{1\cdot 2}+\frac{1}{2\cdot 3}+\cdots+\frac{1}{n(n+1)}\right]$

$=2\left[\left(1-\frac{1}{2}\right)+\left(\frac{1}{2}-\frac{1}{3}\right)+\cdots+\left(\frac{1}{n}-\frac{1}{n+1}\right)\right]$

$=2\left(1-\frac{1}{n+1}\right)=\frac{2n}{n+1}$。

数列的知识逻辑结构图如下：

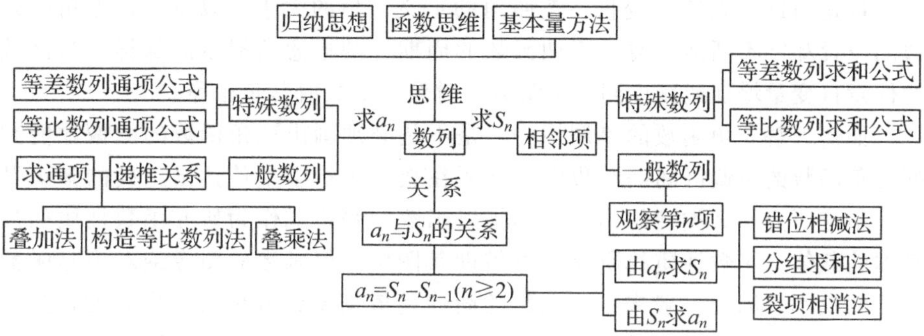

1.3.5 三角函数的知识逻辑

三角函数的知识逻辑从本质上说就是函数的知识逻辑。

在三角函数的教学中，是否能够讲出函数的味道，是否能够用函数的思维进行教学成为摆在我们教师面前的一个问题。按道理这似乎不应该成为问题，三角函数既然是函数，难道还讲成别的什么不成？但在教学的实践中，的确有许多教师并不是按照函数的知识逻辑进行三角函数教学的。从“角的扩充”到“弧度制”，再到“角的终边的表示”，从“诱导公式”到“用单位圆表示三角函数的值”，看不到函数的影子，感受不到自变量的变化是如何影响到因变量的变化的。明明讲的是函数，但教师不讲自变量是谁，学生对此也漠不关心；即使是在讲“三角函数的图像与性质”的时候，也是没有一点函数的味道。如讲正弦函数图像的周期变换就类似“纵坐标不变，横坐标缩短为原来的二分之一或增大为原来的两倍”；讲函数的图像变换规律就是“左加右减”；等等。这种缺乏函数知识逻辑的三角函数的教学是无法真正完成其教学任务的。

事实上，三角函数中的自变量是角，角的度量使用弧度，即用半径的长度来刻画角所对的弧的长度的倍数，也就是实数。随着角的变化，三角函数的值发生变化，但是如何得到三角函数值呢？三角函数并不像其他函数那样，有一个明确的和自变量有代数关系的函数解析式，而是通过比值的形式来刻画某一个角的某种形式的三角函数的函数值。如正弦函数的值是通过角的终边上的任意一点(除坐标原点外)的纵坐标与此点到角的顶点(也就是坐标原点)的距离之比来刻画的。显然，这个比值随着角的终边的改变而发生变化，也就是函数的自变量的变化引起因变量的变化。但是从位置的角度看角的终边变化的范围也就是旋转一周，不论角的大小如何，终边的不同位置也就是体现在360°的范围内。尽管此时角的大小的变化范围是全体实数集合，但这个特点从几何位置上看就是周而复始重复出现的。这个几何上的特征反映在代数特征上，就是三角函数的周期性，也就是当函数的任意自变量增加某一个常数的时候，所对应的函数值相等。三角函数具有周期性的原因就在于其自变量是角这一独特的变量，按照角的定义，角的大小可以不同，但角的终边的位置却能不断地重复。正如函数的周期性的概念所揭示的那样，当函数的任意自变量增加或减少同一个常数的时候，函数值总是相等。

如何理解三角函数的单调性呢？是不是必须画出三角函数的图像才能判断三角函数的单调区间呢？我们一定要在教学中给学生传达出正确的知识逻辑：不论研究什么类型的函数，都是以函数的解析式作为研究函数性质的最基本的载体。函数性质的研究可以借助其图像，但函数的图像绝对不是函数性质的根本。因为一般来说，函数的图像是依据函数解析式画出来的，归根结底函数的所有性质都是由对应的函数解析式来确定。因此，研究正弦函数单调性的时候，要让学生能够从其函数解析式出发去感受当自变量也就是角发生变化的时候，正弦函数的值是如何增加或减少的。看函数图像来确定三角函数的单调区间看似简单、直观，但三角函数的知识逻辑并不在于此。

在进行“正弦型函数 $y=A\sin(\omega x+\varphi)$ 的图像与性质”的教学的时候，很多教师所写的标题是：“参数 A、ω、φ 对函数 $y=A\sin(\omega x+\varphi)$ 图像与性质的影响”。在进行课堂小结的时候，也常常这样板书：“A 的作用：影响函数值发生变化；φ 的作用：引起平移变化；ω 的作用：引起周期变化”。按照这样的逻辑，正弦型函数 $y=A\sin(\omega x+\varphi)$ 的性质似乎是由参数 A、ω、φ 来决定的，果真如此吗？

ω 取不同的值，对应的是不同的三角函数的解析式。解析式不同，函数的性质包括图像当然会有差异。但对于一个确定的 ω，函数的解析式是已经确定了的，其性质由它的自变量及函数关系确定是毋庸置疑的。振幅 A 与相位 φ 的不同的取值包括符号的改变，对应的也是不同的三角函数解析式，相对于 $y=\sin x$ 来说，函数关系当然是有变化的，也就是所谓的振幅变换和相位变换。但我们要清楚的是这种变换讨论的是不同函数之间的相互关系，单就某一个确定的函数来说，其性质完全由它的自变量 x 和确定的函数关系来决定。

如果研究两个不同的函数，其性质是由参数决定的吗？例如函数 $y=\sin 2x$ 的图像可以看作将函数 $y=\sin x$ 的图像朝 y 轴压缩一半而得到的。这个现象可以通过计算机用几何画板课件直观地演示出来，也可以通过三角函数计算周期的公式 $T=\frac{2\pi}{\omega}$ 来进行解释。但是这都不是从问题的本质上进行分析，都是用一个结论来解释另外一个结论。我们应该能够从这两个函数的自变量的取值之间的关系及相对应的函数值是否能够相等去思考。实际上，函数 $y=\sin x$ 与 $y=\sin 2x$ 的自变量都是 x，当函数 $y=\sin x$ 的自变量取 x 的时候，函数 $y=\sin 2x$ 的自变量只要取 $\frac{x}{2}$，即 $y=\sin x$ 的自变量 x 的一半的时候，其对应的函数值与函数 $y=\sin x$ 的值相等，这就是“将函数 $y=\sin x$ 的图像朝 y 轴压缩一半”的根本原因。这种分析方法的逻辑是依据函数的知识逻辑进行的，是通过两个函数的自变量的关系及相对应的因变量的关系来得出的，这种思考问题的逻辑具有普遍意义。

同样，对于 $y=\sin(x+\varphi)$，$y=\sin(x-\varphi)$ 与函数 $y=\sin x$ 的图像之间的关系的分析不能简单地概括为“左加右减”。而是要让学生能够从两个函数之间的关系去认识这个现象。也就是，当函数 $y=\sin x$ 的自变量取 x 的时候，$y=\sin(x+\varphi)$ 的自变量只需要取 $x-\varphi$，其对应的两个函数的值就能够相等。显然，在 x 轴上，$x-\varphi$ 在 x 的左侧，因此对应的函数 $y=\sin(x+\varphi)$ 的图像在 $y=\sin x$ 的图像的左侧，相当于把 $y=\sin x$ 的图像向左移了 φ 个单位，也就是所谓的“左加”。同理，当函数 $y=\sin x$ 的自变量取 x 时，函数 $y=\sin(x-\varphi)$ 的自变量只要取 $x+\varphi$，两个函数对应的函数值就是相等的。由于在 x 轴上，坐标 $x+\varphi$ 在 x 的右侧，所以 $y=\sin(x-\varphi)$ 的图像是把函数 $y=\sin x$ 的图像向右移了 φ 个单位。

三角函数是研究函数周期性的重要模型，让学生通过三角函数的学习理解函数的周期性的概念是三角函数教学最为重要的任务。但是我们在教学中是不是真的能够帮助学生从函数的知识逻辑去掌握周期函数的本质呢？

在关于函数周期性概念的这节课的设计上，不少教师都会选用自然界中重复出现、周而复始的一些自然现象作为教学引入的例子。如：一年四季的变化、太阳的日出和日落、一周七天等等。但是这些实际的例子所起的作用仅仅是感受这种周而复始变化的现象，并没有揭示这些现象发生的原因。这样的引入所发挥的作用是不到位的，因为在随后的函数周期性概念的教学中，教学的难点不是“重复出现”这一现象，而是要能够理解这一现象的本质，也就是函数的自变量的变化是如何通过函数的关系导致函数值总是相等，从而使得函数图像周期性地重复。

如何理解函数 $y=f(x)$ 满足 $f(x)=f(x+T)$ 时周期为常数 T 呢？一些教师只是让学生记住这一形式，并通过套用这一形式去求函数的周期。如函数 $y=f(x)$ 满足 $f(2x-1)=f(2x+3)$ 时，教师让学生设 $2x-1=u$，则 $2x+3=$

$u+4$，从而将函数 $y=f(x)$满足的已知条件改为 $f(u)=f(u+4)$，这样才知道函数 $y=f(x)$的周期为 4。如此形式化地理解数学概念是不利于学生准确理解概念的内涵的，是对函数逻辑知识认识的一种干扰。实际上，遵循函数知识逻辑的解释是：函数 $y=f(x)$满足 $f(2x-1)=f(2x+3)$的含义是当这个函数的自变量分别取 $2x-1$ 和 $2x+3$ 时，它们对应的函数值相等。由于这两个自变量相差 4 个单位，因此函数 $y=f(x)$的周期为 4。

2014 年北京市数学高考理科试卷第 14 题让我们能够感受到三角函数知识逻辑的魅力：

例：设函数 $f(x)=A\sin(\omega x+\varphi)$，$A>0$，$\omega>0$。若 $f(x)$在区间 $\left[\frac{\pi}{6},\ \frac{\pi}{2}\right]$上具有单调性，且 $f\left(\frac{\pi}{2}\right)=f\left(\frac{2\pi}{3}\right)=-f\left(\frac{\pi}{6}\right)$，则 $f(x)$的最小正周期为________。

分析：解决问题的关键在于如何理解条件中的等式 $f\left(\frac{\pi}{2}\right)=f\left(\frac{2\pi}{3}\right)=-f\left(\frac{\pi}{6}\right)$。如果认为这个等式是为了用待定系数法求 A、φ、ω 的话，就要陷入复杂的运算中，但问题是这样的知识逻辑是有问题的，没有能够依据函数的解析式 $f(x)=A\sin(\omega x+\varphi)$所承载的函数的性质来理解和认识这个等式。问题出在对正弦型函数性质的认识上。

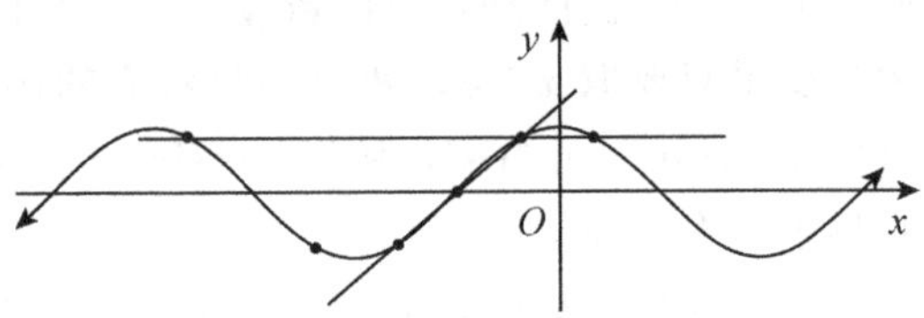

图 1-18

结合 $y=A\sin(\omega x+\varphi)$的图像(图 1-18)，我们知道，这个函数有丰富的对称性和周期性。函数值相等有可能是关于直线对称的性质决定的，也可能是由周期性质得到的，或者是由这两条性质共同作用得到的。由于题目有“若 $f(x)$在区间 $\left[\frac{\pi}{6},\ \frac{\pi}{2}\right]$上具有单调性”的条件，也就告诉了我们 $\frac{T}{2}\geqslant\frac{\pi}{2}-\frac{\pi}{6}=\frac{\pi}{3}$，即 $T\geqslant\frac{2\pi}{3}$，由此就可以判断函数值相等是由什么性质造成的了。即由于 $f\left(\frac{\pi}{2}\right)=f\left(\frac{2\pi}{3}\right)$，而 $\frac{2\pi}{3}-\frac{\pi}{2}=\frac{\pi}{6}$，因此 $f\left(\frac{\pi}{2}\right)=f\left(\frac{2\pi}{3}\right)$反映的是函数关于直线 $x=\frac{7\pi}{12}$对称的性质，直线 $x=\frac{7\pi}{12}$是函数 $f(x)=A\sin(\omega x+\varphi)$的一条对称轴。同样因为 $f(x)$在区间 $\left[\frac{\pi}{6},\ \frac{\pi}{2}\right]$上具有单调性，因此函数值相反有两组，选 $f\left(\frac{\pi}{2}\right)=-f\left(\frac{\pi}{6}\right)$，这个相反的函数值一定是由中心对称性质决定的。因此点 $\left(\frac{\pi}{3},\ 0\right)$是函数 $f(x)=A\sin(\omega x+\varphi)$的一个

对称中心，由于$\frac{7\pi}{12}-\frac{\pi}{3}=\frac{3\pi}{12}=\frac{\pi}{4}<\frac{T}{2}$，这就说明直线 $x=\frac{7\pi}{12}$与点$\left(\frac{\pi}{3},0\right)$是函数 $f(x)=A\sin(\omega x+\varphi)$相邻的对称轴与对称中心。所以$\frac{T}{4}=\frac{7\pi}{12}-\frac{\pi}{3}=\frac{\pi}{4}$，即 $T=\pi$。

三角函数 $f(x)=A\sin(\omega x+\varphi)$的图像与性质是三角函数的核心知识，要能从图形与代数运算两个角度来认识三角函数的性质，并能依据三角函数的知识逻辑去分析问题和解决问题，是三角函数教学的重要任务。三角函数知识逻辑结构图如下：

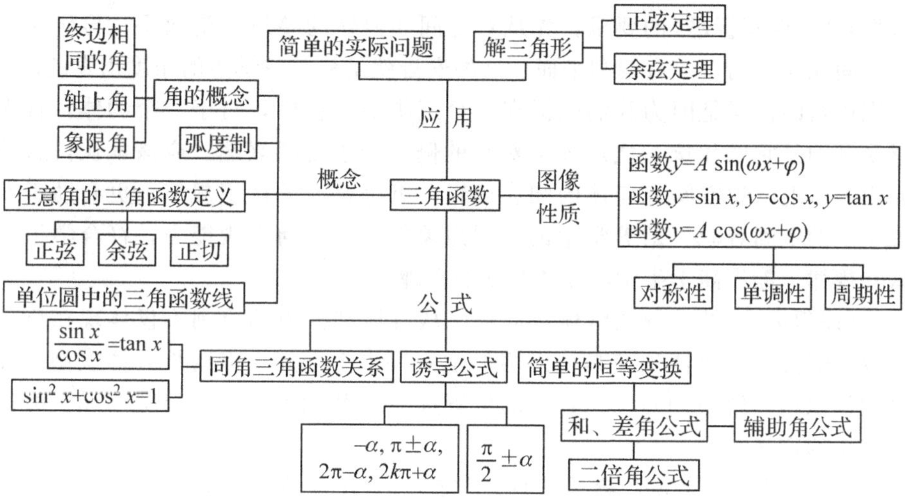

1.3.6　立体几何的知识逻辑

《普通高中数学课程标准(实验)》(以下简称《课程标准》)指出："几何学是研究现实世界中物体的形状、大小与位置关系的数学学科。人们通常采用直观感知、操作确认、思辨论证、度量计算等方法认识和探索几何图形及其性质。三维空间是人类生存的现实空间，认识空间图形，培养和发展学生的空间想象能力、推理论证能力、运用图形语言进行交流的能力以及几何直观能力，是高中阶段数学必修系列课程的基本要求。"[①]依据《课程标准》的理念，立体几何教学的内容发生了很大的变化，几何的教育内涵更加丰富，随之而来的，是立体几何的教学方式必须做重大调整和变革，以适应这种变化。

《课程标准》理念下的立体几何教学内容的知识逻辑是怎样的呢？

(1)立体几何的内容安排，遵循从整体到局部、从具体到抽象的原则。

① 中华人民共和国教育部制订：《普通高中数学课程标准(实验)》，北京：人民教育出版社，2013 年，第 19 页。

以往立体几何内容的安排，都是从研究构成空间几何体的基本要素：点、直线和平面开始，讲述平面及其基本性质，点、直线、平面之间位置关系和有关公理、定理，再研究由它们组成的几何体包括棱柱、棱锥、圆柱、圆锥、台、球的结构特征、体积、表面积等等，基本上是按照从局部到整体的原则。这种安排是严格按公理化的体系、按知识的进程来进行的。它的长处是逻辑关系非常严谨，教起来也感觉数学的味道很浓。但这种安排没有考虑学生的认知规律、学生的思维方式。这也是学生学立体几何感觉困难吃力的原因之一。

《课程标准》对发展空间想象能力的理念是：更加关注通过对整体图形的把握去培养和发展空间想象能力。正因为如此，现在的课程标准的实验教材，依据新的《课程标准》的要求，先从对空间几何体的整体感受入手，再研究组成空间几何体的点、直线和平面。这种安排就是从关注学生的角度出发的。其知识逻辑的依据是因为我们生活在一个三维的世界中，对于一个物体，首先感受到的是它的轮廓，之后才会对它的侧面、边角感兴趣。应该承认，这种先由整体上认识空间几何体的知识逻辑，更符合人的认识规律，更有助于发展学生的空间观念，培养学生的空间想象能力、几何直观能力，符合学生的认知规律，能提高学生学习立体几何的兴趣。

《课程标准》的这种从整体到局部、从具体到抽象的原则不仅体现在章节内容的安排上，也体现在具体内容的学习要求上。如：借助长方体模型，在直观认识和理解空间点、线、面的位置关系的基础上，抽象出空间线、面位置关系的定义。

(2)强调几何直观，渗透公理化思想，引入合情推理，进行适当的几何推理。

高中立体几何课程历来以培养逻辑思维能力为主要目标，而《课程标准》更加强调空间想象能力的培养，强调空间观念的建立。不能说原来的立体几何课程不强调空间想象能力的培养，但的确没有提供一种明确的、有效的途径，没有一个比较明确的可操作的要求；而新的教科书依据《课程标准》的理念，通过强调几何直观来落实空间想象能力的培养；如："通过直观感知、操作确认、思辨论证，认识和理解空间中线面平行、垂直的有关性质与判定。"要求学生在获得数学结论及空间观念形成的过程中，应当经历合情推理—演绎推理的过程，从而将合情推理引入课程。在大量的实际背景、直观操作和感受的基础上，引导学生归纳、概括出若干定理，让学生感受公理化思想(而不是进行严格的公理化的训练)和了解证明的含义。使学生经历观察、实验、猜想、证明等数学活动，发展合情推理能力和初步的演绎推理的能力。

合情推理的引入极大地丰富了几何教育价值的内涵。我们应该看到：欧几里得公理体系把几何与逻辑结合起来，几何就与演绎推理结下了不解之缘，很久以来几何学就成为训练逻辑推理的素材。然而就推理来说，既有合情推理，又有演绎推理，而且从数学自身发展的过程来看，即使演绎推理也并非几何所独有，它广泛存在于数学的各个分支中。20 世纪 80 年代以来，国际数学教育对几何推理的要求发生了一些变化，从纯粹的演绎推理转向较少的演绎推理，更多地强调从具体情境或前提出发，进行合情推理；从单纯强调几何的逻辑推理，转向更全面地体现几何的教育价值，特别是几何在发展学生空间观念，以及观察、操作、试验、探索、合情推理等"过程性"方面的教育价值。

因此，我们在立体几何的教学中，要明确其知识逻辑就要使学生经历从特殊到一般，从具体到抽象的过程，逐步认识直线与平面、平面与平面的位置关系，在推理过程中渗透公理化思想，养成言必有据的理性思维精神。

(3)从《课程标准》来看，立体几何教学、学习的要求不是一步到位的，而是分阶段、分层次、多角度的。

与传统立体几何的教学内容相比，《课程标准》在"立体几何初步"删掉了许多定理，剩下的又有一半不做证明要求。那么，是不是《课程标准》对立体几何证明的要求降低了呢？这种看法是片面的，只要我们认真学习《课程标准》，从整体的教学内容安排来看这个问题，就不难发现：几何教学、学习的要求不是一步到位的，而是分阶段、分层次、多角度的。

《课程标准》中几何内容的安排是分阶段的：

第一阶段是必修课程：数学 2，立体几何初步。

第二阶段是选修课程：系列 2，空间向量与立体几何(理科要求)。

第三阶段是选修课程 3、4：系列 3-1，数学史选讲中的部分专题。如：专题 2. 古希腊数学(毕达哥拉斯多边形数，从勾股定理到勾股数，不可公度问题、欧几里得与《几何原本》，演绎逻辑系统，第五公设问题，尺规作图，公理化思想对近代科学的深远影响)；专题 7. 千古谜题——伽罗瓦的解答(几何作图三大难题)。系列 3-3，球面上的几何。系列 3-6，三等分角与数域扩充。系列 4-1，几何证明选讲。

所以不能说，新的课程标准降低了几何证明的要求。从上面三个阶段来看，要求是一步一步提高的。这样的安排更符合学生的实际认知水平。能满足不同层次学生学习几何的需要，也是符合立体几何的知识逻辑的。

从"立体几何初步的学习要求"来看，也是分层次的：

层次 1：对几何体的认识，依赖于学生的直观感受，不做任何推理的要求。

层次 2：以长方体为载体(包括其他的实物模型、身边的实际例子)对图形(模型)进行观察、实验和说理。引入合情推理。

层次 3：严格的推理证明。如线面平行、垂直的性质定理的证明。

层次 4：在选修系列 2 部分(空间向量与立体几何)引入"向量与坐标"，用它们处理线与线、线与面、面与面的交角以及点到线、点到面的距离，使几何问题代数化，使几何问题的处理有了多种方法，对立体几何问题的认识有了多视角，这无疑会帮助学生更好地认识客观世界。这种在遵循知识逻辑基础上的分阶段、分层次、多角度的学习，正是一种关注学生的表现。

(4)重视联系，强调应用，加强动手操作方面的要求。

加强立体几何与现实生活的联系，强调应用是立体几何课程改革的又一特色。立体几何课程从空间几何体开始，利用实物模型、计算机软件观察大量的空间图形，使学生归纳出柱、锥、台、球及其简单组合体的结构特征，并能运用这些特征描述现实生活中简单物体的结构。这就是从生活中来，到生活中去，善于从生活中获取知识，也善于将学到的知识应用于生活，培养学生用数学视角观察世界和用数学思维思考世界的习惯。

《课程标准》要求“能画出简单空间图形(长方体、球、圆柱、圆锥、棱柱等的简易组合)的三视图，能识别上述的三视图所表示的立体模型，会使用材料(如纸板)制作模型，会用斜二侧法画出它们的直观图”，“用两种方法(平行投影与中心投影)画出的视图与直观图”，“画出某些建筑的视图与直观图”①。同学们在动手实践的过程中体会、感受、经历，从而增加对几何体的认识和对客观世界的认识，在活动中感受确立立体几何的知识逻辑的过程。

可以看出：以往的大纲只给出终极目标，对到达目标的途径没有做明确的要求。而《课程标准》不但明确知识的终极目标，而且明确了到达终极目标的途径。如“通过直观感知、操作确认，归纳出以下判定定理”，“通过直观感知、操作确认，归纳出以下性质定理”，“通过对图形的观察、实验和说理，使学生进一步了解平行、垂直关系的基本性质以及判定方法”②，等等。如此，就使得我们在立体几何的教学中知识逻辑的确立有了切实可行的符合教育教学规律的途径。

立体几何的知识逻辑结构图如下：

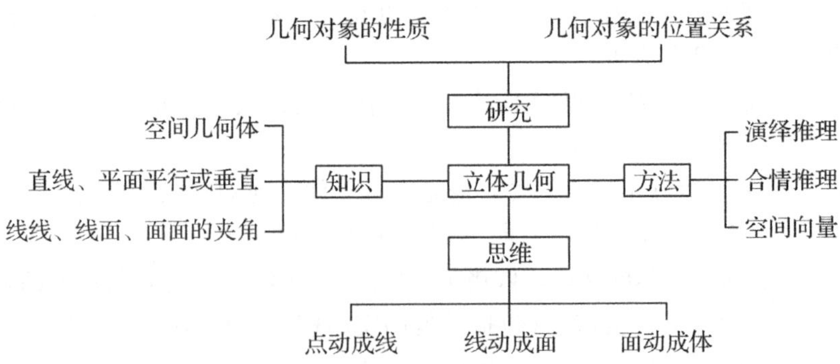

① 中华人民共和国教育部制订：《普通高中数学课程标准(实验)》，北京：人民教育出版社，2013年，第19页。

② 中华人民共和国教育部制订：《普通高中数学课程标准(实验)》，北京：人民教育出版社，2013年，第19页。

第 2 章　数学教学中思维逻辑的分析

思维逻辑是指在知识逻辑的基础上，在课堂教学的过程中，教师与学生所进行的思维活动的规律。

我们教学的对象是人，是对知识充满渴望的学生。进行教学的目的是要让学生们通过和教师思维的交流来理解所要学习的数学知识、感受数学的思维方式，在享受数学知识学习的过程中，提高思维的逻辑性。因为人是活的，思维是活的，参与教学过程中的教师和学生就是要能够在相互的思维碰撞中不断地去发现问题、提出问题、思考问题。而这个过程中思维规律的生成、探寻就是涉及数学学习最本质的东西。

教学过程由于是人的认识知识的过程，因此思维逻辑不仅是体现在知识本身的逻辑上，也反映在参与教学的教师与学生的思维活动中。数学的教学价值在于学生的思维逻辑的确立，数学教学最为重要的任务是让学生的思维具有逻辑性。但这个目标的达成不是知识逻辑自己能够完成的，它需要授课教师在对知识逻辑有着深刻理解和认同的基础上进行富有成效的教学活动，让学生在学习知识的过程中建立起思维逻辑。可以说，思维逻辑不仅是教师教学工作专业性的体现，也是学生在知识学习的基础上学科素养全面提高的重要标志。学生良好的学习习惯的养成，从本质上来说就是良好思维方法的确立。教师要在课堂教学的过程中，指导学生准确深入地理解数学学科的问题，能够运用符合数学学科特点的思维去思考学科问题。

思维逻辑在现实的教学中是不是得到了应有的地位呢？我们不得不承认，在现如今的教学实践中，存在着很多与思维逻辑相背离的教学行为，应试思维还是非常普遍并且在一些教师和学生的头脑中根深蒂固。

教师在课堂教学中讲结论而不讲思维过程的现象还是很多的，课时不够是常用的托词，其根本原因在于这样进行教学的教师的教学理念出了问题。他们认为学生掌握结论要比结论所承载的思维更实用。还有一些教师在例题的讲解中，将重点放在讲解题的具体过程上，而忽视学生思维活动的过程。让学生回答的是“你如何解的”，而不是“你如何理解这个题目，你是如何思考这个问题的”。这种满足标准答案式的课堂教学将思维活动的空间压缩到最低。还有一些教师在课堂上也会提出一些问题与学生展开思维的活动，但是，如果提出的问题没有思维含量，其结果也只能是事与愿违。在习题的教学中一些教师为了让学生尽快地掌握数学的结论并直接进入操作层面的学习活动中，主动放弃了许多有数学思维的活动，学生知其然不知其所以然的现实客观存在。在应试的思维下，“解题模型”已经从商家的鼓噪堂而皇之地进入我们的课堂，成为一些教师进行解题教学的利器。现如今平面几何教学中的基本图形已经不是十多年前基本图形的概念了。最早提出基本图形概念的傅佑珊老师1997年在《平面几何基本图形的方法与教学实践》一文中指出：“所谓基本图形是指现行教材中概念、公理和定理所对应的图形。”可是目前流行于课堂教学中的基本图形已经发生了变异，远远超出了当年傅老师给基本图形下的定义。各式各样的基本图形成为“题型”的代言人，让“题型”教学穿上了美丽的外衣在平面几何教学中大行其道。如在相似三角形判定的教学中，“A型图和X型图”成为能够让学生从复杂的图形中找到解决问题的基本图形并作为判断三角形相似的依据，但是学生因为记住了“A型图和X型图”却失去了用最基本的几何元素之间的位置关系去判断三角形相似的思维训练，这种快餐式的教学就使得学生的思维逻辑的建立变得极其艰难。作为教师都知道让学生大量地做重复性的练习有损于学生的学习兴趣，但每每在考试的复习期间，又毫不吝惜练习篇子的数量。“熟能生巧”、“做多了就忘不了”等等，似乎成为需要提倡的学习方法。殊不知正是这种重复性的练习，降低了学生在学习中思维活动的价值，误导了他们对学习方法的正确认识。可以说，教学活动缺乏思维活动的原因在于教师头脑中的知识逻辑的弱化，并因此影响到将知识逻辑内化到学生的头脑中，形成符合数学本质的思维逻辑。“解题模型”是对思维逻辑的反动，应该抛弃；“基本图形”要回归到基本，让学生有更多的机会从最基本的几何位置关系入手对问题做出解释和判断。

2010年年底，我随北京市海淀区学科教师一行赴美国进行了为期21天的教育考察。其间在美国的多所中学听课，近距离地观察了美国的课堂，感受到了美国的基础教育的现状，很受启发。在一节高三AP课程的课堂里，一名年轻的美国教师在进行“曲面积分”的教学。这名教师通过设置不同问题的背景，围绕曲面积分的意义展开教学。课堂上，教师的活动比较多，时而侃侃而谈并操作计算机上网展示课件，让学生直观认识曲面积分的效果；时而用手头能够拿到的水杯等物品让学生思考积分的含义；时而又在黑板上奋笔疾书曲面积分计算的过程。而教室里的学生们全神贯注地倾听着这位老师的讲课，对老师生动的比喻报以会心的微笑，对不解的问题能及时和老师沟通。

细细品味这位美国教师的概念教学，发现许多地方值得我们深思：教师以核心的问题“曲面积分的意义”为讲授的主题，其思维的分析与方法的点拨都在于让学生理解教学内容的核心问题及数学的思维方法。并没有把如何计算“曲面积分”作为这节课的教学重点。美国教师通过设置不同问题情境引起学生的思考，思维逻辑的指向是本节课的核心问题。教师尽管没有安排一些学生参与形式化的教学活动，如讨论、小组合作学习等，但可以看出全班同学都在全神贯注地思考问题。而在我们的一些课堂中，很多时候教师由于担心课时不够的问题，不会花一节课的时间让学生去不断地、深入地理解类似“曲面积分的意义”这样的核心概念，往往是得出或者是给出类似“曲面积分的计算公式”之后，就马上进入练习、应用的阶段了。从美国教师上的这节课中，我看到了熟悉的课堂的影子，也看到了已经不太熟悉的教学过程。

作为教师，要能够在所教授的知识中充分地挖掘出思维的含量，要不断地思考如何讲才能讲出思维，如何提出问题才能够给学生让出思维的空间，让学生的思维活跃起来。课堂上教师要明确自己的教学任务，要在教学的活动中展现自己的思维逻辑：通过这节课的知识教学，要让学生在数学思维上的哪些方面受到启发？是把教学生运用基本的学科概念和学科观点去理解问题作为本节课的重点，还是把教研究问题的一般方法作为教学的重点？学生在教师的启发下，在研究问题的过程中，会产生许多的想法，解决问题的方法各异，作为教师的你，教学的思维逻辑主线是什么要清晰，否则就难免被学生的思维牵着走，看似热闹的课堂实际上却是低效的教学。为此，教学前教师一定要对本节课的教学内容做出逻辑上的判断：这节课的知识在本章中的地位和作用是什么？如何用数学观点来理解、认识这部分的知识？只有认真地思考在知识上位的思维层面的东西，才能够把握住知识教学的出发点和落脚点，也才可能真正地实现教学的目标。

让学生们的学习能够接近数学学科的本质，教师就要能够用符合数学学科特点的思维展开教学，帮助学生理解问题，并能够掌握研究数学问题的一般研究方法。做到这一点的关键在于教师个人在教学上的专业研究。只有教师在正确的教学理念下进行教学，在教学的过程中揭示出数学学科的思维逻辑，我们的数学教学才能更接近本质，数学教学的思维逻辑才能够在教学活动中展现出来。

2.1　数学概念是确立思维逻辑的依据

如何在教学实践中确立思维逻辑的地位呢？众所周知，数学中的基本概念反映了学科知识的本质，它是数学思维方法最重要的载体。思维逻辑来源于教师和学生对数学基本概念的深刻理解，思维逻辑的建立依赖于学生在教师的指导下遵循基本概念所承载的思维特征所进行的思维活动。这种思维活动实际上是一种内化的过程，是通过课堂教学活动将符号化、概念化的数学知识借助思维活动转化为思维逻辑。

思维逻辑不仅是教学活动的内化，而且是对知识逻辑的反映。因此，研究思维逻辑不仅要考察它与教学活动的关系，而且还要探究它与知识逻辑的关系。当教学活动内化为思维逻辑时，被内化的实际上归根到底是教学的知识逻辑。这就决定了思维逻辑的本质：一方面是课堂教学活动的内化，另一个方面又是数学知识逻辑的反映。下面以高中阶段“函数”的教学为例，就如何通过函数的概念及性质确立课堂教学的思维逻辑做一阐述。

函数在我们数学教学中尽管是讲得比较多的内容，但这部分内容对于学生来说，不管是高一的学生还是高三的学生，学习的效果总是不佳，原因何在呢？教学中我们经常能看到一些教师在讲授函数的时候，讲不出函数的“味道”。实际上，这个“味道”就是以函数概念为依据的函数思维逻辑。函数的学习之所以最令学生头疼，关键是学生在学习函数的时候，没有掌握函数的思维方法，没有学会用函数的思维去思考函数的问题。

函数的教学活动如何内化为函数的思维逻辑呢？其关键是在你的教学中要能够揭示出自变量是如何通过函数关系引起因变量的变化的，要关注自变量以及与它相关的因变量。学生在研究函数性质时，要掌握以下的思维和方法：首先看看自变量是如何变化的，再看看它们与对应的函数值之间有什么关系，要能用语言及图形把这个关系说清楚，并能用符号语言表示出来，或能够读懂符号语言。也就是说：对于函数性质的讨论，我们要教给学生用函数的思维去解决函数性质的有关问题。

何谓函数性质呢？从函数概念的角度理解，就是当函数的自变量 x 满足某种规律的变化时引起函数值 y 的有规律变化。如对于函数的对称性质的理解，我们关注比较多的是函数图像关于直线 $x=a$ 成轴对称或关于点 (a, b) 成中心对称，但这实际上只是函数对称性质的图像特征，是函数性质的直观表达。函数对称性质的本质应该是它的代数特征，即这个对称性质应该是从函数的自变量的变化特点以及相对应的函数值的变化规律来进行刻画的：具有对称性的函数取和为 $2a$ 的两个自变量的值的时候，其对应的两个函数值要么相等，要么其对应的两个函数值的和为 $2b$。这是一个函数关于某条直线或某个点对称的最本质的描述，也是要在我们的教学中能够让学生理解的。只有明确了函数对称性的本质，也就是明确了它的代数特征，我们才能够准确地运用数学符号语言表达出函数的这种对称性。即根据函数的两个自变量其和为常数 $2a$ 的特点可以表示为 x 和 $2a-x$，再根据其对应的因变量的变化规律，就可以用数学符号语言表达出函数的这种对称性了：$f(x)=f(2a-x)$ 或 $f(x)+f(2a-x)=2b$。函数对称性质的图像特征是根据上述数学符号所表达的等式从几何的角度理解而得到的。如 $f(x)=f(2a-x)$ 告诉我们，当取以 a 为中点的两个点的横坐标所对应的自变量时，对应的纵坐标（也就是因变量）相等。这个特征反映在几何上就是函数的图像关于直线 $x=a$ 对称。同样，$f(x)+f(2a-x)=2b$ 意味着当取以 a 为中点的两个点的横坐标所对应的自变量时，对应的纵坐标（也就是函数值）的和为 $2b$，也就是对应的两个点的纵坐标是以 b 为中点纵坐标。因此，满足这个等式的函数图像关于点 (a, b) 为中心对称。可以看出，函数性质的代数特征是最本质的，它决定了如何用数学的符号语言来表达出函数的这种对称性，而函数图像的几何特征是由其代数特征所决定，并通过理解数学的符号语言所表达出来的代数特征而得到的。换句话说，当学生在写出类似 $f(x)=f(2a-x)$ 或 $f(x)+f(2a-x)=2b$ 这样的数学符号语言所表示的等式的时候，他首先在自己的思维中经历了函数对称性质的代数特征的思考。同样，只有当他能够从用数学的符号语言所表达的等式中读出函数的代数特征，也才能够从中得到函数图像的几何特征。上述思维逻辑就是函数的知识逻辑的反映，是教师引导学生进行函数思维活动的规律。

研究函数性质顺序的思维逻辑是怎样的？教科书中总是先讲函数的单调性，再讲函数的奇偶性，这种研究函数性质的顺序是有逻辑问题的。的确，函数的整体变化状态的研究非常重要，但是，如果这个函数具有对称性质的话是可以使这种性质的研究简化一半的。换言之，函数的对称性也是函数变化状态的一部分，相对每个区间上的函数单调性的变化更具有整体性。因此先研究函数的对称性再研究函数的单调性，进而研究它的周期性及函数值的分布等等，这种顺序更符合逻辑。当然，函数的周期性与函数的对称性与单调性没有必然的逻辑关系，对于函数周期性的研究相对而言不受其他性质研究的约束。

在我们的函数教学中，教师在引领学生针对某一个具体函数进行研究的时候，定义域、值域总是相伴在一起让学生说出来，对于常见的基本函数，这样做是可行的，但是对于复杂的、陌生的函数来说，如果函数单调性还没有进行研究，怎么会得到函数的值域呢？这个顺序显然也是不符合思维逻辑的。因此，在基本初等函数性质的研究中，我们也是要注意研究函数性质的逻辑，就像有的函数的确没有对称性，但是不能就此也省略了对称性的分析，直接分析单调性是一样的。

对于基本的初等函数我们更多的是使用描点法画函数图像。这一方面是因为在运用描点法画图的时候，可以让学生通过列表、描点的过程感受函数的自变量与因变量之间的这种对应关系；另一方面也是因为受学生还没有完全掌握函数性质的局限。而函数的示意图是依据函数性质画出来的，它不是函数的真实图像，也谈不上是否接近函数的真实图像，但它直观地表达了函数的性质，运用函数的示意图足以帮助我们直观地接近函数的本质。从这个意义来说，画函数示意图要比用描点法画图的价值重要。画函数示意图的思维逻辑体现在由于这个图依赖于对函数性质的研究，而对函数性质的研究是函数教学最为重要的任务。因此，随着学习的不断深入，教师应该引导学生学会研究函数性质，运用性质画出函数的示意图。只有这样才能够真正地提高学生的数学思维能力与研究问题的能力。

总之，在函数性质的教学中，要让学生理解并逐步掌握函数的思维特征。即：理解函数问题、研究函数问题，就是要运用函数的思维去理解、分析依托于函数解析式的自变量与因变量的关系，分析函数在自变量的变化下函数值的相应变化，进而深入理解函数性质的本质。这就是依据函数概念所确立的函数的思维逻辑，这也是教给学生研究函数解析式的价值所在。

2.1.1　函数的对称性与思维逻辑

如果我们去问已经学过函数性质的学生或者是已经进入高三复习的学生：函数 $y=f(x)$是奇函数的含义是什么，很多学生脱口而出的是“奇函数的图像关于原点对称”，或者说“奇函数的定义域是关于原点对称的”。而对于奇函数的概念本身、对奇函数本质的刻画描述，这些学生或张口结舌，或莫衷一是。这种情况反映出来的是我们在函数的教学中不重视学生是否真正掌握概念的内涵而忙于做题的后果，也是没有让学生真正落实函数思维方法的代价。从奇函数这个重要性质所体现出的函数的思维特征学生并没有真正理解，对奇函数的本质的认识流于肤浅的理解或记忆。

实际上，如果函数 $y=f(x)$是奇函数，用数学的符号语言表达是 $f(x)+f(-x)=0$，对于用这个符号语言所表达出的函数代数特征如果没有能力用自己的语言去解释的话，也就无从谈起是否掌握奇函数的本质了。我们看到很多学生对这个等式的理解是非常肤浅的，他们常常用“括号里的值互为相反数所对应的函数值相反”来理解这个等式，这是不准确的，它会误导学生对奇函数概念本质的认识。如果是按照上面所述理解奇函数，那么对于 $y=f(2x+1)$是奇函数，就有可能将其数学符号语言写成：$f(2x+1)+f(-1-2x)=0$了。正确的理解是：在 $f(x)+f(-x)=0$ 这个等式中，$f(x)$和 $f(-x)$是函数 $y=f(x)$的自变量分别取 x 和 $-x$ 时对应的两个函数值，这两个函数值互为相反数。自变量的代数特征是和为 0 的两个值，也就是互为相反数的两个值，因变量的特征也是和为 0。因此，函数 $y=f(x)$是奇函数的本质是“自变量取互为相反数的两个值的时候所对应的两个函数值相反”。为什么奇函数 $y=f(x)$的图像关于原点对称呢？这是奇函数的图像特征，其根源来自于奇函数的本质。也就是说这个图像特征决定于奇函数 $y=f(x)$满足的 $f(x)+f(-x)=0$ 这个等式所体现出来的代数特征。这个等式告诉我们：在平面直角坐标系中，点$(x,\ f(x))$和点$(-x,\ f(-x))$同时在函数 $y=f(x)$的图像上。这是什么样的两个点呢？横坐标 x、$-x$ 以 0 为中点坐标，纵坐标$f(x)$、$-f(x)$以 0 为中点坐标，这就是奇函数 $y=f(x)$的图像关于原点$(0,\ 0)$为中心对称的原因。可以看出，对于奇函数性质的认识有三个层次：

①是对代数特征的认识：函数 $y=f(x)$的自变量的变化体现在取和为 0 的两个值，也就是互为相反数的两个自变量，其对应的函数值也是和为 0，即互为相反数的两个函数值；

②是数学符号语言的表达：对于和为 0 的两个自变量，一般表示为 x、$-x$，但是只要是满足和为 0，任何一种表达的形式都是可以的，如一个自变

量为 $1-x$，那么另外一个自变量就是 $x-1$。对应的函数值都是和为 0。即 $f(x)+f(-x)=0$ 或 $f(1-x)+f(x-1)=0$；

③是对图形特征的认识：这里就要从自变量的几何特征和因变量的几何特征去理解。和为 0 的两个自变量的几何意义是在数轴上以 0 为中点的两个坐标所对应的自变量；对应的两个函数值在直角坐标系中就是两个点的纵坐标，由于它们的和为 0，所以其几何意义为以 0 为中点的两个纵坐标。

为了进一步帮助学生理解奇函数的概念，我们还可以改变学生熟悉的函数表达形式，提出类似"如何理解函数 $y=f(2x-1)$ 是奇函数"的问题。对此，学生首先要能够揭示出奇函数的实质，即奇函数的代数特征：函数 $y=f(2x-1)$ 的自变量取两个互为相反数的值时，所对应的函数值也是互为相反数。谁是函数 $y=f(2x-1)$ 的自变量呢？函数的思维逻辑的出发点就是首先要关注谁是函数的自变量这个问题。如果这一点不清楚，有关函数性质的研究就是空中楼阁。一些学生错误地认为括号里面的就是自变量，如 $y=f(2x-1)$ 是奇函数的数学表达式，他们却误认为 $2x-1$ 是自变量，错误地写为 $f(2x-1)+f(-2x+1)=0$ 而茫然不知。而实际上，$y=f(2x-1)$ 的自变量是 x，当自变量分别取 x 和 $-x$ 时，对应的函数值相反，即 $f(2x-1)+f(-2x-1)=0$。可以看出，所谓的概念清楚是要能够掌握思考问题的方法，理解数学概念的本质，而不是仅仅记住外在的、形式化的东西。

问题 1：如果函数 $y=f(x)$ 满足 $f(a+x)+f(a-x)=0$，那么如何理解这个等式所表达出来的函数 $y=f(x)$ 的性质呢？

分析：对抽象的数学符号语言的准确理解能够体现学生思维逻辑是否落实。还没有建立起函数思维逻辑的学生就有可能用 x 取几个特殊值代入等式去尝试，但最终无果而返。学生面对这样的符号语言如果产生挫败感，将影响到他们对函数概念的深刻理解和准确把握。

实际上，函数 $y=f(x)$ 满足 $f(a+x)+f(a-x)=0$ 的代数特征是：$a+x$、$a-x$ 是函数 $y=f(x)$ 的自变量 x 取的和为 $2a$ 的两个自变量的值，其对应的函数值的和为 0。我们可以进一步分析这个等式 $f(a+x)+f(a-x)=0$ 所表达出来的函数 $y=f(x)$ 的几何特征，即这个函数图像上总有这样的两个点 $(a+x, f(a+x))$、$(a-x, f(a-x))$，其中这两个点的横坐标是以 a 为中点坐标，纵坐标以 0 为中点坐标。因此，函数 $y=f(x)$ 的图像关于点 $(a, 0)$ 成中心对称。同理，如果函数 $y=f(x)$ 满足 $f(a+x)+f(a-x)=2b$，我们也是要首先明确它的代数特征，再过渡到它的几何特征，也就是函数 $y=f(x)$ 的图像关于点 (a, b) 成中心对称。

对于类似"$y=f(2x-1)$ 的图像关于点 $\left(\frac{1}{2}, -1\right)$ 为中心对称"这样的函数几何特征的描述，学生首先要能够从代数特征上去理解，也就是函数 $y=$

$f(2x-1)$的自变量取和为 1 的两个值，其对应函数值的和为-2。在明确函数$y=f(2x-1)$的自变量为x，和为 1 的两个自变量分别用x和$1-x$表示的前提下，就很容易地写出$f(2x-1)+f[2(1-x)-1]=-2$，即$f(2x-1)+f(1-2x)=-2$了。

同样，我们对于“函数$y=f(x)$是偶函数”这一概念在教学中也是要从函数的思维逻辑的角度去落实。一定要让学生首先能够从代数特征上认识偶函数的本质，并能将这种本质特征用数学的符号语言准确地表达出来，在此基础上分析出偶函数$y=f(x)$的图像关于y轴也就是直线$x=0$对称的几何特征。

具体分析如下：如果函数$y=f(x)$满足$f(x)=f(-x)$，我们说这个函数就是偶函数。其数学符号语言所表达的代数特征是：函数$y=f(x)$的自变量x分别取互为相反数的两个值x与$-x$时，其对应的函数值$f(x)$，$f(-x)$相等，这也就是$y=f(x)$是偶函数的最本质的特征。从几何特征分析：在偶函数$y=f(x)$的图像上，总有这样的两个点$(x, f(x))$和$(-x, f(-x))$，这两个点的横坐标以 0 为中点坐标时，其对应的纵坐标总是相等。因此，偶函数$y=f(x)$的图像关于直线$x=0$对称，也就是关于y轴对称。

我们还可以把问题进一步地延展，强化学生有关函数的思维逻辑：如果函数$y=f(x)$满足$f(a+x)=f(a-x)$，如何理解这个函数的性质呢？教学中为了突出学生的思考问题的过程，首先要求学生能够表达出这个等式体现出的函数的代数特征，即等式$f(a+x)=f(a-x)$表明：$a+x$、$a-x$是函数$y=f(x)$的自变量x取的两个值，这两个自变量的和为$2a$，对应的函数值$f(a+x)$、$f(a-x)$相等。等式$f(a+x)=f(a-x)$所表达出的函数$y=f(x)$的图像特征是：函数$y=f(x)$图像上总是有这样的两个点，横坐标以a为中点坐标，对应的纵坐标相等。因此，函数$y=f(x)$图像关于直线$x=a$对称。同样，如果函数$y=f(x)$满足$f(1-x)=f(x-1)$，其代数特征是函数$y=f(x)$的自变量x取和为 0 的两个值，分别为$1-x$、$x-1$，它们对应的函数值相等；它的图像特征是关于y轴对称。

在培养学生函数的思维逻辑的过程中，除了像前面那样能够读懂用数学的符号语言所表达出的函数的代数特征和几何特征，还要使学生有能力把用自然语言描述的函数图像特征用数学的符号语言表达出来，如：“函数$y=f(x)$的图像关于点$(1, 1)$为中心对称，如何用数学的符号语言表示？”在回答这个问题的时候，也是要让学生能够先从其代数特征入手去思考，即：所谓的函数$y=f(x)$的图像关于点$(1, 1)$为中心对称就是这个函数的自变量取了和为 2 的两个值，对应的函数值的和也为 2。在此基础上，如果将两个函数的自变量表示为x和$2-x$，则对应的符号语言表达就是$f(x)+f(2-x)=2$；如果将两个函数的自变量表示为$1+x$和$1-x$，则对应的符号语言表达就是

$f(1+x)+f(1-x)=2$。同样，如果函数 $y=f(x)$的图像关于直线 $x=1$ 对称，那么其代数特征是什么呢？让学生一定要先动脑思考，再去写符号语言。也就是 $y=f(x)$的自变量取和为 2 的两个值的时候函数值相等。因此，其数学的表达式是 $f(1+x)=f(1-x)$；如果函数 $y=f(2x-1)$的图像关于直线 $x=1$对称，由于函数 $y=f(2x-1)$的自变量是 x，所以当它取 x 和 $2-x$ 的时候函数值相等，故其数学的表达式是 $f(2x-1)=f[2(2-x)-1]$，即 $f(2x-1)=f(3-2x)$。

问题 2：已知函数 $y=f(2x+1)$是定义在 $\mathbf{R}$ 上的奇函数，函数 $y=g(x)$的图像与函数 $y=f(x)$的图像关于直线 $y=x$ 对称，求 $g(x)+g(-x)$的值。

分析：这个问题看似是计算求值，但本质上它是以数学符号语言和描述性语言相互转化为思维活动的载体进行函数思维逻辑的训练问题。以下做一简要的分析：从问题的目标看，为了求出 $g(x)+g(-x)$的值，就需要了解函数 $y=g(x)$的性质；由于函数 $y=g(x)$的图像与函数 $y=f(x)$的图像关于直线 $y=x$ 对称这层关系，也就决定了必须知道函数 $y=f(x)$的性质；而函数 $y=f(x)$的性质就决定于条件“函数 $y=f(2x+1)$是定义在 $\mathbf{R}$ 上的奇函数”。

在上述分析的基础上，解决问题的思维过程如下：因为函数 $y=f(2x+1)$是定义在 $\mathbf{R}$ 上的奇函数，也就是 $y=f(2x+1)$的自变量取和为 0 的两个值的时候，对应的函数值相反，所以 $f(2x+1)+f(-2x+1)=0$；把这个等式看成是函数 $y=f(x)$所满足的条件，可知函数 $y=f(x)$的自变量取和为 2 的两个值，对应的函数值为 0；其图像特征是关于点(1，0)为中心对称图形；而由于函数 $y=g(x)$的图像与函数 $y=f(x)$的图像关于直线 $y=x$ 对称，得函数 $y=g(x)$的图像关于点(0，1)为中心对称图形；这条性质的代数特征是 $y=g(x)$的自变量取相反数时，对应的函数值的和为 2。用数学的符号语言表示，即为 $g(x)+g(-x)=2$。

2.1.2　函数的周期性与思维逻辑

关于周期函数，教科书是这样定义的：“一般地，对于函数 $f(x)$，如果存在一个非零常数 T，使得定义域内的每一个 x 值，都满足 $f(x+T)=f(x)$，那么函数 $f(x)$就叫作周期函数，非零常数 T 叫作这个函数的周期。”在教学中对于这个定义的理解一定不要形式化，要从函数思维逻辑的层面进行分析。引导学生分析 $f(x+T)=f(x)$的代数特征：函数 $f(x)$的自变量分别取 $x+T$ 和 x 时函数值相等；其几何特征是横坐标相差 $\pm T$，纵坐标相等，因此，间隔 T 个单位的函数图像重复出现。

问题 1：如果函数 $y=f(x)$满足 $f(1+x)=f(x-1)$，这个函数具有什么性质呢？

分析：我们要让学生学会用函数思维逻辑进行分析：还是先看函数 $y=$

$f(x)$的自变量是如何取值的。显然，自变量 x 取了两个值分别是 $1+x$、$x-1$，这两个自变量的代数特征不是和为常数了，但它们的差是 2 或 -2，其几何含义是这两个值在 x 轴上不是以某个常数为中点，而是相差 2 个单位的线段端点的两个坐标。由于这两个差为 2 或 -2 的自变量对应的函数值相等，根据函数的周期性的概念，可知函数 $y=f(x)$是周期为 2 的函数。

问题 2：如果函数 $y=f(x)$满足 $f(px)=f(px-\frac{p}{2})$，其中 $p>0$，那么，函数 $y=f(x)$的一个正周期是多少呢?

分析：对于这个问题的回答，不少学生给出的答案是$\frac{1}{2}$。这是一个错误的结果。错误的原因是这些学生将条件式改写为 $f(px)=f\left[p\left(x-\frac{1}{2}\right)\right]$后，认为函数 $y=f(x)$的自变量是分别取了 x、$x-\frac{1}{2}$之后函数值相等，这是对函数自变量变化的机械认识和模仿导致的。这样回答的学生可能原来解决过这样的问题：$y=\sin\left(2x-\frac{\pi}{3}\right)$的图像与 $y=\sin 2x$ 图像的关系。学生是用“左加右减”这个结论去判断的。如果没有从自变量 x 的角度去分析，就可能会错误认为函数 $y=\sin\left(2x-\frac{\pi}{3}\right)$的图像是将 $y=\sin 2x$ 图像向右移了$\frac{\pi}{3}$个单位而得到的。因此将函数 $y=\sin\left(2x-\frac{\pi}{3}\right)$变形为 $y=\sin\left[2\left(x-\frac{\pi}{6}\right)\right]$之后分析 $x-\frac{\pi}{6}$与 x 的关系的做法就给他们留下了深刻的记忆。但是如果学生没有理解这样做背后的函数思维逻辑的话，那么上述错误的产生也就不可避免。

实际上，作为函数 $y=f(x)$所满足的等式 $f(px)=f\left(px-\frac{p}{2}\right)$所表达的代数特征是：$f(px)$、$f\left(px-\frac{p}{2}\right)$是函数 $y=f(x)$的自变量 x 分别取 px、$px-\frac{p}{2}$之后所对应的两个相等的函数值。由于这两个自变量的值 px、$px-\frac{p}{2}$的和不是常数，但差为$\frac{p}{2}$或$-\frac{p}{2}$，又因为 $p>0$，所以函数 $y=f(x)$的一个正周期是$\frac{p}{2}$。

在前提不变的情况下，我们可以将函数解析式改变一下，即：

问题 3：如果函数 $y=f(x)$满足 $f(px)=f\left(px-\frac{p}{2}\right)$，其中 $p>0$，那么，函数 $y=f(px)$的一个正周期是多少呢?

分析：首先要确定函数 $y=f(px)$的自变量是 x，要能够从函数 $y=f(x)$

所满足的等式中分析出这个函数的代数特征。将 $f(px)=f\left(px-\frac{p}{2}\right)$整理为 $f(px)=f\left[p\left(x-\frac{1}{2}\right)\right]$，从中可以分析出函数 $y=f(px)$的自变量分别取 x、$x-\frac{1}{2}$时函数值相等，由于自变量所取值的差为$\frac{1}{2}$或$-\frac{1}{2}$，因而函数 $y=f(px)$的一个正周期为$\frac{1}{2}$。

问题 4：如果函数 $y=f(x)$满足 $f(1+x)+f(x-1)=2$，那么函数 $y=f(x)$具有什么样的性质呢？

分析：从已知条件中的等式 $f(1+x)+f(x-1)=2$ 知道，函数 $y=f(x)$的自变量 x 分别取 $x+1$、$x-1$ 时对应的两个函数值的和为 2；如果把满足的式子写成 $f(x-1)=2-f(1+x)$，从左向右看可以解读为：当函数 $y=f(x)$的自变量增加 2 个单位的时候，其对应的函数值的相反数与 2 的和等于自变量没增加前的函数值。利用函数 $y=f(x)$所满足的这条性质可知：$f(x+1)=2-f(x+3)$，由此可以推出 $f(x-1)=f(x+3)$。这个等式的代数特征是“函数 $y=f(x)$取相差 4 个单位的两个自变量的时候，对应的两个函数值总是相等”。因此根据周期函数的概念知，函数 $y=f(x)$的周期为 4。

问题 5：如图 2-1 放置的边长为 1 的正方形 $PABC$ 沿 x 轴滚动。设顶点 $P(x,y)$的轨迹方程是 $y=f(x)$，则 $f(x)$的最小正周期为多少呢？

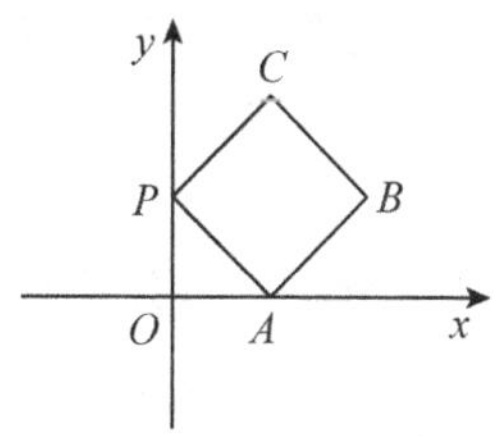

图 2-1

分析：为了让学生能够更深刻地体会周期函数的思维逻辑，我们可以提出一个有背景的数学问题。这个问题是考查学生能否从自变量 x 的变化，即增加了多少个单位函数值不变来求出 $f(x)$的最小正周期。实际上，由题意并结合图像不难得出，由于正方形 $PABC$ 的周长为 4，而“正方形 $PABC$ 沿 x 轴滚动”一周，其长度正好是 4。用函数的思维逻辑分析，就是当自变量 x 变化到 $x+4$ 时，函数值不变，从而得出 $f(x)$的最小正周期为 4。面对这样的问题，很多学生的思维是如何计算周期，想到的是计算正弦型或余弦型三角函数的周期公式 $T=\frac{2\pi}{\omega}$，而不会从函数周期的概念去分析，不会用函数的思维逻辑去思考函数周期问题。这种现象也正反映出我们的学生思维逻辑的不确定和弱化。

在课堂教学中，我们可以针对学生的思维逻辑问题，提出一些有针对性的例子让学生们去思考和解决。这些例子在问法上要尽量回避和计算求值有关，而是用便于课堂上展开讨论的问题进行交流。

问题 6：已知 $y=f(x)$，$x\in\mathbf{R}$，满足 $f\left(x+\frac{3}{2}\right)=-f(x)$，且图像关于

$\left(-\frac{3}{4},\ 0\right)$成中心对称，进一步分析函数 $y=f(x)$的性质。

分析：这个问题的思维逻辑是函数 $y=f(x)$在满足两个性质的情况下产生的新性质，而这个新的性质一定是这两个性质共同作用下产生的。因此，就需要将这两个性质用数学的符号语言写出来，并希望能够得到一个新的数学符号语言表达。因此，对于已经是数学符号语言所表达出来的条件 $f\left(x+\frac{3}{2}\right)=-f(x)$，其数学的含义很清楚，可以先不用做进一步的整理或变形，而是要将用描述性语言所表述的函数的几何特征转化为数学的符号语言，即：$y=f(x)$的图像关于$\left(-\frac{3}{4},\ 0\right)$成中心对称，其代数特征是函数的自变量取两个和为$-\frac{3}{2}$的自变量值，对应的函数值相反。因此这条性质用数学的符号语言表示就是：$f(x)+f\left(-\frac{3}{2}-x\right)=0$。在此基础上和 $f(x)+f\left(x+\frac{3}{2}\right)=0$ 相比较，就不难得出 $f\left(-\frac{3}{2}-x\right)=f\left(x+\frac{3}{2}\right)$。这个等式表明了函数 $y=f(x)$的一条新的性质，即自变量取互为相反数的两个值的时候，其对应的函数值相等。因此，函数 $y=f(x)$是偶函数，其图像特征是关于直线$x=0$对称。

问题 7：函数 $f(x)$的定义域为 $\mathbf{R}$，若 $f(x+1)$与 $f(x-1)$都是奇函数，你能在此基础上继续推出什么性质呢？

分析：首先应该把"$f(x+1)$与 $f(x-1)$都是奇函数"从代数特征上进行理解，即函数 $f(x+1)$与 $f(x-1)$的自变量分别取相反数的时候，对应的函数值相反。在此基础上写出其对应的数学符号语言形式，也就是 $f(x+1)+f(-x+1)=0$ 和 $f(x-1)+f(-x-1)=0$，进而分析这两个等式反映出函数 $f(x)$什么样的性质。由于是函数 $f(x)$的自变量分别取和为 2 及 -2 的两个值，对应的函数值的和为 0，因此，函数 $f(x)$的图像特征是关于点(1，0)和(−1，0)中心对称。但是这两条性质同时成立还会产生什么新的性质呢？从数学的角度看，就要能够在这两个条件基础上进一步去推导。因此，函数 $f(x)$的这两个几何特征就需要用数学的符号语言来表达。为此，首先需要从函数 $f(x)$的几何特征中读出其代数特征：所谓函数 $f(x)$的图像是关于点(1，0)中心对称就是其自变量取和为 2 的两个值的时候，对应的函数值相反。因此，当函数 $f(x)$的自变量取 x 和 $2-x$ 时，有 $f(x)+f(2-x)=0$。类似地，函数$f(x)$的图像是关于点(−1，0)中心对称就是 $f(x)+f(-2-x)=0$。由此得到这个函数所满足的新的等式 $f(2-x)=f(-2-x)$。它表明函数 $y=f(x)$的周期为 4。为进一步探索和函数 $y=f(x)$有关的性质，可以将已知条件中的有关函数 $f(x+1)$与 $f(x-1)$都是奇函数的代数表达式 $f(x+1)+f(-x+1)=0$

和 $f(x-1)+f(-x-1)=0$ 利用函数 $y=f(x)$ 的周期为 4 改写成 $f(x+5)+f(-x+5)=0$ 和 $f(x+3)+f(-x+3)=0$，这两个等式表明：函数 $y=f(x+5)$ 和 $y=f(x+3)$ 也是奇函数。

问题 8：已知定义在 **R** 上的奇函数 $y=f(x)$ 满足 $f(x-4)=-f(x)$，且在 $[0,2]$ 上是增函数，比较 $f(-25)$、$f(11)$、$f(80)$ 的大小。

分析：这个问题要引导学生去研究 $y=f(x)$ 性质，而要得到性质就要有意识地将描述性语言表达出来的性质表述为函数的代数特征，这一过程非常重要，目的是考查学生是否真正确立了函数的思维逻辑，之后再写成符号语言并指出其几何图形的特征；对于符号语言 $f(x-4)=-f(x)$ 要能理解其代数特征，用描述性语言表达出来。

因为 $y=f(x)$ 是定义在 **R** 上的奇函数，因此其自变量取互为相反数的两个值的时候，其对应的函数值相反，也就是满足 $f(x)+f(-x)=0$，又因为 $f(x-4)+f(x)=0$ 得：$f(-x)=f(x-4)$。这个等式表明函数 $y=f(x)$ 的自变量取和为 -4 的两个自变量值的时候，函数值相等。所以函数 $f(x)$ 图像关于直线 $x=-2$ 对称。由 $f(x-4)=-f(x)$ 知道函数 $y=f(x)$ 的自变量取差为 4 的两个值的时候，函数值相反。因此，可以得到 $f(x)=-f(x+4)$，因此，$f(x-4)=f(x+4)$，所以函数 $y=f(x)$ 是周期函数且周期 $T=8$；所以，有 $f(-25)=f(-1)$，$f(80)=f(0)$，$f(11)=f(3)$，故只需比较 $f(-1)$、$f(3)$、$f(0)$ 的大小。由 $y-f(x)$ 在 $[0,2]$ 上是增函数及奇函数的性质，可以画出函数 $f(x)$ 在 $[-2,2]$ 上的示意图，如图 2-2 所示。

又因为 $f(3)=-f(3-4)=-f(-1)=f(1)$，

由 $f(-1)<f(0)<f(1)=f(3)$ 得：

$f(-25)<f(80)<f(11)$。

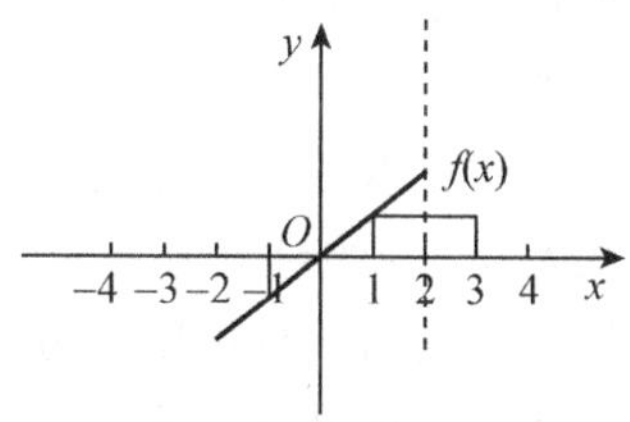

图 2-2

可以看出，运用函数的思维去分析、理解数学问题是正确解决数学问题的必要途径，只有学会了运用函数的思维方法，才能够真正地提高解决函数问题的能力。

综上，基于函数概念的思维逻辑是在分析函数自变量变化规律的基础上，结合函数值的变化特征得到函数性质的本质。除了函数的单调性其自变量的变化是连续的以外，有关函数的对称性和周期性，函数的自变量都是取两个有规律的函数值，这个规律是决定函数性质的基础。再结合对应的函数值的特征，就得到了函数的代数性质和数学符号的表达以及对应的几何特征了。

2.1.3　两个函数的关系与思维逻辑

以上我们是运用函数的思维逻辑分析一个函数 $y=f(x)$ 的性质。也就是首先在明确这个函数的自变量是谁的前提下，关注它取了什么样的两个自变量，以及其对应的函数值的关系是怎样的。那么，如果是两个函数又该如何研究它们之间的关系呢？其思维逻辑又是什么呢？

在数学必修 1“指数函数”的教学中，对于函数 $y=2^x$ 和 $y=\frac{1}{2^x}$ 的研究先要列出 x、y 的对应值如下表所示：

x	…	-3	-2	-1	0	1	2	3	…
$y=2^x$	…	$\frac{1}{8}$	$\frac{1}{4}$	$\frac{1}{2}$	1	2	4	8	…
$y=\frac{1}{2^x}$	…	8	4	2	1	$\frac{1}{2}$	$\frac{1}{4}$	$\frac{1}{8}$	…

之后，用描点法画出图像。并结合函数的对应值表和图像，得出这两个函数的单调性质及两个函数图像的分布。

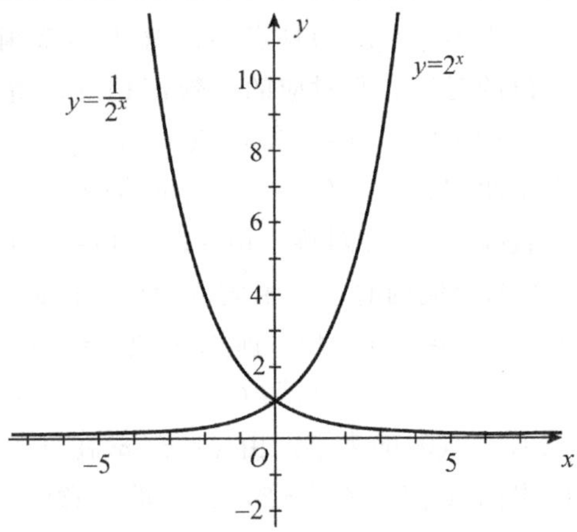

图 2-3

在这个问题的情境中，作为教师要思考，还有没有可以挖掘的引导学生进行思维活动的素材呢？

实际上，如图 2-3，函数 $y=2^x$ 和 $y=\frac{1}{2^x}$ 图像之间的关系非常明显，即这两个函数的图像是关于 y 轴对称的。至少是从这两个函数的图像中大致可以做出这样的判断。那么教师就可以引导学生从这两个函数的解析式及 x、y 的对应值表去分析。看似简单的“x、y 的对应值”，里面有很多有思维含量的素材可以充分地挖掘出来。不难看出，当这两个函数的自变量分别取互为相反数的两个值的时候，其对应的函数值相等。如当 $x=-3$ 时函数 $y=2^x$ 和当 $x=3$ 时 $y=\frac{1}{2^x}$ 对应的函数值都等于 $\frac{1}{8}$；当 $x=-2$ 时函数 $y=2^x$ 和当 $x=2$ 时 $y=\frac{1}{2^x}$ 对应的函数值都等于 $\frac{1}{4}$；等等。也就是这两个函数的自变量取互为相反数的值的时候，对应的两个函数值相等。由于互为相反数的两个自变量的几何含义是以 0 为中点的两个点的横坐标对应的两个自变量，其函数值相等也就是对应的两个点的纵坐标相等。因此，这两个函数的图像关于 y 轴对称。

以上对两个函数图像关系的分析，充分地展示出函数的思维逻辑。即从两个函数的各自的自变量出发去分析它们分别所取的自变量的值的特征及其对应的因变量的特征，从而得出这两个函数图像的关系。在此基础上，教师还可以将要研究的问题进一步地抽象化，以便更深刻地揭示出研究两个函数的思维方法。

为了帮助学生确立函数的思维逻辑，在我们的教学中就要少讲或不讲结论。任何结论背后的思维过程都是帮助学生不断地明确思维逻辑的过程。如我们知道这样的结论：函数 $y=f(x)$与函数 $y=f(-x)$的图像是关于直线 $x=0$ 对称的，也就是关于 y 轴对称。但很多学生只是记住了这个结论，而结论背后的原因是什么并不清楚。这反映出我们在教学上关注结论不关注思维过程的问题，是教学活动缺乏思维逻辑的表现。

实际上，由于函数 $y=f(x)$与函数 $y=f(-x)$具有相同的 f，就意味着它们之间是有关系的。函数 $y=f(x)$的自变量是 x，函数 $y=f(-x)$是以谁为自变量呢？仍然是 x。当第二个函数的自变量取第一个函数自变量 x 相反数的时候，就是取 $-x$ 的时候，两个函数取相等的函数值。反映在图像上，由于$(x, f(x))$和$(-x, f(x))$这样的关于直线 $x=0$ 对称的两个点总是分别在这两个函数的图像上，因此，这两个函数图像关于 y 轴对称。

同样，函数 $y=f(a+x)$与 $y=f(a-x)$的图像也是关于 y 轴对称。因为函数 $y=f(a+x)$的自变量为 x，函数 $y=f(a-x)$的自变量也为 x，当 $y=f(a-x)$的自变量取函数 $y=f(a+x)$的自变量 x 的相反数 $-x$ 的时候，这两个函数的值相等，都为 $f(a+x)$。这个问题很多学生经常答错，误认为函数 $y=f(a+x)$与 $y-f(a-x)$的图像是关于直线 $x=a$ 对称的，错误根源就是没有掌握函数的思维逻辑，是靠记忆“结论”解决数学问题。

那么，对于函数 $y=f(x-1)$和函数 $y=f(1-x)$来说，这两个函数之间是什么关系呢？首先仍然是从这两个函数自变量的关系进行分析。这两个函数都是以 x 为自变量的，当函数 $y=f(x-1)$的自变量取 x 时，函数 $y=f(1-x)$的自变量只要取前面函数自变量 x 的相反数加 2，也就是 $2-x$，这两个函数就取到相等的函数值。而这两个自变量 x、$2-x$ 的代数特征是和为 2，几何特征是在 x 轴上是以 1 为中点的两个坐标对应的自变量，其对应的函数值相等，故函数 $y=f(x-1)$和函数 $y=f(1-x)$的图像关于直线 $x=1$ 对称。

学生们都知道有关两个函数图像平移之间关系的结论，即“左加右减”。可原因是什么呢？为什么把函数 $y=f(x)$的图像向左平移一个单位就得函数 $y=f(x+1)$，而不是 $y=f(x-1)$呢？在教学中作为教师一定不要认为学生会用这个结论解决问题就算完成了教学任务，我们要让学生能够真正地明白，也就是要他能够真正地掌握函数的思维逻辑。实际上，当函数 $y=f(x)$的自变量取 x 时，$y=f(x+1)$的自变量取 $x-1$，两个函数取相等的函数值 $f(x)$。在平面直角坐标系中，x 轴上的坐标 $x-1$ 对应的点显然是在坐标 x 所对应的点的左侧，因此函数 $y=f(x+1)$的图像是把函数 $y=f(x)$的图像向左平移了 1 个单位。同样的道理，函数 $y=f(x)$的图像向右平移一个单位就得函数 $y=$

$f(x-1)$的图像的原因是函数 $y=f(x)$的自变量取 x 时，函数 $y=f(x-1)$的自变量取 $x+1$ 时函数值相等。

问题：若函数 $y=g(x)$与 $f(x)=\sqrt{3}\sin\left(\frac{\pi}{4}x-\frac{\pi}{3}\right)$的图像关于直线 $x=1$ 对称，求当 $x\in\left[0,\ \frac{4}{3}\right]$时 $y=g(x)$的最大值。

分析：解决本题的关键是如何理解两个函数的图像之间所具有的"关于直线 $x=1$ 对称"的几何特征。其代数特征是当这两个函数的自变量分别取和为 2 的两个值，它们的函数值相等。运用这个性质可以先求出函数 $y=g(x)$的解析式。

根据函数 $y=g(x)$与 $f(x)=\sqrt{3}\sin\left(\frac{\pi}{4}x-\frac{\pi}{3}\right)$的图像关于直线 $x=1$ 对称可知，当函数 $y=g(x)$的自变量取 x 时，函数 $y=f(x)$的自变量只要取 $2-x$，其对应的两个函数值就相等，也就是 $g(x)=f(2-x)$，这样也就可以求出函数 $y=g(x)$的解析式，从而求出当 $x\in\left[0,\ \frac{4}{3}\right]$时 $y=g(x)$的最大值。也可以利用两个函数的几何特征求解：因为函数 $y=g(x)$与 $f(x)=\sqrt{3}\sin\left(\frac{\pi}{4}x-\frac{\pi}{3}\right)$的图像关于直线 $x=1$ 对称，求当 $x\in\left[0,\ \frac{4}{3}\right]$时 $y=g(x)$的最大值也就是求在$\left[0,\ \frac{4}{3}\right]$关于 $x=1$ 的对称区间内即 $x\in\left[\frac{2}{3},\ 2\right]$的时候，函数 $f(x)=\sqrt{3}\sin\left(\frac{\pi}{4}x-\frac{\pi}{3}\right)$的最大值问题，从而使问题得解。两种方法各异，但思维逻辑都在于如何运用条件"两个函数的图像之间所具有的'关于直线 $x=1$ 对称'的性质"。

总之，分析两个函数图像的关系问题首先要关注这两个函数是以谁为自变量的，当它们的自变量具有什么关系的时候，对应的函数值能够相等或有其他的什么关系。这就是在用函数的思维方法去思考函数问题，其思维逻辑与研究一个函数的思维逻辑是一致的。

2.2 以学科思想作为思维逻辑的主线

何为学科思想？北京教育学院季苹教授在《教什么知识》这本书中谈道："每个学科都是在研究事物的不同的属性中逐渐形成的，因此每个学科都有自己独特的研究对象。在长期的研究过程中，各学科逐渐形成了对于研究对象的知识体系和方法体系，并在此基础上形成了哲学层次上的学科思想……"①

① 季苹：《教什么知识》，北京：教育科学出版社，2009 年，第 292 页。

在本节中所讨论的学科是指数学内部的学科如平面解析几何、立体几何、函数、数列、三角函数等。学科思想是指在每个学科知识中反映到人们的意识之中，经过思维活动而产生的结果，是对这个学科数学事实和理论经过概括后产生的本质认识，是对这个学科中的知识在更高层次的抽象和概括，它蕴含于知识发生、发展和应用的过程中。

在中学数学知识的教学中，学科思想的渗透关乎学生思维逻辑的形成，是学生用数学思维思考数学问题，用数学方法解决数学问题必须具备的思维基础，各个单元知识所形成的学科思想也为如何在知识的教学中确立思维逻辑提供了路径和发展的主线。以下结合数学学科中的几个核心单元知识所承载的学科思想与思维逻辑的关系进行阐述。

2.2.1　平面解析几何

平面解析几何是中学数学中独具特色的一门学科。它的学科思想是用代数方法解决几何问题。解析几何课教学的根本任务就是要引导学生能深刻领会“平面解析几何”的学科思想，把握“平面解析几何”这门学科的思维逻辑。

学生在解决有关解析几何问题时，最大的问题是在思维层面上还没有真正理解和掌握解析几何的思维方法，对这门学科基本思想的认识存在着误区，将用代数方法解决几何问题理解为就是计算。我们常常看到学生在解决有关解析几何问题的时候，只要有方程，如直线方程和圆锥曲线方程，就要联立，代入消元，转化为关于一个变量的一元二次方程，再计算判别式、根与系数的关系等，一直做到做不下去为止。在一些教师的指导中，给学生传授的“秘籍”也是能联立方程就联立，能算到哪里就算到哪里，总可以得一些分数等等。似乎平面解析几何的教学已是穷途末路，没有什么希望了。

解决平面解析几何问题首先要做的就是将几何问题代数化。如何代数化就成为将平面解析几何的学科思想内化为思维逻辑的主线。由于平面解析几何研究的对象是几何图形，而对几何图形的研究是依据几何学的学科观点、学科思想的，这也就决定了研究问题的思维规律。研究几何对象的几何特征是用代数方法解决问题之前，也就是代数化之前要完成的工作，而所谓几何特征的含义是：单个几何对象的几何性质或两个及以上几何对象之间的位置关系。由于我们面对的几何对象的形式是多种多样的，有的是以方程的面目出现，有的是以图形的形式表达。为此，我们正是通过几何对象的方程、图形或数据等，来研究几何对象的几何特征。

平面解析几何的学科思想明确了研究问题的思维逻辑，即：研究几何对象的性质及不同几何对象之间的位置关系是对几何对象进行代数化的前提条件。只有这个条件具备了，我们所进行的用代数的方法解决几何问题才能够真正得到实施。

以下我们通过几个具体问题的解决，来进一步地体会如何通过平面解析几何的学科思想来确立思维逻辑的主线。

问题1：直线 $y=kx+1$ 与圆 $x^2+y^2+kx+my-4=0$ 交于 M、N 两点，且 M、N 关于直线 $x+y=0$ 对称。求 $m+k$ 的值。

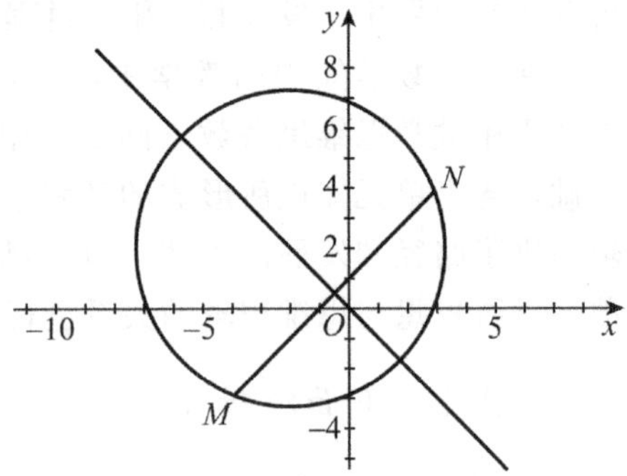

图 2-4

分析：如图 2-4，这个问题不少的学生会为是否要将直线方程 $y=kx+1$ 与圆方程 $x^2+y^2+kx+my-4=0$ 联立而踌躇不前，还有的学生利用直线 $y=kx+1$ 与直线 $x+y=0$ 垂直得出 $k=1$ 之后，为如何算出 m 而苦恼。这些学生的问题都源于要通过计算得出结果，反而陷入困境中。符合解析几何学科思想的思维过程应该是：条件“直线 $y=kx+1$ 与圆 $x^2+y^2+kx+my-4=0$ 交于 M、N 两点”告诉我们的是直线 $y=kx+1$ 与圆的位置关系；条件“M、N 关于直线 $x+y=0$ 对称”交代了直线 $y=kx+1$ 与直线 $x+y=0$ 的位置关系。即两条直线垂直，而且直线 $x+y=0$ 还平分直线 $y=kx+1$ 上的一条线段。这样确定直线 $x+y=0$ 与圆 $x^2+y^2+kx+my-4=0$ 的位置关系就成为思维的焦点。由于线段 MN 是圆的弦，弦 MN 被直线 $x+y=0$ 垂直平分，由此进一步分析得出圆 $x^2+y^2+kx+my-4=0$ 的圆心在直线 $x+y=0$ 上。此时对这个几何特征的代数化就是将圆心坐标 $\left(-\frac{k}{2}, -\frac{m}{2}\right)$ 代入直线方程 $x+y=0$，进而得到 $m+k=0$。

以上分析的思维逻辑主线遵循的就是平面解析几何学科思想，正是在对两条直线及其与圆之间位置关系的研究基础上，才找到了代数化本质的实施途径。

问题2：若直线 l：$ax+y+2=0$ 与连接点 $A(-2, 3)$ 和点 $B(3, 2)$ 的线段有公共点，问 a 的取值范围是多少？

分析：从直线方程 l：$ax+y+2=0$ 知道该直线过 $(0, -2)$ 点，可以通过此点与点 $A(-2, 3)$ 和点 $B(3, 2)$ 所确定的斜率与直线 l 的斜率 $-a$ 之间的关系判断。这是这道题目常见的一种方法。

实际上，我们在教学中也可以从平面解析几何学科思想的角度引导学生思考：如图 2-5，点 $A(-2, 3)$ 和点 $B(3, 2)$ 与直线 l 之间的位置关系是什么样的？从几何特征来看，点 $A(-2, 3)$ 和点 $B(3, 2)$ 分别在直线 l 所划分的平面区域的两侧或落在直线 l 上。两个点与直线的几何位置关系确定了，代数化的方法也就找到了。即将点 $A(-2, 3)$ 和点 $B(3, 2)$ 的坐标带入 l：$ax+y+2=$

0 的左侧式子，得到的两个数值异号或其中一个值为 0，代数化的形式为这两个值的乘积小于或等于零，即：$(-2a+3+2)\cdot(3a+2+2)\leqslant 0$。由此解得：$a\leqslant-\frac{4}{3}$或$a\geqslant\frac{5}{2}$。故 a 的取值范围是$\left(-\infty, -\frac{4}{3}\right]\cup\left[\frac{5}{2}, +\infty\right)$。从这个问题解决的思维过程我们又一次体会到，确定几何元素之间的位置关系是进行代数化前首先要做的工作，也是思考问题的入手点，这是遵循平面解析几何的学科思想下的思维逻辑。

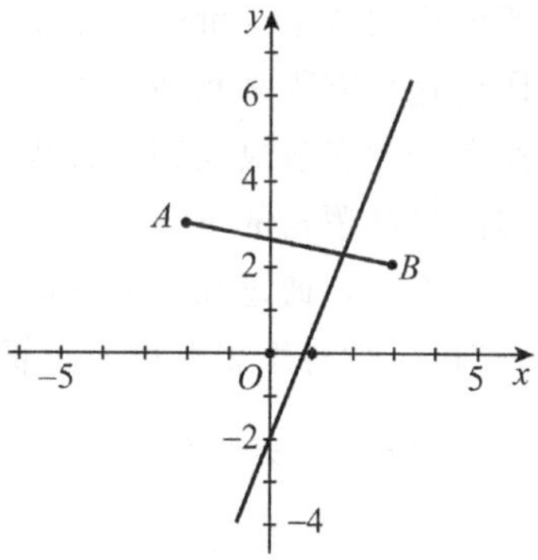

图 2-5

问题 3：设关于 x、y 的不等式组$\begin{cases}2x-y+1>0\\x+m<0\\y-m>0\end{cases}$表示的平面区域内存在点 $P(x_0, y_0)$，满足 $x_0-2y_0=2$，则 m 的取值范围是多少？

分析：如图 2-6，关于 x、y 的不等式组

$$\begin{cases}2x-y+1>0\\x+m<0\\y-m>0\end{cases}$$

表示的平面区域具有什么样的几何特征是首先要进行分析的，通过画出的区域可以看出不等式组所表示的平面区域是一个不确定的直角三角形的内部，区域变化的原因在于直角顶点 $M(-m, m)$是动点。因而题目中的条件“平面区域内存在点 $P(x_0, y_0)$，满足 $x_0-2y_0=2$”从几何的角度理解就是直线 $x-2y=2$ 穿过不等式组所表示的区域。为了满足这个几何特征，就是要明确动点$M(-m, m)$与直线 $x-2y=2$ 的位置关系。显然，动点 $M(-m, m)$在直线 $x-2y=2$ 的右下方即可。位置关系一旦确定，就可以进行相对应的代数化了。即将 $M(-m, m)$的坐标代入方程 $x-2y-2=0$ 的左端，得 $-m-2m-2>0$，从而得出 $m<-\frac{2}{3}$。因此 m 的取值范围是$\left(-\infty, -\frac{2}{3}\right)$。

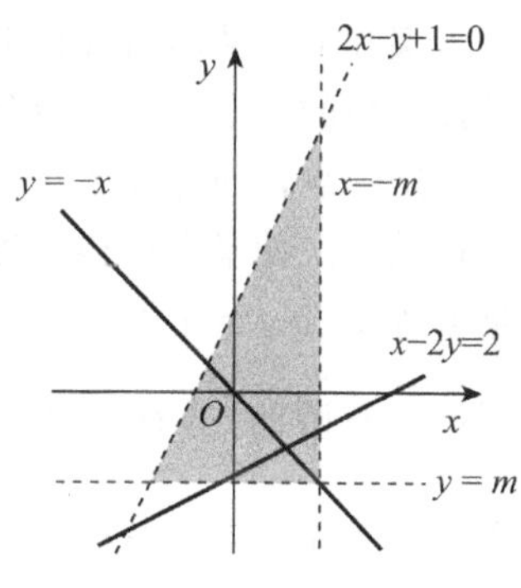

图 2-6

在平面解析几何的教学中，“曲线与方程”的学科思想要贯穿始终。让学生能够深刻地体会到用代数的方法研究几何问题的思维过程是这样的：在几何上，动点运动形成轨迹。这个轨迹是什么样的呢？这就需要将动点放在直角坐标系这样的背景下，去研究动点运动的规律的代数形式，即与动点运动

所形成的轨迹等价的关于动点坐标(x, y)所满足的方程$f(x, y)=0$，并通过研究这个方程来判断出动点(x, y)运动的几何规律。这就是平面解析几何的思考问题和解决问题的过程，是“曲线与方程”的学科思想内化到平面解析几何的思维逻辑的过程。

下面，通过几个具体的解析几何的问题的解决过程进一步体会“曲线与方程”这一学科思想在思维逻辑确立过程中的运用。

问题 4：若直线$\frac{x}{a}+\frac{y}{b}=1$通过点$M(\cos\alpha, \sin\alpha)$，则（　　）。

A. $a^2+b^2\leqslant 1$　　B. $a^2+b^2\geqslant 1$　　C. $\frac{1}{a^2}+\frac{1}{b^2}\leqslant 1$　　D. $\frac{1}{a^2}+\frac{1}{b^2}\geqslant 1$

分析：对本题理解不到位的学生常常是把点$M(\cos\alpha, \sin\alpha)$的坐标直接代入直线方程$\frac{x}{a}+\frac{y}{b}=1$，再通过复杂的三角恒等变换，得到有关$a^2$、$b^2$所满足的不等关系。这是解析几何学科思想不到位的表现，也是没有真正地理解问题所致。

实际上，从解析几何的学科思想看，点$M(\cos\alpha, \sin\alpha)$不能仅仅把它看成已知坐标的一个点，而应分析点$M(\cos\alpha, \sin\alpha)$具有的几何特征：它并不是一个确定的点，而是动点。既然是动点，我们就需要知道它是按什么样的规律来运动的。如果有这样的思维，就不难知道$M(\cos\alpha, \sin\alpha)$的坐标实际上是满足方程$x^2+y^2=1$的，也就是动点$M(\cos\alpha, \sin\alpha)$运动形成的轨迹是单位圆。因此，所谓的“直线$\frac{x}{a}+\frac{y}{b}=1$通过点$M(\cos\alpha, \sin\alpha)$”实际上是“直线$\frac{x}{a}+\frac{y}{b}=1$与圆$x^2+y^2=1$有交点”，至此直线$\frac{x}{a}+\frac{y}{b}=1$与圆$x^2+y^2=1$的位置关系得到了明确，是相切或相交，我们也就可以进行相对应的代数化了。即圆心$(0, 0)$到直线$\frac{x}{a}+\frac{y}{b}=1$的距离小于或等于圆$x^2+y^2=1$的半径。也就是：

$$\frac{1}{\sqrt{\frac{1}{a^2}+\frac{1}{b^2}}}\leqslant 1\text{，因此有：}\frac{1}{a^2}+\frac{1}{b^2}\geqslant 1\text{。}$$

这个问题的解决给我们的启示是：在教学中要把能够反映出学科观点的思维方法充分地揭示给学生，而不能把它淹没在类似一题多解的讲解中。

问题 5：直线$\sqrt{2}ax+by=1$与圆$x^2+y^2=1$相交于A、B两点(其中a、b是实数)，且$\triangle AOB$是直角三角形(O是坐标原点)，求点$P(a, b)$与点$(0, 1)$之间距离的最大值。

分析：如图 2-7，如果把点$P(a, b)$与点$(0, 1)$之间距离$d=\sqrt{a^2+(b-1)^2}$理解为某一个变量的函数，那么就需要找到a、b这两个变量

之间的关系。这就需要理解条件“直线$\sqrt{2}ax+by=1$与圆$x^2+y^2=1$相交于A、B两点(其中a、b是实数)，且$\triangle AOB$是直角三角形(O是坐标原点)”所表达出来的几何特征。不难得出：圆心(0，0)到直线$\sqrt{2}ax+by=1$的距离为$\frac{\sqrt{2}}{2}$，即：$\frac{1}{\sqrt{2a^2+b^2}}=\frac{1}{\sqrt{2}}$，由$a^2=1-\frac{b^2}{2}\geqslant 0$，得$b\in[-\sqrt{2},\sqrt{2}]$，且$d^2=\frac{b^2}{2}-2b+2=\frac{1}{2}(b-2)^2$，所以$d=\frac{1}{\sqrt{2}}|b-2|$，因为此函数的图像是关于$b=2$对称的开口向上的V字形，又$b\in[-\sqrt{2},\sqrt{2}]$，所以，当$b=-\sqrt{2}$时，$d$有最大值为$\sqrt{2}+1$。上述对问题的分析与理解是建立在函数观点上的，是将点$P(a,b)$与点(0，1)之间距离的最大值转化为函数的最值问题。

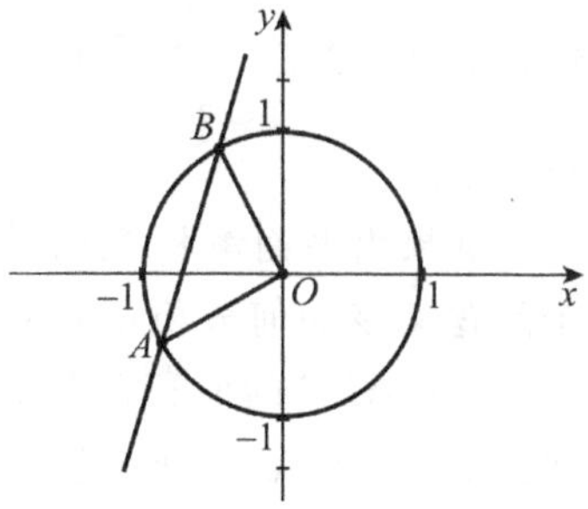

图 2-7

如果是用平面解析几何学科思想看待这个问题，那么就需要关注$P(a,b)$这个动点运动的规律了。实际上仍然是a、b这两个变量之间的关系，只不过身份发生了变化，是动点的横纵坐标之间的关系，也就是动点运动所需要满足的方程$f(a,b)=0$。由$\frac{1}{\sqrt{2a^2+b^2}}=\frac{1}{\sqrt{2}}$得$a^2+\frac{b^2}{2}=1$，表明$P(a,b)$满足方程$x^2+\frac{y^2}{2}=1$，也就是点$P(a,b)$在椭圆$x^2+\frac{y^2}{2}=1$上运动。从椭圆$x^2+\frac{y^2}{2}=1$知定点(0，1)正好是该椭圆的一个焦点，因此，椭圆$x^2+\frac{y^2}{2}=1$上的动点$P(a,b)$到焦点(0，1)的距离最大值为$a+c=\sqrt{2}+1$。

问题 6：满足条件$AB=2$，$AC=\sqrt{2}BC$的$\triangle ABC$面积的最大值是多少？

分析：如图 2-8，用函数的观点理解本题：设$BC=x$，则$AC=\sqrt{2}x$，根据面积公式得

$$S_{\triangle ABC}=\frac{1}{2}AB\times BC\sin B=x\sqrt{1-\cos^2 B},$$

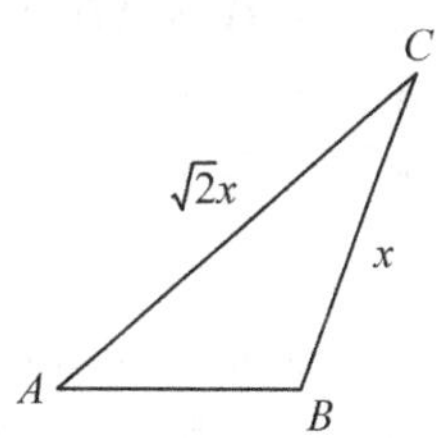

图 2-8

根据余弦定理得：$\cos B=\frac{AB^2+BC^2-AC^2}{2AB\times BC}=\frac{4+x^2-2x^2}{4x}=\frac{4-x^2}{4x}$，代入上式得$S_{\triangle ABC}=x\sqrt{1-\left(\frac{4-x^2}{4x}\right)^2}=\sqrt{\frac{128-(x^2-12)^2}{16}}$，由三角形三边关系有$\begin{cases}\sqrt{2}x+x>2\\ x+2>\sqrt{2}x\end{cases}$，

解得 $2\sqrt{2}-2<x<2\sqrt{2}+2$，故当 $x^2=12$，$x=2\sqrt{3}$时，$S_{\triangle ABC}$ 取最大值$\sqrt{\frac{128}{16}}=2\sqrt{2}$。

如果用平面解析几何的学科思想理解这个问题又该如何分析呢？我们可以引导学生思考：△ABC 的面积的最大值是如何产生的呢？上面用函数的观点理解问题是把最值问题的产生归结为线段 BC 长度的变化引起的，也就是以 BC 长度为函数的自变量。我们还可以换一个角度重新认识△ABC 面积的最大值问题，将其理解为是由于动点 C 的运动变化引起的。如此，我们就需要知道动点 C 是按照什么样的规律来运动的，形成了什么样的轨迹，这就是平面解析几何的问题了。

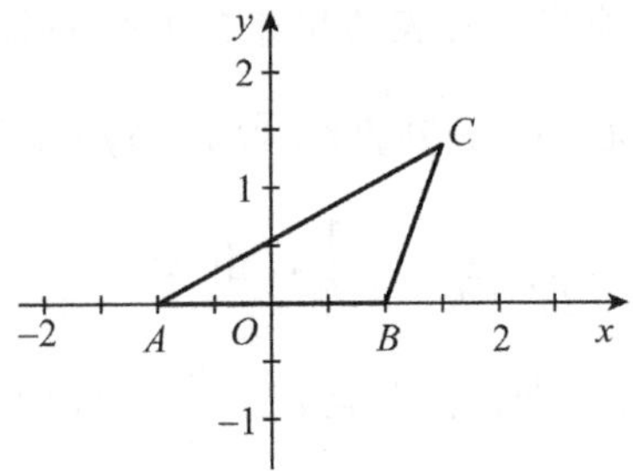

图 2-9

为此，我们需要建立以 AB 所在直线为 x 轴，以线段 AB 中点为坐标原点的直角坐标系，如图 2-9 所示，并设 $C(x, y)$，则由△ABC 的顶点 C 到另两点 $A(-1, 0)$、$B(1, 0)$的距离之比为 $\sqrt{2}$，得$(x+1)^2+y^2=2[(x-1)^2+y^2]$，即$(x-3)^2+y^2=8$，此方程表明动点 C 是在一个圆周上运动的。如图 2-10 所示。因而点 $C(x, y)$到 x 轴的距离最大值为 $2\sqrt{2}$，所以△ABC 的面积的最大值为$\frac{1}{2}\times 2\times 2\sqrt{2}=2\sqrt{2}$。

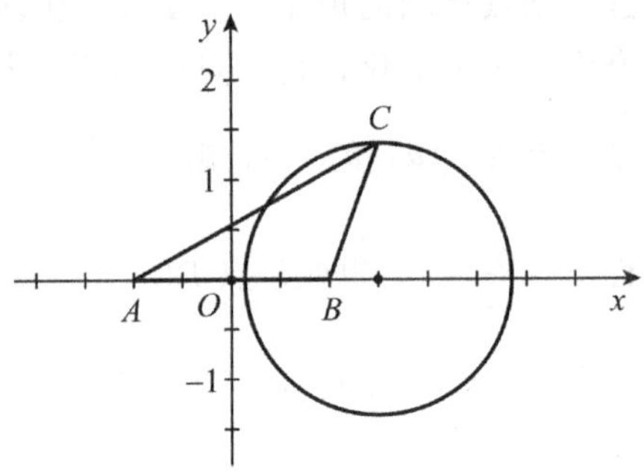

图 2-10

问题 7：如图 2-11，线段 $AB=8$，点 C 在线段 AB 上，且 $AC=2$，P 为线段 CB 上一动点，点 A 绕点 C 旋转后与点 B 绕点 P 旋转后重合于点 D。设 $CP=x$，△CPD 的面积为 $f(x)$。(1) 求 $f(x)$的定义域；(2) 求 $f'(x)$的零点。

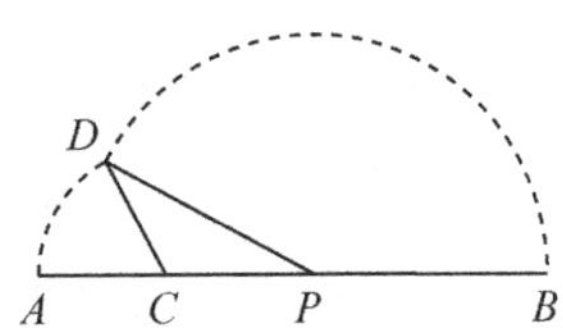

图 2-11

分析：由题意可得点 D 为分别以 C 和 P 为圆心，以 2 和 $6-x$ 为半径的圆弧的交点，因为对 x 的要求是要构成△CPD，所以 x 的取值要满足三角形的三边关系，由此解得 $2<x<4$。如何求出 $f'(x)$的零点也就是如何求△CPD 的面积取极值时的极值点。

如果用函数思维去解决这个问题，计算量可能要大一些。如果从解析几何的“曲线与方程”的观点认识这个问题，我们就应该关注动点 P 的运动规律

了。由 $|CD|=2$ 且 $|PD|+|PC|=6$，可得点 P 是以 C、D 为焦点的椭圆，由椭圆的几何特征可得当 $|PD|=|PC|$ 时，也就是 $6-x=x$ 时面积取得最大值。从而获得 $f'(x)$的零点是 3。

平面解析几何思维逻辑的主线，就是依据平面解析几何的学科思想分析几何对象的几何特征，在此基础上进行代数化，这种代数化能否顺利地进行，也取决于你对几何对象的几何特征如何揭示。因此，解析几何的思维逻辑的确立就是解析几何的学科思想的运用和内化。

2.2.2　立体几何

立体几何是把研究几何元素的性质及它们之间的位置关系作为主要内容的，我们常说："点动成线、线动成面"，一方面是从动态的角度描述直线和平面的形成过程，更重要的也是在告诉我们立体几何的学科思想：确定点的位置要靠直线，确定直线的位置需要平面。因此，立体几何的思维逻辑的一条主线就是要确定点、直线、平面，另一条就是要确定它们之间的位置关系。

在"直线与平面平行的判定定理"的教学中，教师要经常反复地强调：使用这个定理一定不要忘记条件，写上需要判定与平面平行的直线一定是在平面外的直线。但学生们常常不以为然。为了这个条件能够引起学生的重视，教师不得不使用考试扣分的强制手段让学生汲取教训，当然这是不得已而为之的下策。真正的教育不是靠强制的，而是要让学生能够从心里接受。要让学生不遗漏定理的某个条件，关键是要让学生能够从立体几何的学科思想上去形成自己的思维逻辑。在"直线与平面平行的判定定理"中，涉及两条直线与一个平面，那么所谓已知条件实际上就是要确定两条直线与平面之间在满足什么样位置关系的条件下，才能够判定其中一条直线(也就是平面外的那条直线)与平面平行。因此，两条直线之间的关系要确定，即直线 a 平行于直线 b；两条直线与平面的关系要确定，即直线 a 在平面外，直线 b 在平面内。如此，才可以确定直线 a 平行于直线 b 所在的平面。

在"直线与平面平行的性质定理"的教学中，我们要引导学生思考：当直线 a 平行于某一平面时，直线 a 与这个平面内的无数条直线都平行，但是如何确定在这个平面内与直线 a 平行的直线 b 呢？正如前面我们所说的那样，确定直线是要通过平面来实现的。因此，性质定理告诉我们：过平面外的直线 a 作一平面，这个平面与直线 a 平行的平面相交所得的直线即为所求直线 b。在空间，通过平面与平面相交来确定直线是非常重要的学科观点，也是性质定理教学的重点之一。如何才能够让学生真正地掌握一个定理，关键是要让学生能够从几何学的观点、思想看待几何问题，用立体几何的思维逻辑理解问题。数学教师的教学任务就是让学生了解几何学的观点是什么，如何运用立体几何的思想去分析问题、思考问题，建立其思维逻辑。

2006年北京的数学高考试卷考了这样一个问题：如图2-12所示，“平面α的斜线段AB交平面α于点B，过定点A的动直线l与AB垂直，且交平面α于点C，问动点C的轨迹是什么?”。立体几何的学科思想没有建立起来的学生对问题的理解是斜线段AB和直线l组成一个圆规，画出来的就是C点的轨迹，因此是圆；还有的学生这样想，由于过点A的直线l是动直线，因此他就画了很多这样的直线，再观察点C在平面α的位置，看着他自己画出的点C不在一条直线上，就选双曲线的一支。

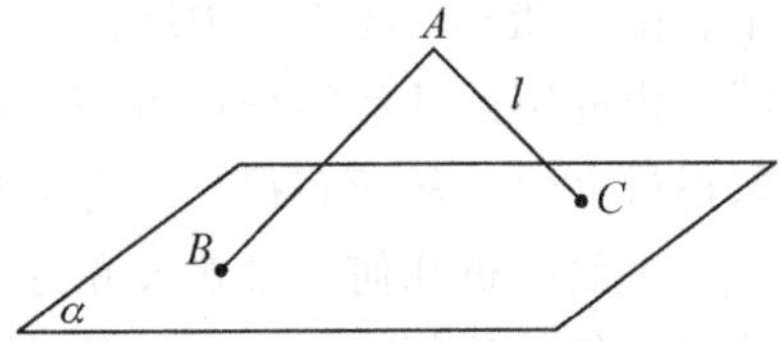

图 2-12

以上学生的做法具有一定的普遍性，其思考的方式缺乏数学的思维逻辑。原因在于，在这些学生的头脑中还没有建立几何学的基本观念，还不具有比较成熟的“确定点、直线、平面及它们之间的位置关系”的几何学学科思想。实际上，如图2-13所示，只要画出两条过点A的动直线，就应该意识到，过点A的两条相交直线已经确定了一个平面β，而且由于这样的两条直线都和斜线段AB垂直，因此，这个平面β就和斜线段AB垂直。其余的过A点与AB垂直的动直线都在这个平面β内。因此，点C就是这两个平面的公共点。这样也就不难得出C点的轨迹就是一条直线了。

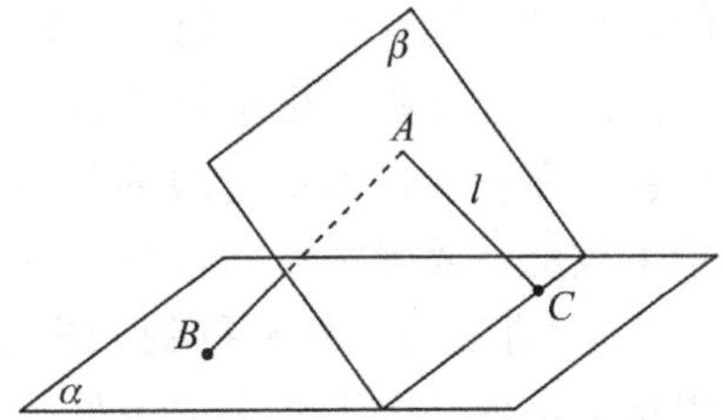

图 2-13

培养学生的数学思维能力需要我们在每一节课中、在每一道题目的分析中，不断地去引导学生用学科的观点和方法去理解问题、解决问题。希望靠大量的没有思维含量的练习来提高学生的思维能力是不现实的，对确立学生的思维逻辑也是没有帮助的。

下面，通过几个问题的分析，让我们进一步地体会在立体几何的教学中，依据立体几何的学科思想，如何通过确立点、直线、平面位置关系的分析，确立立体几何的思维逻辑：

(1)点的位置的确定

确定线面垂直的垂足位置的基本依据是：如果两个平面垂直，那么在一个平面内垂直于它们交线的直线垂直于另一个平面。(如图2-14所示)

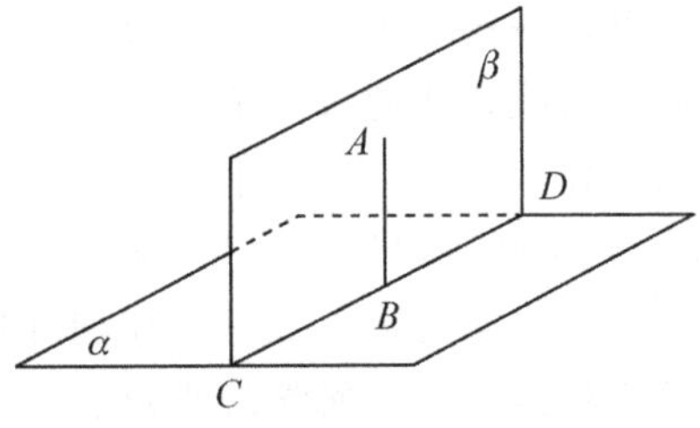

图 2-14

问题1：正方体$ABCD\text{-}A_1B_1C_1D_1$中，A_1C与面DBC_1相交于点E，点E的位置如何确定呢?

分析：确定点的位置要通过直线与直线相交来得到。如图 2-15 所示，根据条件，点 E 在直线 A_1C 上，而直线 A_1C 又在正方体 $ABCD\text{-}A_1B_1C_1D_1$ 的对角面 A_1C 上，因此，点 E 在对角面 A_1C 内；直线 A_1C 与面 DBC_1 相交于点 E，因此点 E 在截面 DBC_1 内，即点 E 是对角面 A_1C 和截面 DBC_1 的公共点；如图 2-16，设 AC 与 BD 相交于点 F，对角面 A_1C 与截面 DBC_1 的交线为 C_1F，根据公理 3，可知点 E 在直线 C_1F 上，这样，点 E 就是直线 A_1C 与直线 C_1F 的公共点。即在平面 A_1C 内，直线 A_1C 与直线 C_1F 相交所得到的点就是点 E。

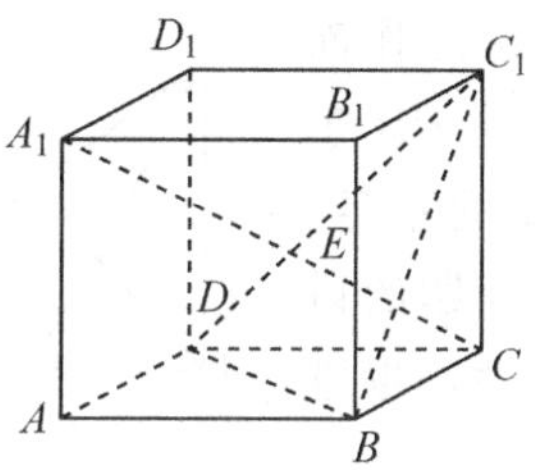

图 2-15

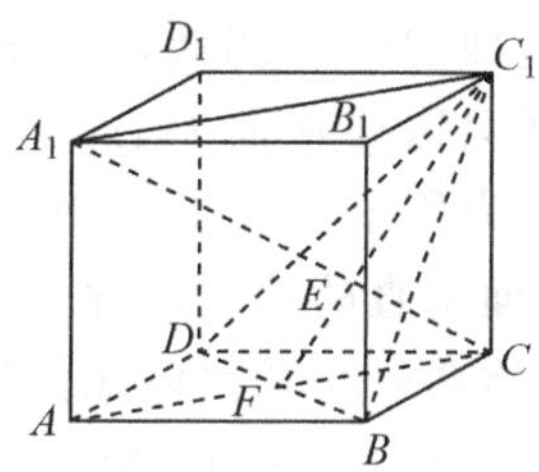

图 2-16

以上是在定性上，我们确定了点 E 的几何位置，为了更准确地刻画它的几何特征，还需要能够通过数量关系来刻画它的位置。实际上，在平面 A_1C 内，因为 FC 平行 A_1C_1，所以 $CE:EA_1=CF:A_1C_1=1:2$，所以，点 E 是体对角线 A_1C 的三等分点。在正$\triangle BDC_1$ 这个截面内，因为 $FE:EC_1=FC:A_1C_1=1:2$，点 E 是这个正$\triangle BDC_1$ 中线 FC_1 的 $1:2$ 分点，因此，点 E 是这个正$\triangle BDC_1$ 的重心，也就是中心。

2013 年北京高考数学文科卷的第 8 题给考生一个非常熟悉的背景，如图 2-17 所示："在正方体 $ABCD\text{-}A_1B_1C_1D_1$ 中，P 为对角线 BD_1 的三等分点，问 P 到各顶点的距离的不同取值有几个?"这个问题主要是考查学生对正方体的几何特征的认识。实际上 P 不仅为对角线 BD_1 的三等分点，也是正方体的截面 ACB_1 与体对角线 BD_1 相互垂直的垂足，并且这个垂足 P 还是正三角形截面 ACB_1 的中心，因而 $PB_1=PC=PA$；又因为 $P\text{-}DA_1C_1$ 为正三棱锥，所以有 $PA_1=PC_1=PD$；再结合 P 为对角线 BD_1 的三等分点，即可找到四组 P 到各顶点的距离的不同取值。

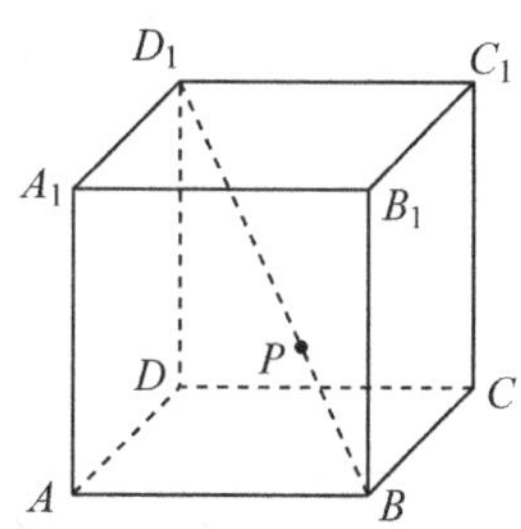

图 2-17

可以看出，这个考题并没有给考生设置什么深奥的、抽象的数学背景，而是以学生都能理解的数学问题作为铺垫，自然地、非常简洁地陈述了问题。解决这个问题的关键在于学生是否能够依据立体几何的学科思想，从思维逻辑的主线理解问题的本质。

问题 2：如图 2-18，四面体 $P\text{-}ABC$ 中，直线 $PA\perp$ 面 ABC，$AB\perp BC$，

如何确定过点 A 作面 PBC 垂线的垂足?

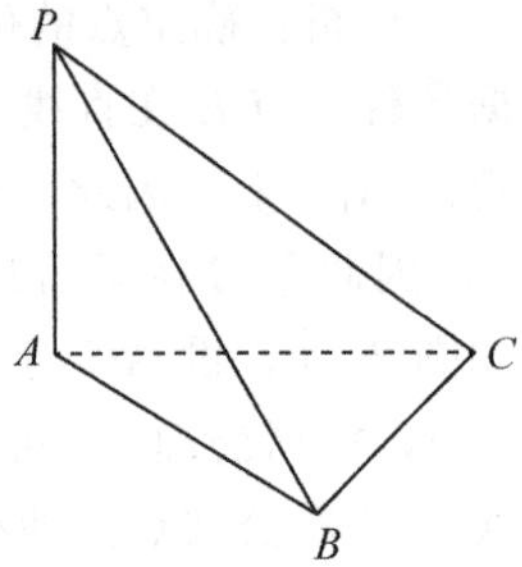

图 2-18

分析：在问题的解决过程中，要引导学生不要急于找问题的答案，要学会根据已知条件，分析四面体 $P\text{-}ABC$ 的几何特征，也就是线、面之间的位置关系。这是立体几何学科思想的体现。按照这样的思维逻辑，我们可以看到：根据条件直线 $PA\perp$ 面 ABC，不难得出：面 $PAB\perp$ 面 ABC；面 $PAC\perp$ 面 ABC；根据 $AB\perp BC$ 再结合面 $PAB\perp$ 面 ABC 得直线 $BC\perp$ 面 PAB，进而面 $PAB\perp$ 面 PBC。因此，如图 2-19，过点 A 作面 PBC 的垂线只需要在面 PAB 内作直线 $AH\perp PB$ 于 H，点 H 即为所求的过点 A 面 PBC 的垂线的垂足。依据就是面面垂直的性质定理，通过对这个问题的讨论，让学生体会研究几何体几何特征的重要性，也进一步明确确定点的位置的一般方法。

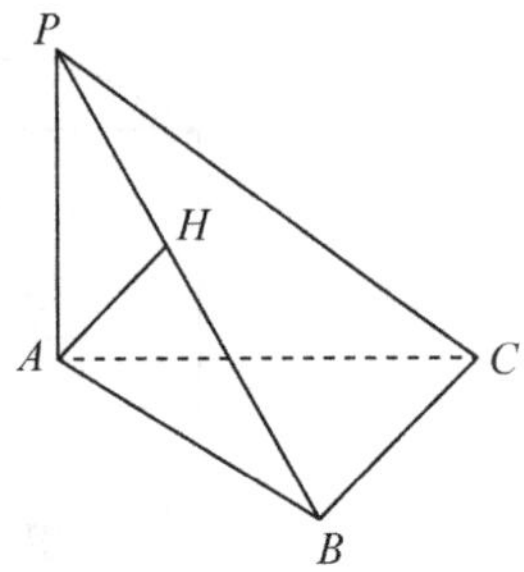

图 2-19

问题 3：如图 2-20，四面体 $P\text{-}ABC$ 中，直线 $PA\perp$ 面 ABC，$AB\perp AC$，如何确定过点 A 作面 PBC 的垂线的垂足?

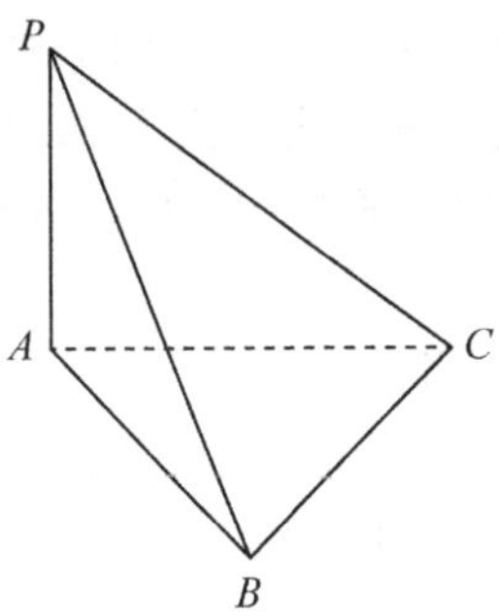

图 2-20

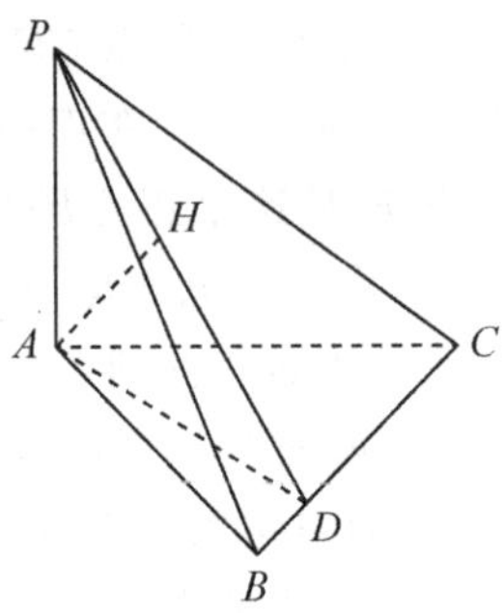

图 2-21

分析：根据条件知道，面 PAB 不垂直面 PBC，若过点 A 作面 PBC 的垂线，首先就要过点 A 确定一个面，使得这个面与面 PBC 是垂直的。因此，如图 2-21，在面 ABC 内，过点 A 作 $AD\perp BC$ 于 D，连 P、D。则易证：面 $PAD\perp$ 面 PBC。因此，在面 PAD 内，过点 A 作直线 $AH\perp PD$ 于 H，即为所求的过点 A 作面 PBC 的垂线的垂足。

(2)直线的位置的确定

判定直线 $a/\!/$ 平面 α 时需要确定平面 α 内与直线 a 平行的直线 b。如果直线 a 平行直线 b，那么这两条直线必然是共面的，因此确定的依据是平面内的判定两条直线平行的方法，如利用三角形的中位线定理或平行四边形的性质。

如何确定直线在平面内的射影呢？我们看下面的问题：

问题 4：如图 2-22，已知正三棱柱 $ABC\text{-}A_1B_1C_1$ 的所有棱长都相等，D 是 A_1C_1 的中点，则直线 AD 在平面 B_1DC 上的射影如何确定？

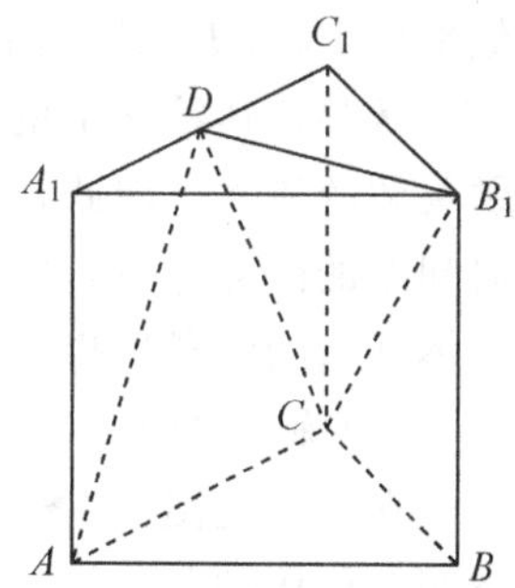

图 2-22

分析：要确定直线 AD 在平面 B_1DC 上的射影，其关键在于分析正三棱柱 $ABC\text{-}A_1B_1C_1$ 的几何特征，也就是在正三棱柱 $ABC\text{-}A_1B_1C_1$ 的背景下的直线与平面的位置关系。因为是正三棱柱 $ABC\text{-}A_1B_1C_1$，所以，面 $A_1B_1C_1\perp$ 面 A_1C_1CA。又因为 D 是 A_1C_1 的中点，在正$\triangle A_1B_1C_1$ 中，$B_1D\perp A_1C_1$，所以有 $B_1D\perp$ 面 A_1C_1CA，根据面面垂直的判定定理得，面 $B_1CD\perp$ 面 A_1C_1CA，交线为 DC，因此，直线 AD 在平面 B_1DC 上的射影就是直线 DC。

在立体几何的问题中，除了确定直线的位置之外，有的时候也经常需要确定满足某种条件下的直线的条数，但实质没有变化，仍然需要依据立体几何的学科思想为思维逻辑的主线进行思考。

问题 5：如图 2-23(1)，在正方体 $ABCD\text{-}A_1B_1C_1D_1$ 中，E、F 分别为棱 AA_1、CC_1 的中点，则在空间中与三条直线 AD、EF、C_1D_1 都相交的直线有多少条？

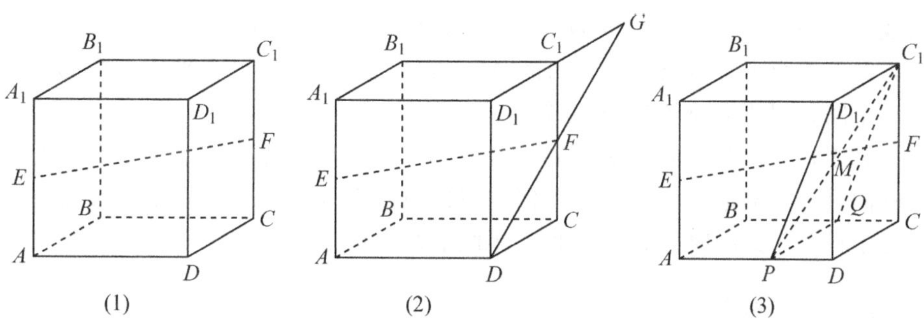

图 2-23

分析：确定直线的条数不是靠眼力，而是要通过平面来确定直线。欲在空间中找出与三条直线 AD、EF、C_1D_1 都相交的直线，首先在某一个平面内找出一条。

如图 2-23(2)，在正方体 $ABCD\text{-}A_1B_1C_1D_1$ 的侧面 DC_1 内，连接 D、F，则必与直线 D_1C_1 相交，符合题目的条件。那么，下一条直线在哪里呢？当然，还是先要找平面，而这个平面的条件就要和平面 DC_1 类似。即直线 C_1D_1 在这个平面内，直线 AD、EF 要与这个平面相交。如图 2-23(3)，在平面 $ABCD$ 内作 $PQ/\!/DC$，则 $PQ/\!/D_1C_1$，故确定平面 PQC_1D_1，而直线 C_1D_1 在这个平面内，直线 AD、EF 与这个平面都相交，如果设直线 EF 与平面

PQC_1D_1 相交于点 M，则连接 P、M 并延长，必与直线 D_1C_1 相交。而由于类似平面 PQC_1D_1 的平面可以作出无数多个，因此满足题意的直线有无数多条。

教师传达给学生的应该是立体几何的观点、思想，而不仅仅在于这个问题具体的答案。因此，我们的教学一定要让学生通过思维活动感受到立体几何问题的研究并不是完全依赖于直观，空间想象能力的基础是逻辑分析，是立体几何的学科思想。

(3)确定平面

在对空间图形的研究中，平面是非常重要的载体，我们不仅要研究围成空间几何体的各个面，也要研究其截面等平面图形。因此，这些面的确定就显得尤为重要。另外，从点的确定要靠直线，而直线的确定要依赖于平面这个角度看，确定平面的意义也就不言而喻了。

问题 6：如图 2-24，定点 A 和 B 都在平面 α 内，定点 $P\notin\alpha$，$PB\perp\alpha$，C 是 α 内异于 A 和 B 的动点，且 $PC\perp AC$，那么，动点 C 在平面 α 内的轨迹是什么？

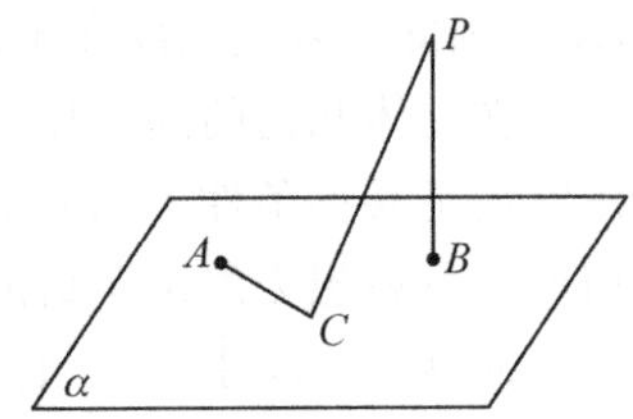

图 2-24

分析：在理解问题阶段，除了题目交代的已知条件以外，最重要的是要意识到，直线 PC 与直线 PB 是相交的，根据平面公理 2 可知，这两条直线确定一个平面，我们设为平面 β。那么，在这个基础上，再结合已知条件，就不难得出直线 $AC\perp\beta$，因而 $AC\perp BC$，从而动点 C 在平面 α 内的轨迹是一个圆，但要去掉 A 和 B 两个点。

总之，立体几何的教学要突出这门学科的思想，要能够让学生在学习知识的同时，深刻地领悟到立体几何的思维方法和研究方法，在不断渗透立体几何学科思想的同时明确其思维逻辑的脉络和主线。

2.2.3 数列

用函数的观点认识数列、解决数列问题是数列教学中要传达给学生的最为重要的学科思想。数列是这样来定义的："像这样按照一定次序排列起来的一列数称为数列。"①如何来理解数列定义中的这个"次序"呢？这个问题的提出就是要让学生能够更深刻地理解数列是函数这一学科思想，确立思维逻辑的主线。

理解(1)：把位置编上号码，这些号码是所有的非零自然数按从小到大顺序排列，每一个有序号的位置都有一个确定的值，由所有这样的数值组成一个数列；数列的一般形式可以写成 a_1，a_2，a_3，…，a_n，…。这种有序性是

① 《普通高中课程标准实验教科书・数学 5(B版)・数列》，北京：人民教育出版社，2015 年，第 25 页。

对数列本质的刻画。

理解(2)："次序"用数学语言来表示的话，就是一种特殊的对应。

即映射，f：$A=\{1, 2, 3, \cdots\}\to B=\{数值\}$。通过映射概念的角度不难理解数列的可重复性，即数列中的值可以重复出现。

理解(3)：上升到函数的高度。数列可以看作一个定义域为正整数集 $\mathbf{N}^*$（或它的有限子集$\{1, 2, \cdots, n\}$）的函数，当自变量从小到大依次取值时对应的一列函数值就是数列的项，数列的通项公式就是相应函数的解析式。

用函数的观点来认识数列，用函数的思维理解数列问题，用研究函数的方法来解决数列问题，这是学科思想在数列教学中的体现，是我们确立数列的思维逻辑要遵循的主线。

数列$\{a_n\}$的第 n 项与序号 n 之间的关系可以用一个公式来表示，那么它就叫作这个数列的通项公式。这就相当于函数的因变量 y 与自变量 x 的关系式。与函数一样，数列也可以用图像、列表等方法来表示。数列的图像在平面直角坐标系中是一系列孤立的点。

函数的观点和思想不能被当作点缀，当作标签，而应贯彻在数列教学的始终。如在等差数列的教学中，当等差数列的通项公式 $a_n=a_1+(n-1)d$ 得到之后，就应不失时机地引导学生对它的函数类型做出判断，得到结论：$\{a_n\}$是等差数列$\Leftrightarrow a_n=dn+b$。这样，由于公差不为 0 的等差数列的每一项 a_n 是关于项数 n 的一次函数式，于是可以利用一次函数的性质来认识等差数列。例如，理解为什么等差数列的公差 $d>0$，$\{a_n\}$递增；等差数列的公差 $d<0$，$\{a_n\}$递减。又如，根据一次函数的图像是一条直线和直线由两个点唯一确定的性质，就容易理解为什么已知数列的两项就可以确定一个等差数列，等等。

在等差数列性质的探究中，实际上就是对数列的项与项的关系进行研究，而这种关系一定是决定于项所对应的项数，即自变量的变化引起因变量的变化，可以看出这里仍是函数的思维、函数的研究方法。

同样，用函数的观点来认识等差数列的前 n 项和 S_n 也是数列教学中的重要任务。首项为 a_1、公差为 d 的等差数列前 n 项和的公式可以写为：$S_n=na_1+\dfrac{n(n-1)}{2}d$。即当 $d\neq 0$ 时，S_n 是关于 n 的二次函数，于是可以运用二次函数的观点和方法来认识求等差数列前 n 项和的问题。如可以根据二次函数的图像了解 S_n 的增减变化、最值等。

问题 1：已知数列$\{a_n\}$，$a_n=\dfrac{n-\sqrt{97}}{n-\sqrt{98}}$，求这个数列的最大的项和最小的项。

分析：研究数列$\{a_n\}$的性质也就是数列的变化状态，是求出其最大值或最小值的前提。而如何研究这个数列的性质呢？这个时候就要将数列问题转化为函数问题，其对应的函数的解析式是 $f(x)=\frac{x-\sqrt{97}}{x-\sqrt{98}}$。这种转化不是简单的方法的转变，而是由一个学生的思维观念所决定的，也就是只有具备了比较高的数学素养，认识到了数列问题也是函数问题，才有可能做这样的转变。

由于 $f(x)=\frac{x-\sqrt{97}}{x-\sqrt{98}}=1+\frac{\sqrt{98}-\sqrt{97}}{x-\sqrt{98}}$，显然这和反比例函数相关。其图像关于点($\sqrt{98}$，1)中心对称。如图 2-25 可知，函数图像所表达出的函数的变化状态也就是对应的数列的变化状态，区别只是数列的项所对应的点是函数图像上的离散的点。易知，第 9 项数列取最小值，第 10 项数列取得最大值。

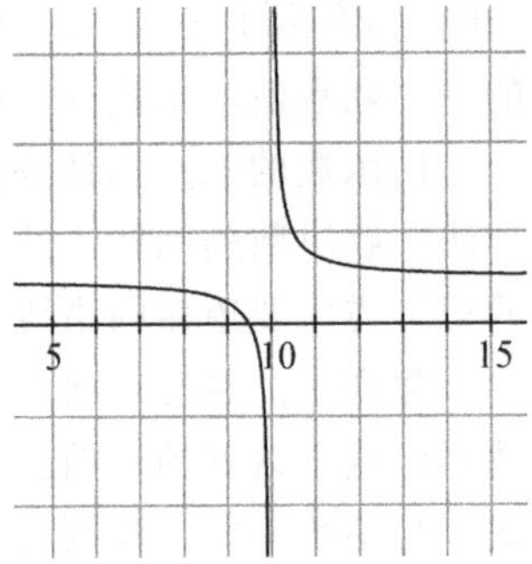

图 2-25

问题 2：等差数列$\{a_n\}$，$a_1>0$，$S_9>0$，$S_{10}<0$，则当 n 为何值时，S_n 最大？

分析：由于所给条件都是关于 S_n 的，考虑利用 S_n 的函数图像来了解函数 S_n 的整体变化状态，如图 2-26 所示。

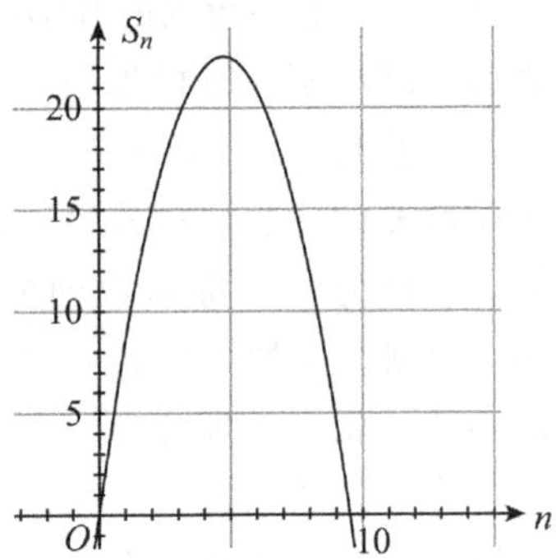

图 2-26

因为是等差数列$\{a_n\}$，所以函数 $S_n=f(n)$ 的图像是过原点的抛物线上横坐标为自然数的点。由题意，可知该等差数列的公差小于 0，S_n 对应的抛物线开口向下，与横轴的一个交点横坐标为 0，另一个交点的横坐标在区间(9，10)内，则抛物线的对称轴在(4.5，5)内，故当 $n=5$ 时，S_n 最大。

问题 3：等差数列$\{a_n\}$，$a_3+a_8>0$，$S_9<0$，问 n 为何值时，S_n 最小？

分析：从通项入手。$a_3+a_8>0\Rightarrow a_5+a_6>0$，又 $S_9<0\Rightarrow a_1+a_9<0\Rightarrow a_5<0$，$\therefore a_6>0$，$d=a_6-a_5>0$ 故数列$\{a_n\}$是递增数列。$\therefore (S_n)_{\min}=S_5$。

在等比数列的教学中，要突出等比数列与指数型函数的联系。首项为 a_1、公比为 q 的等比数列的通项公式可以写成 $a_n=a_1\cdot q^{n-1}=\frac{a_1}{q}\cdot q^n=c\cdot q^n(q\neq 1)$。从等比数列的通项公式知道它与指数函数 $y=a^x$ 有着密切联系，从而可利用指数函数的性质来研究等比数列。如单调性的研究：$q<0$，$\{a_n\}$各项正负相间，无单调性；$q>0$，数列的单调性由 q 及 a_1 的符号确定。

问题 4：$\{a_n\}$、$\{b_n\}$分别是等差数列及等比数列，且 $a_2=b_2>0$，$a_4=b_4>0$，$a_2\neq a_4$，$b_1>0$。试比较 a_n 与 b_n 的大小。

分析：等差数列的通项 a_n 是关于 n 的一次函数(定义在自然数集上，且一次项系数可以为零)，它的图像是一条直线上横坐标为自然数的点；等比数列的通项 $b_n=b_1q^{n-1}=\frac{b_1}{q}q^n$ 是一个指数函数 q^n 乘上一个常数，图像是指数函数曲线上下拉伸(或压缩)得到的曲线。由已知，$q>0$ 且 $q\neq1$，当 $q>1$ 时，a_n 与 b_n 的图像如图 2-27(1)；当 $0<q<1$ 时，a_n 与 b_n 的图像如图 2-27(2)。从这两个图中可得到共同的结论：$a_1<b_1$，$a_3>b_3$，$a_5<b_5$，$a_6<b_6$，……

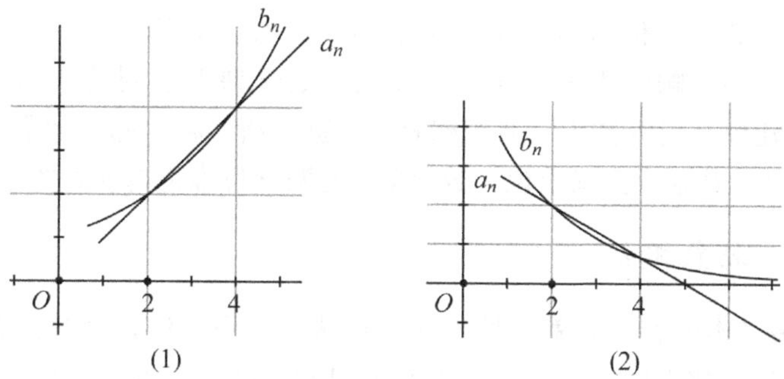

图 2-27

总之，数列的学科思想就是函数的思想，数列是特殊的函数。数列的思维逻辑主线就是要能够用函数的思维理解数列问题，用研究函数的一般方法去研究数列问题，用函数的观点和思想深刻认识数列问题。

2.3　数学素养是确立思维逻辑的目标

一个中学生进入大学后，可能是未来的学者和研究者，即使他选择实用性的职业，也应该是一个拥有健全人格、独立的思考力和批判力，同时具备基本国民素养的公民。从这个意义上说，中学教师的教育实践可能影响着一代青年的未来发展。中学教师拥有怎样的教育追求与学科素养，就可能给予学生怎样的未来。因此，作为一名学科教师必须对本学科的内涵实质以及具体教学内容的内涵实质有着准确的理解与把握。

在每一个章节、每一个单元的学科知识教学之前，我们是不是要思考：这部分教学内容的教学意义是什么呢？它的教育价值体现在哪里呢？同样，在上每一节课之前，是不是都要反问一下自已：我为什么要上这节课呢？在这节课中我要教给学生的数学知识是什么？要教给学生数学的观点和思维方法是什么？

《普通高中数学课程标准(实验)》在阐述课程的基本理念时指出：“高中数学课程应注重提高学生的数学思维能力，这是数学教育的基本目标之一。人们在学习数学和运用数学解决问题时，不断地经历直观感知、观察发现、归纳类比、空间想象、抽象概括、符号表示、运算求解、数据处理、演绎证明、反思与建构等思维过程。这些过程是数学思维能力的具体体现，有助于学生对客观事物中蕴涵的数学模式进行思考和做出判断。数学思维能力在形成理性思维中发挥着独特的作用。”①

这段阐述告诉我们：数学素养是现代社会每一个公民应该具备的基本素养，数学教育的意义远远不只是知识的传授，而更为重要的应该是它对人的思维能力的影响。如果我们只看到了知识的传授，看不到数学对人的思维的影响，那就没有看到数学教育最根本的东西。因此，我们在教学中，要能够通过知识这一载体，传达给学生一种学科的观点、学科的思想。这种观念性的东西最终是要影响学生的一生的。他们从数学课上学到的数学抽象、逻辑推理、数学建模、运算能力、直观想象、数据分析，将伴随着他们今后的学习和工作。因此，从这个意义上说，数学素养是数学思维逻辑确立的方向和目标。

2.3.1 抽象概括

“数学最基本的特性，就是抽象性。它从概念到方法，全都是抽象的。随着数学的进步，数学的抽象结构还不断地向着更高阶段发展，由于这种发展，数学才逐步达到应用上的极大普遍性。”②

抽象概括是形成理性思维的重要基础。在数学教学活动中，注重抽象能力的培养，有利于学生养成一般性思考问题的习惯，有利于学生更好地理解数学的概念、命题、结构和系统，有利于学生在其他学科的学习中化繁为简，理解该学科的知识结构和本质特征。

问题1：设 $a\in\mathbf{R}$，若 $x>0$ 时，均有 $[(a-1)x-1](x^2-ax-1)\geqslant 0$，则 a 的值是多少？

分析：思考本题的主要数学观点就是将不等式问题转化为函数，用函数图像及其性质解决。将看似不等式计算的问题抽象为函数问题，这是对学生的思维逻辑的考验，也是考查学生的数学素养是否形成的好问题。

将不等式左端看成一个函数：设 $f(x)=[(a-1)x-1](x^2-ax-1)$，其中 $a-1\neq 0$(否则是二次函数，开口向下的抛物线，不符合题意)。因此这是一个三次函数。三次函数的变化状态一般来说有两种：要么两增一减，要么两减一增。对于本问题中的三次函数，其变化状态是确定的吗？因为 $x>0$，$f(x)\geqslant 0$ 这个条件，我们知道函数 $y=f(x)$ 的变化趋势是“增减增”，故 x^3 的系数大于零，所以有 $a-1>0$；又由 $f(x)=0$ 知函数 $f(x)$ 一般有三个零点，由 $(a-1)x-1=0$，得 $x=\dfrac{1}{a-1}>0$，是一个正零点；由 $x^2-ax-1=0$ 还可以

① 中华人民共和国教育部制定：《普通高中数学课程标准(实验)》，北京：人民教育出版社，2013年，第3页。

② 王健吾：《数学思维方法引论》，合肥：安徽教育出版社，1996年，第50页。

得到两个零点。设零点为 x_1、x_2，由 $x_1 \cdot x_2=-1$ 知为一个正零点、一个负零点，不妨设 $x_1>0$，那么如果 x_1 与 $x=\frac{1}{a-1}$是两个不等零点，显然与 $x>0$，$f(x)\geqslant 0$ 不符，故 $x_1=\frac{1}{a-1}$，即两个正零点是相同的。将 $x=\frac{1}{a-1}$代入 $x^2-ax-1=0$ 解得 $a=\frac{3}{2}$。

如果将不等式左边看成两个函数：分别是一次函数 $y_1=(a-1)x-1$(此时，$a-1=0$ 不符合题意)和二次函数 $y_2=x^2-ax-1$，则两个函数图像过同一个点(0，-1)，而 $y_2=x^2-ax-1$ 又有正负两个零点，抛物线的开口向上，因此 $y_1=(a-1)x-1$ 的图像特征是分析重点。

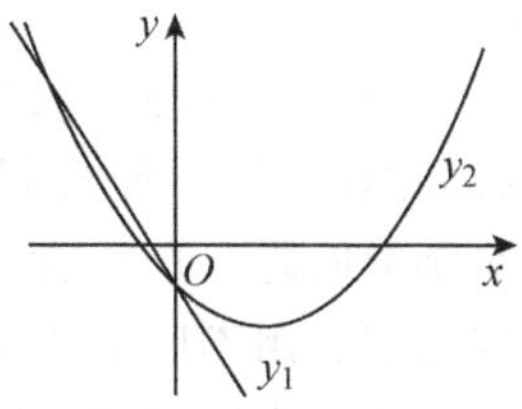

图 2-28

如图 2-28 所示，若 y_1 单调减，则 $a-1<0$，显然与 $y_1y_2\geqslant 0$，$x>0$ 不符合。如图 2-29 所示，所以 y_1 必单调增，为了满足 $y_1y_2\geqslant 0$，$x>0$ 时，y_1 的图像还要过 y_2 的图像与 x 轴正半轴的交点。因为 $y_1=0$ 时，得 $x=\frac{1}{a-1}$，代入 $x^2-ax-1=0$，解得 $a=\frac{3}{2}$。

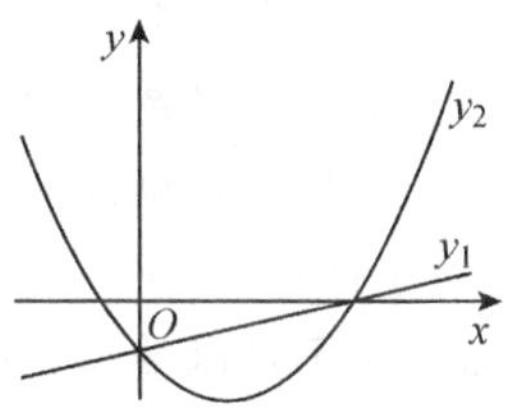

图 2-29

对于数学素养还没有形成、思维逻辑的确立还需要一段时间的学生来说，他们面对不等式 $[(a-1)x-1](x^2-ax-1)\geqslant 0$ 首先反应出来的是如何解这个不等式，甚至利用两个因式同号的想法，列出两个不等式组去解；还有的学生不对不等式做任何的理解，仅仅是因为式子中有字母 a 和 x 就条件反射似的要将它们分开，用所谓“系数分离法”。暂且不谈这样的做法能否解决问题，就是这种不理解问题的套用“题型解法”的所谓方法，也是和数学素养的要求背道而驰的。

数学素养要求学生能够从多个角度理解数学概念、规则和命题；能够运用多种形式表示数学命题的条件与结论，并建立相关命题的联系；能够理解和构建相关数学知识之间的联系。

问题 2：关于 x 的方程$(x-a)(x-b)=2$ $(a<b)$的两实根为 α、β，且 $\alpha<\beta$，试比较 α、β、a、b 的大小。

分析：这个问题是让学生理解方程与函数关系的一个非常好的素材，我们要引导学生思考如何将方程问题转化为函数的问题来解决。

考虑函数：$f(x)=(x-a)(x-b)-2$；$g(x)=(x-a)(x-b)$。

如图 2-30 所示，$g(x)$的图像与 x 轴有两个交点：$(a, 0)$、$(b, 0)$；也可以理解为函数 $g(x)$的零点为 a、b。而 $f(x)$的图像是把 $g(x)$的图像沿 y 轴下移 2 个单位得到的。

由已知条件知：关于 x 的方程 $(x-a)(x-b)=2\ (a<b)$ 的两实根为 α、β，因此，函数 $f(x)$ 的图像与 x 轴有两个交点：$(\alpha,\ 0)$、$(\beta,\ 0)$。由图得出 $\alpha<a<b<\beta$。当然，也可以将方程两端的式子设为函数 $y_1=(x-a)(x-b)$ 和 $y_2=2$，这两个函数交点的横坐标就是 α、β，由图像易得大小关系 $\alpha<a<b<\beta$。

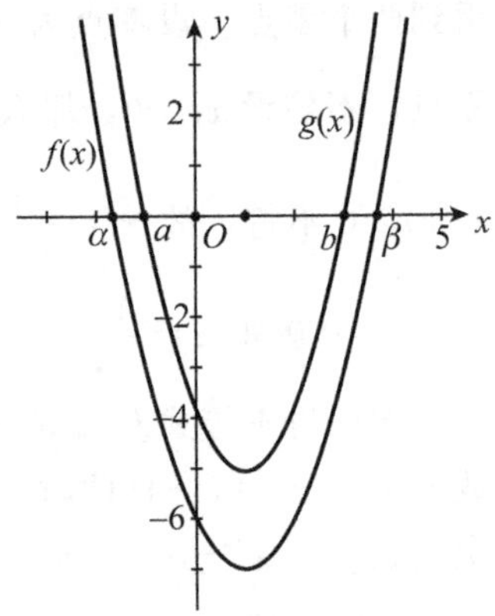

图 2-30

这个问题的解决过程可以启发我们，对于方程问题(包括不等式问题)，我们都可以设法转化为函数问题，这样就可以利用函数的图像来解决问题了。用不同的方式理解问题并选择恰当的数学方法解决问题就是数学素养的表现，也是数学教学中对学生思维逻辑培养的要求。

问题 3：设 $a>1$，若仅有一个常数 c 使得对于任意的 $x\in[a,\ 2a]$，都有 $y\in[a,\ a^2]$ 满足方程 $\log_a x+\log_a y=c$，求 a 的值。

分析：正确理解本题的关键是如何看待条件中的 x、y。实际上，这里的“对于任意的 $x\in[a,\ 2a]$，都有 $y\in[a,\ a^2]$”中的 x、y 是相互依赖的两个变量，是不是函数关系呢？那就需要我们找到这两个变量之间的具体的关系式。由 $\log_a x+\log_a y=c$ 得 $y=\dfrac{a^c}{x}$，显然这就是它们的函数关系。其中，$[a,\ 2a]$ 是自变量 x 的取值范围，但是条件中的 $[a,\ a^2]$ 并不是这个函数的值域，值域是由函数的定义域 $[a,\ 2a]$ 及函数的解析式 $y=\dfrac{a^c}{x}$ 决定的。因为 $y=\dfrac{a^c}{x}$ 在 $x\in[a,\ 2a]$ 上是减函数，可求得 $\dfrac{a^{c-1}}{2}\leqslant y\leqslant a^{c-1}$，也就是函数的值域为 $\left[\dfrac{a^{c-1}}{2},\ a^{c-1}\right]$。为了满足条件“对于任意的 $x\in[a,\ 2a]$，都有 $y\in[a,\ a^2]$”，函数的值域 $\left[\dfrac{a^{c-1}}{2},\ a^{c-1}\right]$ 一定是 $[a,\ a^2]$ 的子集。由此求得 $2+\log_a 2\leqslant c\leqslant 3$。因为常数 c 是唯一的，故 $c=3$，所以 $a=2$。

在上述问题的理解和解决的过程中，函数的思维逻辑体现得非常明确：如何认识两个变量之间的关系？如何理解 $y\in[a,\ a^2]$？如何理解题目中的等式？在这里函数的学科思想观点起着非常重要的作用。课堂上对这样的问题从如何理解的角度与学生们一起讨论、研究，才能够在不断明确思维逻辑的基础上发展学生的数学素养。

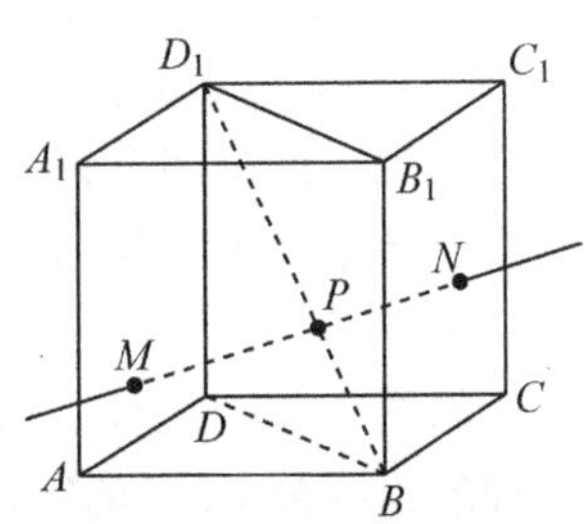

图 2-31

问题 4：如图 2-31，动点 P 在正方体 $ABCD\text{-}A_1B_1C_1D_1$ 的对角线 BD_1 上，过点 P 作垂直于平面 BB_1D_1D 的直线，与正方体表面相交于 M、N，设 $BP=x$，$MN=y$，则函数 $y=f(x)$ 的图像大致是(　　)

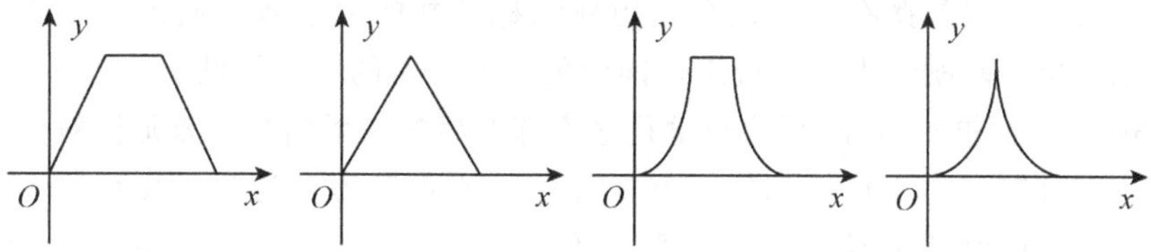

A　　B　　C　　D

分析：在引导学生理解上述问题的过程中，要能够始终坚持函数的观点。对于条件的解读要突出线段 BP 长度的变化对线段 MN 长度变化的影响。也就是函数的自变量 x 对函数因变量 y 的影响。对这种影响的分析要有层次，由浅入深地进行剖析。如从动点 P 在正方体 $ABCD\text{-}A_1B_1C_1D_1$ 的对角线 BD_1 上运动的过程中，线段 MN 长度由小逐步增大，当增大到最大之后开始逐步减小。这个变化的过程从代数的角度看，就是当自变量 x 从 0 开始逐渐增大的过程中，函数 $y=f(x)$ 的变化趋势是先增后减。因而在四个选项中，A、C 反映出来的变化趋势是不符合上述的分析的；那么是选 B 还是选 C？这就要对题目的条件做进一步的分析，以确定函数 $y=f(x)$ 的类型，但不一定要求出这个函数的具体解析式才能够做出判断。

实际上，从几何的角度看线段 MN 运动所形成的轨迹是一个过正方体顶点 B、D_1 及棱 AA_1、CC_1 中点的菱形。如图 2-32，在直角三角形 PNB 中，$\dfrac{PN}{PB}=\tan\angle PBN$，而 $\angle PBN$ 是一个确定的角，因此，线段 PN 与线段 PB 长度的比值是确定的，它们之间的关系是线性关系，故函数 $y=f(x)$ 的图像应该是直线形，答案选 B。

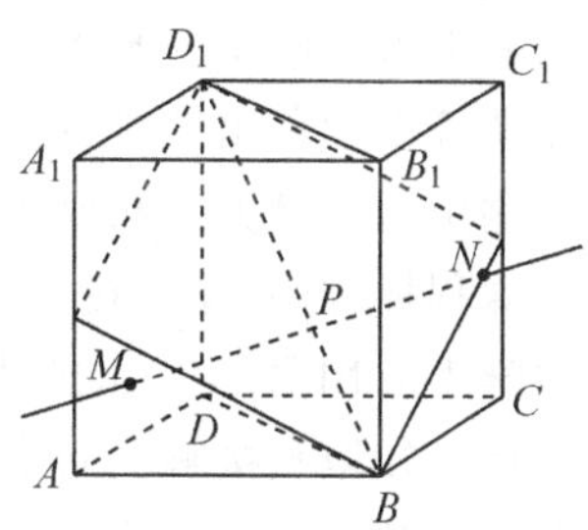

图 2-32

教学中一定要克服以找到答案为目的的分析方法，如取特殊值等。要让学生在分析的过程中感受到函数的观点所发挥的作用，要学会用函数的观点去分析两个变量之间的问题。

2.3.2　逻辑推理与数学建模

逻辑推理是数学教学活动的核心，也是培养数学素养的重要途径。“推理能力的发展应贯穿于整个数学学习过程中。推理是数学的基本思维方式，也是人们学习和生活中经常使用的思维方式。”①

2008年的新学年正是北京市实施高中课改的第二年，如何上好新课程理念下的数学课，如何将增加的教学内容有效地纳入整个高中数学知识的逻辑体系中去，不仅是摆在每个正在经历新课标洗礼的数学教师面前的一个严峻的课题，也是刚刚走上教研员工作岗位的我所面对的巨大的挑战。

选修2-2“推理与证明”的教学是这次课改后的新增内容，教师们对于如何把握这部分知识的本质，如何上好这样的课心存疑虑。为此，我在科大附中组织了一节区级研究课“合情推理”。在准备这节课和上课、评课的过程中，附近的几所学校的同年级的教师全程参与，还请来了课标组的专家、首师大的王尚志教授进行指导。研讨的中心话题是：这样的数学课如何上出数学的味道，如何揭示这节课的知识的本质？课堂中的例题的选择是要达到什么样的教学目的？研讨中，王尚志教授用浅显易懂的语言揭示出知识的本质。他说：“归纳的最实质的东西是指从一些具体的性质出发找到整体的性质。”

研讨、交流，专家的指导，让我和教师们达成了共识：这样的课不能上成科普课，它还是地地道道的数学课，教师在教学过程中，要以学生学过的数学知识为载体，要能讲出数学的思维。课堂上，和学生交流的也是数学的思维。

数学建模是对现实问题进行抽象，用数学语言表达和解决实际问题的过程。《义务教育数学课程标准》指出：“模型思想的建立是学生体会和理解数学与外部事件联系的基本途径。建立和求解模型的过程包括：从现实生活或具体情境中抽象出数学问题，用数学符号建立方程、不等式、函数等表示数学问题中的数量关系和变化规律，求出结果并讨论结果的意义。”②《普通高中数学课程标准(实验)》在实施建议中也指出：“在有关内容的教学中，教师应指导学生应用数学知识解决一些简单问题，例如，运用函数、数列、不等式、统计等知识直接解决问题；还可以通过数学建模活动引导学生从实际情境中发现问题，并归结为数学模型，尝试用数学的方法去解决问题；也可以向学生介绍数学在社会中的广泛应用，鼓励学生注意数学应用的事例，开阔他们的视野。”③以上论述阐明了数学建模作为数学素养之一的内涵实质，也揭示了其思维逻辑的价值与地位。它是运用数学思想、方法和知识解决问题的过程，已经成为数学教育重要和基本的内容。

---

① 中华人民共和国教育部制定：《义务教育数学课程标准》，北京：北京师范大学出版社，2012年，第6页。

② 中华人民共和国教育部制定：《义务教育数学课程标准》，北京：北京师范大学出版社，2012年，第7页。

③ 中华人民共和国教育部制订：《普通高中数学课程标准(实验)》，北京：人民教育出版社，2013年，第109页。

2012 年北京高考数学试题文理科的第 8 题提供了这样的实际情境：

问题：某棵果树前 n 年的总产量 S_n 与 n 之间的关系如图 2-33 所示。从目前记录的结果看，前 m 年的年平均产量最高，m 的值为(　　)。

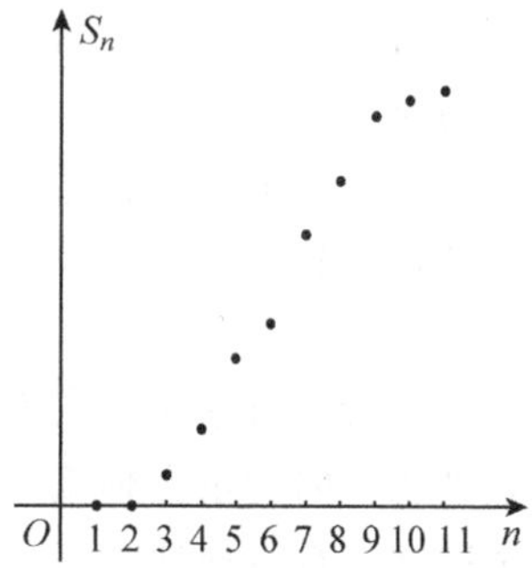

图 2-33

分析：题目以实际应用问题为背景，但其中的数学的含义又是非常清晰，读完一遍题目，就可以把题目中的"前 n 年的总产量 S_n 与 n 之间的关系"翻译成数学里的"数列的前 n 项和 S_n 与 n 之间的关系"。如果从函数的观点理解数列的问题的话，这个含义又可以进一步延伸成为"函数 $y=f(x)$ 与 x 之间的关系"。

题目所提供的图像就是函数的图像，尽管是不连续的。理解问题如果能够理解到函数的层面，题目的最关键的一句话就非常容易理解了。"前 m 年的年平均产量最高"的含义直接翻译就是"$\frac{S_m}{m}$的值最大"，从函数的意义来理解的话就是"$\frac{f(x)}{x}$的值最大"，从这个表达式的几何意义看，就是在图像中，点 $(x, f(x))$ 与坐标原点 $(0, 0)$ 所确定的斜率最大。题目所要求的是此时的 x。学生如果能够顺畅地理解问题的实质，下面只需要动手用直尺比画一下，就可以发现，当 $m=9$ 时，$\frac{S_m}{m}$的值最大。学生在解答这个题目时可能会出现的问题是：没有真正地理解这个问题就匆忙去做，把"前 m 年的年平均产量最高"理解为图像中的 S_m 最大而产生错误。

这个问题对学生数学建模的学科素养的考查是比较深入的，给出的是实际生活中的问题情境，但是又把它放置在学生所熟悉的数学问题的框架内，给出了直角坐标系下的果树总产量 S_n 与年份 n 之间的关系，符合在实际情境中从数学的视角提出问题，用数学的思想分析问题，用数学的语言表达问题，用数学的知识得到模型，用数学的方法得到结论的这样的数学建模过程。在建模过程中的思维活动也是以数学的学科思想为主线，从函数的视角到解析几何的方法，对学生思维逻辑的培养是全方位的，对培养学生的应用意识是有价值的。

2.3.3　空间想象

空间想象主要指借助空间想象感知事物的形态与变化，利用几何图形理解和解决数学问题。空间想象是数学素养之一，其培养的途径正如《普通高中数学课程标准(实验)》在实施建议中所指出的："加强几何直观，重视图形在数学学习中的作用，鼓励学生借助直观进行思考。在几何和其他内容的教学中，都应借助几何直观，揭示研究对象的性质和关系。”①可以看出，这种直观想象不是空想，而是以思维活动为背景的直观想象，只有明确了直观想象这一数学素养的思维逻辑的内涵，才能真正落实直观想象素养的培养。

问题：关于直角 AOB 在定平面 α 内的射影有如下判断：

①可能是 0°角；②可能是锐角；③可能是直角；④可能是钝角；⑤可能是 180°角。其中正确判断的序号是(　　)。

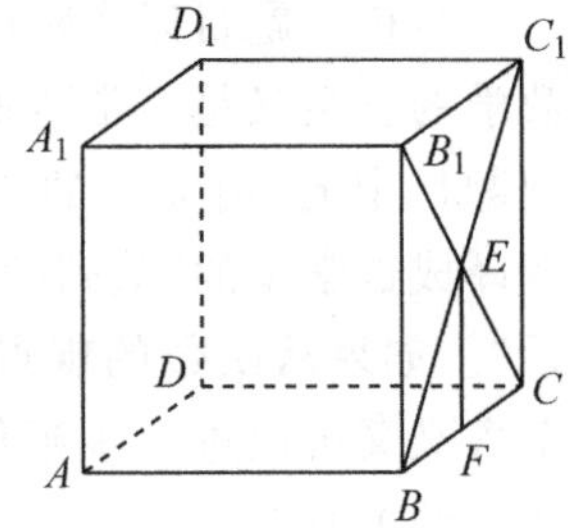

图 2-34

分析：对这个问题的分析，可以结合正方体的直观图。因为正方体有丰富的线面垂直关系，可以帮助学生直观地理解有关角的射影角的问题。

如图 2-34，在正方体 $ABCD\text{-}A_1B_1C_1D_1$ 内，$\angle A_1B_1C_1$ 在平面 AC 内的射影角是 $\angle ABC$，显然直角的射影角可以是直角；连接 B、C_1，与 B_1C 交于点 E，则 $BC_1 \perp B_1C$，$\angle B_1EC_1 = 90°$，连接点 E 与线段 BC 的中点 F，则 $EF \perp$ 面 $ABCD$，所以，$EF \perp BC$，$\angle BFC = 180°$，而 $\angle BFC$ 是 $\angle B_1EC_1$ 在面 $ABCD$ 内的射影角，故判断⑤是正确的；同理，因为 $\angle B_1EB = 90°$，两直角边 EB_1 和 EB 在面 $ABCD$ 内的射影都是 FB，也就是直角在平面的射影也可以是 0°角。那么，直角 AOB 在定平面 α 内的射影可能还是锐角或钝角吗？其实从合情推理的逻辑去分析，这是必然成立的，因为相当于把直角 AOB 在光线下旋转，其在平面 α 内的射影有 0°角、90°角、180°角，如果是一个连续变化的过程，必然经历了 0°角与 90°角之间的角，即锐角；从 90°角到 180°角也不可能是一下子旋转过去的，必然经历钝角。如果用正方体 $ABCD\text{-}A_1B_1C_1D_1$ 这个几何模型，我们也可以找到具体的证据：如图 2-35，连接 AC、CD_1、D_1A，得等边 $\triangle ACD_1$，设 AD_1 的中点为 E，AD 的中点为 F，连接 E、F，易证 $EF \perp$ 面 $ABCD$，$CE \perp AD_1$，于是，我们直观地看到直角 $\angle AEC$ 和 $\angle D_1EC$ 在面 $ABCD$ 的射影角是 $\angle AFC$ 和 $\angle DFC$，显然，一个是钝角，一个是锐角。至此，我们可以断定关于直角 AOB 在定平面 α 内的射影判断①②③④⑤都是正确的。

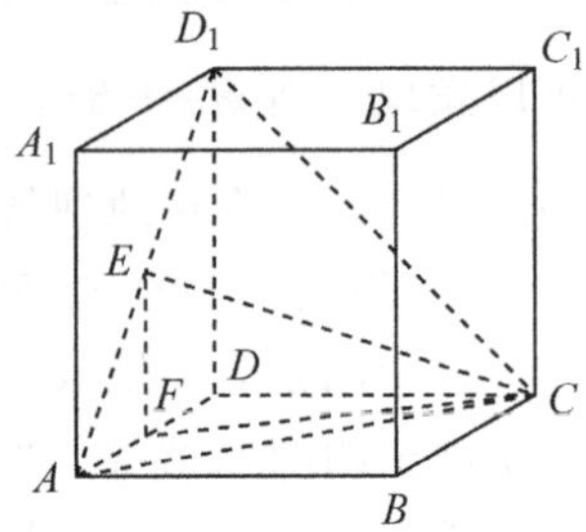

图 2-35

① 中华人民共和国教育部制订：《普通高中数学课程标准(实验)》，北京：人民教育出版社，2013 年，第 111 页。

2.3.4　运算能力

运算能力是指在明晰运算对象的基础上，依据运算法则解决数学问题的能力。作为数学素养之一的运算能力也是确立思维逻辑的目标之一。实际上，在数学教学活动中，培养学生运算能力的核心素养，有利于学生提升逻辑推理的能力，有利于学生培养程序化思考问题的习惯，有利于学生养成实事求是、一丝不苟的科学精神。这些目标都是通过运算这样一个途径，让学生的思维更具有逻辑性。所以，在培养学生的运算能力的过程中，不应过多地关注操作性的东西，不应该是靠大量的重复性的训练，而应该在思维层面上进行有效的关于运算能力的教学。

如 2010 年北京高考数学理科解答题的第 15 题的第二问。

问题 1：研究"函数 $f(x)=2\cos 2x+\sin^2 x-4\cos x$"的最值问题。

分析：这个问题对学生的思维要求是，先要化简函数的解析式。化简的方向是统一函数的名称和角，最终目标是转化为熟悉的函数形式。为此，利用正余弦的平方关系将$\sin^2 x$ 转化为 $\cos x$ 非常简单，而 $\cos 2x$ 转化为$\cos^2 x$ 只需用一次余弦二倍角公式就能完成。这样就得到了函数的最简单的形式，$f(x)=3\cos^2 x-4\cos x-1$。再利用二次函数的性质研究函数就非常简单了。

缺乏理性思维的学生盲目地套用公式，死记"见到二次就用降幂公式"的教条，则有$\sin^2 x=\dfrac{1-\cos 2x}{2}$，而对于 $\cos 2x$ 又盲目地转化为单角，如 $2\cos^2 x-1$ 或 $1-2\sin^2 x$，但为什么这样做不知道，让本不是很复杂的问题变得复杂起来，最后在计算上又出现错误导致失分。可以看出所谓的计算能力不足问题不在"算"上，而是在于对问题的本质的理解和对为了计算所做的化简变形方向的判断上，说到底是思维水平的问题。

问题 2：求函数 $f(x)=\ln(1+x)-x+\dfrac{k}{2}x^2(k\geqslant 0)$的单调区间。

分析：本题对学生的思维的基本要求是，用导数工具研究函数的单调区间问题。思维的焦点在于求导之后，对于导函数 $f'(x)=\dfrac{x(kx+k-1)}{1+x}$符号的讨论。由于 $1+x>0$ 是函数定义域的要求，可以将对 $f'(x)=\dfrac{x(kx+k-1)}{1+x}$符号的讨论进一步化简为只需讨论 $g(x)=x(kx+k-1)$的符号了。而已知条件限定了 $k\geqslant 0$，从而决定了函数的类型是一次函数或二次函数，也就决定了分类讨论标准分为两大类：$k=0$ 和 $k>0$。当 $k>0$ 时，二次函数的讨论涉及零点 $x_1=0$ 和 $x_2=\dfrac{1-k}{k}$大小的比较，还需分 $0<k<1$、$k=1$、$k>1$ 三种情况。题目看似不难，也是在高三复习中学生经常练习的题目，但对学生数学的思维要求不低。真正理解数学问题实质的学生解答本题得心应手，对为什么要进行讨论，如何讨论始终不得要领的学生，本题就有可能要失去一定的分数。可以看出，这个问题能够把数学基础扎实、数学思维品质优秀的学生区分出来，表面看是运算的问题，但实际是运算背后的思维能力，是所具备的数学素养的高低。

2.3.5 数据处理

《普通高中数学课程标准(实验)》在数学 3 的内容标准中指出："现代社会是信息化的社会，人们常常需要收集数据，根据所获得的数据提取有价值的信息，作出合理的决策。统计是研究如何合理收集、整理、分析数据的学科，它可以为人们制定决策提供依据。随机现象在日常生活中随处可见，概率是研究随机现象规律的学科，它为人们认识客观世界提供了重要的思维模式和解决问题的方法，同时为统计学的发展提供了理论基础。因此，统计与概率的基础知识已经成为一个未来公民的必备常识。"①

在数学教学活动中，注重培养学生数据分析与获取知识的核心素养，有利于学生养成基于数据探究事物本质和变化规律的习惯，有利于学生提升基于数据表达现实问题的能力，有利于学生学会基于数据提取有用信息、获得知识的能力。

在培养学生数学素养之一的数据分析能力的过程中，要充分地挖掘数据分析过程中的数学思维活动，并使这种数据分析能力在数学的思维逻辑上得到真正的发展与提高。

在"统计"教学中也存在着很多没有意义的教学活动。如，有一个教师讲"抽签法"时是这样进行的：通过提问让学生回答什么是"抽签法"，之后把"抽签法"的定义抄在了黑板上，学生再记在笔记本上，之后做一个有关的练习题就结束了"抽签法"概念的教学。这是一种非常枯燥的僵化的教学，学生从中无法理解"抽签法"在"统计"活动中的意义，更谈不上培养学生的数据分析能力了。与之形成对照的是一名优秀教师在"统计"教学时是这样进行的：在"统计"这一章的第一节课就让全班同学在纸条上随机写一个数字，之后的每节课都围绕这些数据展开"统计"的教学，在抽取数据的过程中就会让学生亲身感受到"抽签法"的作用。这样的教学让学生亲身感受到了统计的思想，让学生能够从真实的数据中获得有用信息，形成知识，使得数学素养的培养得到落实。

在"统计"教学中还有一个比较普遍的问题是很多教师把"统计"当成了"数

---

① 中华人民共和国教育部制订：《普通高中数学课程标准(实验)》，北京：人民教育出版社，2013 年，第 24 页。

学”来教。“统计”的教学中，教师用了很多时间都是在引导学生研究函数曲线，运用研究函数的方法展开“统计”的教学，学生看不到数据，更不知道数据是怎么来的。实际上，“统计”的思想是收集数据、处理数据、做出决策。“统计”教学的精髓在于学生通过参与具体的、真实的统计活动去体验、感受统计的思想，而不是背概念，孤立地解题。

2011 年海淀区高三第一次数学模拟考试的试卷中有这样一道统计题，它的出现打破了以往我们对统计题目只是单纯计算的考查的印象，它在学生都很熟悉的情境中考查了统计学的很多重点知识，而其考查的手段从知识立意过渡到能力立意，很好地体现了新课程标准中对统计这部分的要求，即通过部分的数据来推测全体数据的性质，让学生更好地体会统计思想对生产生活的作用。

问题：为了解本市居民的生活成本，甲、乙、丙三名同学利用假期分别对三个社区进行了“家庭每月日常消费额”的调查。他们将调查所得到的数据分别绘制成频率分布直方图(如图 2-36 所示)，记甲、乙、丙所调查数据的标准差分别为 s_1、s_2、s_3，则它们的大小关系是什么？(用“>”连接)

分析：这道题的目的是利用直方图来考方差的概念，很多学生认为丙的波动最大，方差最大，乙的波动比较小，方差最小。学生习惯算方差，也知道方差越大，数据的波动越大，但对方差概念的本质并没有真正理解。

“首先明确数据的方差、标准差是反映数据偏离平均水平的偏离程度，其次根据图形我们估计甲、乙、丙三人的平均水平大致在 2000～2500 之间，最后再逐个分析三幅频率分布直方图：甲同学的频率分布直方图反映出的信息告诉我们，调查数据位于 1000～1500、1500～2000 和 3000～3500 之间的数据要远远多于位于中间水平 2000～2500 之间的数据(前三者频率是后者频率的三倍)，且位于中间水平(2000～2500 之间)的数据是最少的，于是在考虑与平均水平的偏离程度的时候，自然甲的方差较大；乙同学的频率分布直方图反映出的信息告诉我们，尽管调查数据位于中间水平(2000～2500 之间)的是最多的，但位于 1000～1500、1500～2000 和 2500～3000 之间的数据与中间一部分的数据的频数差距并不十分大，如果一定要进行比较，我们可以这样估算，以高出的频率为依据，甲、乙两人的数据中，中间一组与第五组(3000～3500 之间)、中间一组与第二组(1500～2000 之间)的数据差异可以认为基本上是一致的，而乙的中间一组与第一组(1000～1500 之间)、中间一组与第四组(2500～3000 之间)的数据差异却小于甲的中间一组与第一组(1000～1500 之间)、中间一组与第四组(2500～3000 之间)的数据差异，当然这只是一种尺度的估算，从数据表面现象上看：乙的数据远不如甲的那么分散。由此可以得出乙的方差比甲的小；最后是丙的数据分析，显然丙的数据完全是正态分布的，因此丙的方差最小。”①

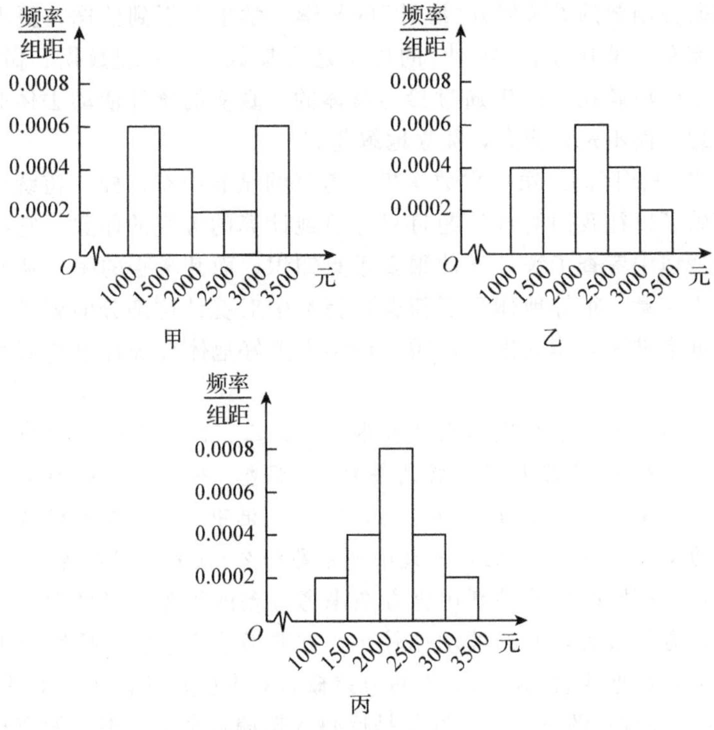

图 2-36

我们的教学只有让学生能够感受到数据分析的完整过程，才能够使得我们的“统计”的教学对学生数据分析能力的提高具有实际意义。

总之，数学素养是现代社会每一个公民应该具备的基本素养。数学教育承载着基于时代要求的整体育人功能，它不仅是学生掌握现代生活和学习所必需的数学知识、技能、思想和方法，更发挥着数学在培养人的思维能力、创新意识以及形成正确的世界观方面的特有功能，促进学生全面发展，并为学生适应终身学习奠定基础。

① 关健：《题不在大，有魂则灵——从一道题看统计学的学习》，《数学通报》，2011 年第 11 期。

第3章　教学逻辑分析

教学逻辑是指教学过程中教师与学生之间教与学活动的思维及其规律。

“教学逻辑回答‘怎么教’的问题，它是使得教学活动从不规范性到规范性、从随意性向高度自觉性发展的要素”。①

要让教学过程赋有逻辑，课堂教学的主导者教师不仅要研究教材，明确知识逻辑，还要研究知识所承载的思维，让课堂教学活动赋有思维逻辑。可以说，知识逻辑和思维逻辑的确立是教学逻辑准确定位的基础，教学逻辑的准确定位又使知识逻辑和思维逻辑在教学中得以充分揭示与展现。

北京师范大学数学系的严士健教授就东北师范大学数学系高夯教授提出的问题“如何才能成为一名优秀的中学数学教师”回答了两句话：“一是要真会，二是要有教的意识。”严先生所讲的第二条“要有教的意识”就是从教师这个角度阐述的教学逻辑。我们知道，教师的教学工作就是将人类历史经验的精华即科学知识转化为学生头脑里的精神财富。学生的发展就是对知识展开教学工作的结果，而教学的主要工作就是要揭示知识的本质，并将其内化、外化。在客观知识转化为学生的精神财富的过程中，教师的“教的意识”就处于一个至关重要的地位。对于这种“教的意识”所体现出的教学逻辑我从以下三个方面阐述自己的理解：

(1)要教给学生思考数学问题的方法。这里不是说学生不会思考问题，而是针对学生不会用数学的思维去理解数学问题和思考数学问题而言的。我们深知数学在形成人类理性思维和促进个人智力发展的过程中发挥着独特的、不可替代的作用。教师的数学教学任务就是要通过教学活动让学生领悟数学的各个单元知识所承载的数学思维特征，学会用数学的思维方法去理解数学问题。

(2)要教给学生研究数学问题的一般方法。我们常常教导学生不要去追求解题的技巧，要掌握数学的通性通法。可是，通性通法是什么呢？实际上，我们在每一个单元的数学教学中，都要教给学生如何去研究这一单元的数学问题。这样的研究要遵循这个单元的知识所承载的数学思维方法，教师要能够通过自己的研究找到研究问题的一般规律，得出研究问题的一般方法。并通过教学活动，让学生理解、认同这种研究问题的一般方法，并最终形成他们自己的方法。学生的数学能力的高低，很大程度上体现在研究问题的能力

---

① 朱德全，张家琼：《论教学逻辑》，《教育研究》，2007年第11期，第49页。

上，而这种能力的获得，则需要教师的专业指导。

(3)要培养学生数学的学科思想与观点。如果我们的学生看到方程或不等式，就要去解方程或不等式，而不能用变量的思维去认识、用函数的观点去看待方程或不等式的话，学生的思维水平就难以得到真正的提高。因此，我们在教学中要能够通过知识这一载体，传达给学生学科的观点、学科的思想。要让学生能够通过我们的教学，对数学问题的理解更加深刻，解决问题的方法更加符合数学的逻辑。我们要坚信：这种观念性的教学最终是要影响学生一生的。他们从数学课上不仅仅学到了逻辑推理能力，而且也树立了认识客观世界的思想和观念。

高夯教授在回顾自己做教师的感悟时说了这样一句话：要做一名好的教师，就要“想明白，说清楚”。我认为这六个字也是对教学逻辑的一种诠释：

“想明白”一方面是要能够准确把握所教授知识的本质，明晰知识逻辑；另一方面，教师要洞悉数学教学的教育价值。作为一名有责任心的教师，在上每一节课之前自己要好好地想一想：我为什么要上这一节课？这节课我要教给学生的是什么？只有明确了知识教学的价值和意义，才是真正想明白了。当然，要做到这一点，就需要教师具有研究教学的意识和能力，要能够通过自己的教学实践与研究，明确数学学科教学的教育的价值，真正把握教学逻辑。

“说清楚”就是教师要能够依据学科教学的知识逻辑和思维逻辑，引导学生去理解问题、思考问题。“说”不是“灌”，而是把自己研究知识逻辑的体会、感悟讲出来，让学生感受作为教师的你的思维逻辑是什么，你是如何提出问题、如何理解问题、如何研究问题的。“说清楚”实际上就是严士健教授所说的“教的意识”强。

“想明白，说清楚”所体现出来的教学逻辑还有一个层面的含义，是针对学生的。很多时候，我们忽视了学生的知识逻辑和思维逻辑的确立，这表现在教师提出的大多是类似“如何算，如何解”这样的问题，把学生的思维活动直接就压缩到操作层面上了，没有给学生留出理解知识的过程和展示思维活动的空间。如果是在以“结论的正确陈述”为教学逻辑的课堂中，学生是如何理解问题的、是如何在理解问题的基础上制定解决问题的方案或策略的，作为教师在与学生的交流中就无从知晓，听课的学生从他的同伴的发言中所能得到的启示、帮助也打了折扣。我们常常能够看到这样的情景，讲解题过程的学生如果不讲完，听讲的学生和上课的教师都不知道他是如何想的。因此，教师在和学生进行课堂教学的交流过程中，应注意所提出的问题是否有利于学生知识逻辑的阐述和思维逻辑的明确，是否能激发学生进行高质量的思维活动，帮助学生“想明白”。在此基础上学生才能够真正地实现“说清楚”。

做一名优秀的数学教师不易，培养出更多的优秀的学生更难。在教学中，教师首先自己要想明白(知识逻辑)，说清楚(思维逻辑)；其次就要通过教学活动的实施，让学生能够想明白(知识逻辑)，说清楚(思维逻辑)。这就需要作为教师的我们成为教学的研究者，准确把握教学中的知识逻辑和思维逻辑，并据此确立教学逻辑，在教学活动中揭示出所教授知识的本质，实现知识教学的教育价值，真正地“想明白”。只有这样，我们才能让学生通过数学学习，掌握研究数学问题的一般方法，养成理性思维的习惯，感受到数学逻辑的魅力，作为中学教师的我们也才能够真正像医生、律师、大学教师等职业一样享有受人尊敬的专业地位，获得应有的学术尊严。

3.1 教学逻辑的味道与魅力

我们常常会有这样的感受，去听某位教师讲课，课虽然讲得挑不出什么毛病，但一堂课听下来却说不出是一种什么味道，这节课和其他教师上的课相比没有什么区别；还有一些课堂，教学的设计似乎没有什么问题，教师一板一眼也还算规范，板书工整，教学内容没有科学性的错误，但总是让听课者感到教学过程乏味、枯燥，让人昏昏欲睡，缺乏生气；也还能听到这样的课堂，教师以“知识”为教学目标，以考试的分数为落脚点，课堂上的教学活动都变成了一种机械的“训练”，一种刻板的“操作”。这样不尽如人意的课堂教学为什么会产生呢？

本来每一个教师都有自己的性格、特长与业务专长，通过一段时间的教学实践，会逐渐形成良好的教学习惯与教学风格。一堂充满活力、富有数学智慧的好课，反映在教师能够根据课堂教学的内容与特点，依照其良好的教学习惯，展现其独特的教学风格。也就是说，这堂课很有特色，确实是这位教师讲的，而不是别人讲的。可是，怎样才能上出有个人特色的课呢？个人特色指的又是什么呢？

3.1.1 教学逻辑的味道

课堂教学是否有鲜活的生命力，是否有教师个人的特色，是否富有教育意义，其关键在于教师自己是怎样对待你的这一节课的，你是怎么准备这一节课的。别人讲得再好，也是别人深入研究的体会，永远不会是你的。做好教学工作、上好一节课，就要有自己的研究成果。这个研究成果就是你所掌握的知识逻辑的脉络和思维逻辑实施的途径，在这样的课堂中充满着教学逻辑的味道。

从这一角度说，要上好一节课是需要下很大的功夫的，需要教师长期的教学实践和教学研究的积累，要对所教学科的每一门课程的思维特点、整体的知识逻辑结构有着准确的把握。教师既要能以学生的角度去认识、理解所教授的知识，感受学生可能遇到的问题，又要能站在思维逻辑的高度认识、理解教材，挖掘出教学内容具有思维活动价值的规律。

教学实践中，教师们也在积极地探索，努力改变教学的沉闷氛围。为此，探索性的课堂教学模式被更多的教师所接受，这样的课堂由于学生的积极参与，教学的氛围变得比以往更加活泼。但也出现了一些问题，引起了教师们的思考。如操作型的探索活动就是一个比较普遍的现象，由于教师担心学生的探索活动花费太多的时间，担心课时不够等原因，在这样的教学模式中，探索的步骤往往是教师事先安排好的，学生更像是一个操作人员，不需要做太多的思考，按照教师的要求去完成探索即可。这样所谓的探索型教学的实际效果就打了折扣，失去了探索知识内在规律的真实过程和相应的思维活动过程，也就失去了教学的意义，违背了教学逻辑。

那么，怎样才能使得我们的数学课堂教学逻辑能够通过外在的形式表现课堂教学内在的知识本质和思维本质呢？大量的教学实践和研究表明：要做好教学工作，要能使我们的课堂充满逻辑的味道，就不能搞花架子，不能搞表面文章，不能图虚名，要埋头苦干，要不怕吃苦。把课外的功夫用足，才能在课上的45分钟见功夫！“钻研教材，钻研课标”，这是我们常常挂在嘴边的话！但要做得好，不是教材怎么说、课标怎么讲，我就怎么教；而是要有自己对知识逻辑的认识，要有自己的明确的思维逻辑。对教学逻辑要有自己的理解，不能人云亦云、亦步亦趋！就像我们常常教育学生的那样：好的学习方法，关键是要动脑筋、勤思考，我们作为教师，不能把每天的授课看成是机械的、重复性的、简单的体力劳动，而要研究知识的内在规律，研究教学的内在规律，研究学生的学习规律。要备好一节课，不是找几道题就可以踏实了的。自己要明白：为什么讲这几道题？要达到什么目的？如果自己都说不出所以然来，又怎能踏踏实实睡着觉呢？要尊重自己的工作，一定要付出相当多的时间，去钻研教学。我们要清楚地认识到：对教学逻辑的理解与认识的程度决定教师的教学水平，教学研究的质量决定教师教学水平的高度。

很多时候教师自己常常困惑于如何才能提高自己的教学研究能力，常常感叹自己只会教知识，而不会教能力，换句话说就是对于课堂教学逻辑无力把握。我认为这种研究能力的提高一定是和自己的教学实践紧密联系在一起的。例如：在备课的过程中，我们不仅要挖掘本节课所要讲授的知识所承载的学科思维和学科观点，同时也要能够研究不同的教学内容之间的逻辑关系，也就是本节课的教学内容与之前的教学内容是一种什么样的逻辑关系，本节课所要讲授的知识在其所在的章节中处在一个什么样的地位等，这些思考就是在做教学研究。教师如果能够经常地思考类似这样的问题，对自己的研究教学能力的提高是非常有益的，也就会自己探寻到知识逻辑和思维逻辑，让自己的课堂教学充满逻辑的味道。

只有深入地研究了教学，自己才会有对知识的感悟和体会。每一位数学教师的课堂教学就是要讲自己学习数学知识的感受。每个人的感受不一样，每个人上的课也就不可能一样。要上好一节课，特别是要上出自己的特色，教师对所教的学科、对教材、对知识结构一定要有自己的思考和理解，并能把你学习这段知识的感受讲出来。那么，怎样才能讲出你的感受呢？这就需要教师深入地研究所教授的内容。研究得越深，教师本人的感触就越深。我们要教给学生的、要学生看到的是：你是怎样学习的，你是怎样提出问题、思考问题、解决问题的，也就是你是怎样做学问的。当把数学教学放到一个学术的高度去看待的时候，我们教给学生的数学就能够更接近其本质，学生才能从你的数学教育中受益。

我在一线做数学教师的时候，对数学教育的追求非常简单，就是上好每一节课。那个时候，我每天晚上都要花上一到两个小时认真备课，工工整整地写出第二天的教案。尽管上课的时候，这份教案我并不怎么看，但它摆在讲台上，就代表了我对工作的那份责任心，表明我对这节课想明白了。

我在课堂上给自己的教学定位是：如果“讲”，就要讲出知识的逻辑性来，讲出知识背后的思维的东西，将自己的认识、自己的困惑、自己的体会讲给学生；不是把知识强加给学生，而是和学生一起感受知识逻辑带给人们的思维逻辑的快乐。

课堂上引导学生探究问题是培养学生学习兴趣的最常用的方法。作为教师，一定要老老实实地把自己放在一个和学生平等的位置上，要注意倾听学生的想法，要努力创设一个师生之间、生生之间多向交流的平台，要把体验成功的快乐让给学生；不要去追求课堂形式上的完美，不要被备好的教案所累。一堂好的课，往往表现在能够充分揭露矛盾与解决矛盾上，在解决矛盾的过程中，让学生获得真知，在能力上得到锻炼。在课堂上暴露出来的问题往往是教师在备课时没有预料到的，却最真实地反映出学生在思维过程或认知过程中的问题，反映出学生在学习态度或方法上的非智力因素的问题。这对于教师的教学活动来说，是最为宝贵的；教师不要怕学生在回答问题时出错，不要希望每个学生的回答都是标准的，也不要怕自己回答不出来学生的问题，怕自己出错。教学过程应该是真正意义上的心灵对话过程，这个过程消解了教师的权威地位，确立了师生之间人格的平等，从而减轻了传统的权威角色带给教师的紧张感，也给予了学生最大的自由空间。

2011 年的国庆节前后，我和一位青年数学教师在一起准备一节课，讨论的主题就是怎样才能上出数学课的“味道”。数学老师都知道：不是会做题就能把数学课上好，也不是会讲题就算上好数学课！要想让学生能够被你的数学课所吸引，能够通过你的课堂真正喜欢上数学，最重要的是，你要能够把数学课讲出“味道”来！这个“味道”是指什么呢？怎样才能上出这个“味道”呢？

这是高一的一节课，课题是“二次函数的性质与图像”。这节课的重点是要引导学生通过二次函数的解析式来研究函数的性质。如果按照定义域、值域、奇偶性、单调性、对称性等来展开教学的话，函数的思维过程也就淹没在这些数学名词里面，所谓的“味道”也就出不来了。实际上，作为数学教师要引导学生在函数思维的框架内自然地去思考数学问题：研究函数问题，首先就要关注谁是自变量，这个自变量在什么范围内取值，当自变量在这个范围内取值的时候，因变量又是在什么范围内变化。如对于函数 $y=x^2$，当自变量 x 取遍所有实数的时候，因变量 y 也是取遍所有的实数吗？如不是，那个范围是什么呢？通过对这样的一些问题的思考，也就非常自然地讨论了函数的定义域和值域问题。更重要的是，这是在用函数的思维逻辑思考问题。同样，在随后讨论函数 $y=x^2$ 奇偶性时，也可以这样去启发学生：从函数解析式的特点我们来分析，函数 $y=x^2$ 的自变量 x 与因变量 y 之间是否有特殊的关系呢？如果学生不解其意，可以进一步启发：从函数的概念我们知道，对于定义域内的任意的自变量，都通过函数关系有唯一确定的值和它对应，那么这些函数值都是不同的吗？(如果学生发现可以相同，追问学生其对应的自变量具有什么样的特点。)在讨论函数单调性的时候，让学生从函数解析式 $y=x^2$ 入手，分析的线索就是自变量 x 的变化是如何影响因变量 y 的变化的，如果学生能够分析出自变量 $x=0$ 是一个分水岭，小于 0 和大于 0 这两个范围内的自变量 x 对 y 的影响是不一样的，那可以说这个“味道”是出来了。这个时候如果教师再顺势添把柴火，“味道”就会更足。如让学生从自变量相反的两个自变量的值所对应的函数值相等这个代数特征思考：反映在函数 $y=x^2$ 的图像上会有什么特征呢？从而得出函数 $y=x^2$ 的图像关于直线 $x=0$ 对称这一几何特征。

在研究函数 $y=2x^2-4x-6$ 性质的时候，不要一上来就配方为 $y=2(x-1)^2-8$，而是启发学生思考配方的必要性。让学生去体验直接从函数解析式 $y=2x^2-4x-6$ 去研究函数的性质不是那么容易，原因在于解析式中 $y=2x^2-4x-6$ 的 x 太多，它的变化如何影响 y 的变化不易分析。这样就必须化简，化简的目标是 x 出现得越少越好，为此进行配方得 $y=2(x-1)^2-8$。类比函数 $y=x^2$ 性质的研究，引导学生去思考函数 $y=2(x-1)^2-8$ 是否还具有“互为相反的两个自变量所对应的函数值相等”的性质呢？学生如果给出否定的回答，这时教师可以继续启发学生从函数 $y=2(x-1)^2-8$ 与 $y=x^2$ 相似的解析式的结构上去分析并得出：$x-1$ 取互为相反数的时候，函数值会相等。这时可以追问学生，此时此刻对应的函数的两个自变量又是什么关系呢？实际上，此时自变量 x 取和为 2 的两个自变量、以 1 为中点的两个横坐标对应的自变量的时候，函数值相等。这个代数特征反映在图像上，就是函数 $y=2x^2-4x-6$ 的图像关于直线 $x=1$ 对称。

所谓的数学课的“味道”来自于数学的知识所承载的知识逻辑和思维逻辑，

如果我们的教学是遵循数学的思维去自然地、真实地沿着教学逻辑的主线展开，坚守住不讲结论而是讲思维过程，数学课的“味道”就必然会越来越浓！

总之，作为教师既要能以学生的角度去认识、理解所教授的知识逻辑，感受学生可能遇到的问题，又要能从思维逻辑的角度认识、理解教材，挖掘出教学内容真正的教育意义，让课堂教学充满教学逻辑的味道。

3.1.2　教学逻辑的魅力

教学逻辑的魅力是什么呢？如何在教学中在师生共同建构的课堂中享受到教学逻辑的乐趣呢？

2011 年的秋天，在北航附中听了一节七年级的数学课，很受启发。这节课的课题是“化简求值”，全班同学在老师的带领下解决这样一个问题：“当 $x=-1$ 时，$ax^3+bx+1=6$，那么，$x=1$ 时，求 ax^3+bx+1 的值。”

这是七年级数学按照“整体代入”的思维进行计算求值的常规题目。首先，一位学生在黑板上板书了标准的解法：将 $x=-1$ 代入 $ax^3+bx+1=6$ 后得到 $a+b=-5$，再将 $x=1$ 代入 ax^3+bx+1 得 $a+b+1=-4$，从而得到结果。按理说这道题也就讲完了，但这时有个男同学走到黑板前谈了自己的一个想法。他认为，只要是式子“ax^3+bx”中的 x 取两个互为相反数的值，不论 a、b 取多少，得到的两个值的和都是零，因此，就可以利用这条性质求值。在这个小男孩谈自己想法的时候，由于有的地方说不太清楚，他的老师就帮助他梳理思路并在黑板上标注出那个式子“ax^3+bx”。这个学生的想法实际上就是高中函数非常重要的奇函数性质，即：当函数取两个互为相反数的自变量值的时候，所得到的对应函数值也是相反数。但很明显，这名学生不可能了解函数的这个性质，甚至对什么是函数也许还都不是太清楚。但在课堂中，他的数学思维已经进入到了变量思维，已经在用函数的思维方式思考问题和解决问题了。在师生交流的过程中，倾听他的思路的学生毫无疑问受到了这个学生的启发和激励，这比老师介绍一个解法的激励作用要大得多。因为说出这个解法的，或者说是发现了这个问题本质的就是自己身边的同学。毫无疑问，发言的那个男同学享受到了数学思维逻辑的快乐，他的同学们也从中感受到了数学学习中逻辑给思维带来的乐趣。

这节课老师的作用非常重要。如果这位老师不熟悉奇函数性质的话，有可能会因对这个男孩子的解法不理解而敷衍了事，如此，这节课最有价值的素材就浪费掉了。幸好这位小男孩的数学老师刚刚从高三的教学岗位下来，对他想表达的思路非常清楚。更难能可贵的是，她没有越俎代庖，而是顺着这位学生的思路，一点点地帮助他把思路梳理清楚，让其他的学生能够理解他的观点。

我们的课堂教学最重要的目标就是要启迪学生的智慧，让学生理解数学问题的本质。通过我们的教学，学生会思考数学问题了，学生的思维越来越有逻辑性了，这才是符合我们的教学逻辑的。如果我们生硬地把教学的内容局限于课本、课程标准划定的范围，就不可能有像前面的课堂中那个学生的充满函数思维的解法；如果我们自己的学识还不够深厚，那么充满智慧、思维活跃的学生就不会很多。

数学是思维的科学，数学教学就是要让学生在对数学问题的解决过程中培养自己的数学思维能力，在思考数学问题、分析数学问题的过程中，磨炼自己的思维品质。作为教师的教学工作，其乐趣也就在于此。只有让自己的学生学会了思考问题，会运用逻辑关系对事物做出独立的判断，在数学的学习过程中领悟到了数学的本质、抓住了事物变化的规律，学生才能够从数学的学习中感受到教学逻辑的魅力，作为教师的我们也才能够真正享受到教学逻辑带给我们职业的乐趣。

2014 年新学年刚开学，我在海淀区的一所中学听完九年级的公开课后，写了如下的感悟：

(1)任何解决数学问题的方法的背后都是有思考过程的，而理解又是思考问题的基础，因此对问题本源的思考与分析在课堂教学中是非常重要的。但是课堂教学的现实是：一些教师更迫切地想让学生掌握方法，并且满足于方法越多越好，而方法背后的思维活动常常受到冷落。如在一节有关不等式问题的复习课中，授课教师把通过构造不等式或式子的几何意义来解决问题作为这节课的主题。如何实现这个教学目标呢？在具体的实施过程中要让学生在深刻理解问题的基础上去选择适当的方法来解决问题，这是教学中要重视的问题。在方法的选择上要给学生思维的空间。是使用代数的方法还是选用几何的方法，是解不等式还是用函数的观点认识不等式并用函数的性质去解决，这都需要学生以对问题的理解为前提，要对选用方法的逻辑能够自圆其说。教学过程不能单靠学生的课堂表现，如果那样的话，教师就会被动地跟着学生的思路去讲课，有可能会把教学逻辑破坏掉。为此，教师在备课充分的基础上有针对性地启发和指导就显得非常重要。

如本节课学生看到的问题大多是不等式或求某一个式子的最值问题，如果将不等式或式子中的 x 看成是未知数，那么只能是采取解、算的方法，这是学生最爱用的方法。教师在尊重学生这个做法的前提下，要能够分析出这种方法的思维根源。同时教师自己要明确，在引导学生理解问题的时候，在学生的方法出来之后你质疑的时候，你要指向方法背后的思维。这样，不仅对于有了方法的学生可以督促其反思，对于听讲的学生，在数学思维上也会有所启发。这样的教学才能够说是在教学生数学的思维。因此，本节课的教学过程中，教师要引导学生思考：如果是将问题中的 x 看成自变量，那就是函数问题，因此就要研究这个函数的性质，也就是要分析当自变量 x 变化的时候，其因变量 y 的变化。也许有些问题对于九年级的学生来说还受到知识的局限解决不了，但是这种思考问题的分析过程是有价值的，是在教学生理解问题的方法。如果把 x 看成动点$(x, 0)$的横坐标，那么就要探寻动点的运动规律，这就是几何方法的由来，实际是平面解析几何的思维。如果是把 x 或问题中的式子(特别是根号形式的式子)看成线段的长度，那就是平面几何的思维方法。

总之，教学中教师要坚持思维在前方法在后，克服那种见到某种题型就对应一种方法的教学形态。要让学生懂得任何方法都是有思考过程的，你所使用的任何方法不能只是简单地套用，而是要能够解释你选择这个方法的逻辑。这个过程是需要在和学生的思维交流中呈现出来的，通过这种交流教师了解学生的思维状况，学生也是在交流的过程中明白老师是如何理解问题和思考问题的。教学逻辑的魅力也就展现出来了。

(2)课堂上教师要明确自己的教学任务，要有自己的主流的思维：通过这节课的知识教学，要让学生在数学思维上的哪些方面受到启发？是把教学生运用基本的学科概念和学科观点去理解问题作为本节课的重点，还是把研究问题的一般方法作为教学的重点？

学生在教师的启发下，在研究问题的过程中，会产生许多的想法。作为教师的你，教学逻辑的主线是什么要清晰。如果不清晰就难免被学生的思维牵着走，看似热闹的课堂实际上却是低效的教学。为此，教学前教师一定要对本节课的教学内容做出逻辑上的判断：这节课的知识在本章中的地位和作用是什么？如何用数学观点来理解认识这部分的知识逻辑？只有认真地思考在知识逻辑基础上的思维逻辑，才能够把握住知识教学的出发点和落脚点，也才可能在课堂上真正地实施符合教学逻辑的教学。

(3)课堂教学要讲“故事”。这里所说的故事不是我们通常所说的有人物、有情节的故事，而是指能够把所要教授的知识讲出情节来，就是要能够讲出知识形成的过程，讲出知识之间的联系，讲出它们的逻辑。不要把课上成讲完概念就是应用，从例 1 讲到例 3 再穿插若干变式练习，最后小结这种模式化、套路化的课堂教学。这样的教学显得干巴、不漂亮，也就是缺乏故事性。把所选用的数学题改成需要探索的问题，并且每个问题之间有联系，能够不断地深入研究；在思维层面上，让研究问题有同样的思维方式。如果能够把知识的教学讲出情节、讲出故事，那么课堂的教学逻辑的魅力也就展现出来了。

那么，这个“故事”如何来讲呢？

①要讲出事情的来龙去脉。数学课不要一上来就是写出题目，就是计算。本来可以是生动的、有味道的课堂这样一来反而弄得形式僵化、索然无味。如果能够把数学问题中最本质的东西从一般的数学题目中演绎出来，让学生

能够从基本的问题中体会深刻的数学思维过程，就会让数学的教学过程生动起来，教师个人的学术观点才可能展现在学生的面前，学生也才有可能从教师生动的富有情节的教学中捕捉到教师思考问题、理解问题的逻辑脉络。学生在富有“故事性”的数学课堂中学到的是与课本知识所描述的不一样的东西。数学不是文学，这里所说的来龙去脉实际上是指数学知识中的各种逻辑关系。

如九年级数学的一道题目是“已知函数 $y=x^2-2x-3$，当 x 取何值时，$0<y<5$；当 $-2<x<2$ 时，求 y 的取值范围”。对于这样的问题，不能仅满足于学生会借助二次函数的图像进行计算，而是要能够揭示出这个问题更丰富的教学内涵。如可以先理解这个函数 $y=x^2-2x-3$，从自变量 x 的取值范围到对应的函数值的变化范围；从二次函数图像的对称性及通过配方法得到对称轴方程进而分析函数的单调性；从二次函数的最大值问题到顶点坐标的计算。以上的思维过程看似和本道题的解决无关，却是研究二次函数性质最基本的任务，也是落实基本知识和基本技能最需要做到的。在此基础上，如果对这个函数自变量 x 的取值范围加以限定，对应函数值的范围就要发生相应的变化；同样，如果限定函数值 y 的变化范围，其对应的自变量 x 的变化范围又是怎样？可以看出，此时提出这样的问题就非常自然、合理，对新的问题与二次函数基本问题的逻辑关系也给予了清晰的阐述和揭示。

数学教学中的逻辑关系还体现在教师的教学思维过程是有逻辑地展开的。如：“已知直线 $y_2=kx+b\ (k\neq0)$ 与抛物线 $y_1=x^2-2x-3$ 交于点 A、B，若点 $P(n,\ 0)$ 是 x 轴上一个动点，过点 P 垂直于 x 轴的直线交这个一次函数的图像于点 M，交二次函数图像于点 N。若只有当 $-2<n<2$ 时，点 M 位于点 N 的上方，求这个一次函数的解析式。”如何理解这个问题是教学中首先要和学生进行交流的。这句话的内涵应该从两个方面理解：首先从代数角度看题干刻画的是两个函数之间的关系；其次从几何角度看是两个函数图像之间的关系。学生的理解可以是不全面的、没有逻辑的，但是教师的理解，特别是教师的观点的表达一定要有逻辑。在研究问题的时候，也要能够思路清晰、逻辑明确。问题的表述是从几何的角度，通过“只有当 $-2<n<2$ 时，点 M 位于点 N 的上方”来刻画两个函数图像的一种位置关系。这种描述直观形象，但需要从几何特征上进一步理解。特别是“只有当 $-2<n<2$ 时”这个条件对于两个函数图像位置关系确定的作用要让学生能够体会出来。另外，让学生们能够进一步地体会这种位置关系的刻画，即通过垂直于 x 轴的直线与两个函数图像交点位置的刻画有利于用代数的形式去表述，也就是对于 $-2<x<2$ 中的任意的自变量 x，其对应的两个函数的值 y_1 和 y_2 有明确的大小关系。

②好的故事在于情节吸引人，同样，一节好的、精彩的数学课，思维活动不应是平淡的，教学的过程要有悬念，有思维的冲突，能够让学生产生顿悟、惊喜。为此，教师就要像编写故事的作家那样，精心设计自己的教学，

要让课堂教学逻辑的魅力呈现出来。

在课堂教学中，教师提出的问题要有思维的含量，要能够打动学生。这就在于思维逻辑的焦点上，如为什么要加那条辅助线？怎么想起要证明某两条直线是垂直的？等等。类似这样的问题，作为教师不要一带而过(如凭直观或受到以前做过的某个题目的启发，或只要有学生能回答出类似的问题就算解决了)。教师一定要给出解决问题的方法的来源，要能够自圆其说，要让学生感到这样想是非常自然的且符合逻辑的，而不是他的老师有多聪明或会做的同学有多厉害。如果课堂教学让学生感受到的是神奇，也许不是一种好的效果。

同样，如果在教学活动的推进过程中师生始终是处在研究问题的氛围中，那么就必然会产生悬念。这种悬念是学生对解决问题的渴望，是对探寻研究问题的一般方法的心理需求，是对明确数学知识之间逻辑关系的需要。如果就是为了一道题目的解决，甚至是为了一个问题的答案，这样的目标可能还无法真正激发出学生的学习兴趣和对学习本质的追求，而只有对知识学习规律的探寻、对知识本质层面赋有逻辑的思考，才能够真正满足学生的需要，也才能够真正提高学生的思维品质。

在研究问题的过程中，教师的思维和学生的思维，甚至生生之间的思维必然会有很多不一致的地方，甚至产生冲突，其实这也正是课堂教学最为宝贵的。在课堂的思维活动中，完全一样的思维模式是不现实的也是不可能的，如果真是那样也是非常可怕的。因为在同一种思维的模式下，在没有任何争议、没有问题碰撞的环境中，不可能产生思维的火花，不可能激发出思维的活力。在这样的教学环境下，只能是教师的灌输和学生的接受、服从，其教学逻辑的魅力也就丧失殆尽。

当然，在我们现实的课堂中，死气沉沉的教学状态还是不时可以看到，责任一定是在于教师。我们一定要知道，课堂教学的思维活动不是教师一个人的事，如果不珍惜学生的思维活动，不研究如何激发学生的思维活动，教学就可能是无效的。

③好的故事一定随着情节的发展，最终达到高潮。课堂教学的思维活动也和故事的情节发展一样，有思维活动最剧烈、达到思维最大强度的时候，这个时候也就是学生豁然开朗的时候。

在教师的指导下，学生随着对所研究问题理解的不断深入，对问题本质的认识越来越清晰。在看似就要达到解决问题的彼岸却遇到百思不得其解的困难的时候，教师恰到好处地从思维方法的高度所进行的点拨往往会让学生产生顿悟。这种顿悟会促使学生的思维水平提升到最高点，这种顿悟也使得学生思维活动停滞的阻力点得到有效的突破。而思维活动的高潮能够实现，不仅在于教师对所教授知识的本质认识和对学生思维活动特征的把握，也在于参与思维活动的学生的内心对知识本质认识的强烈需求和教学逻辑魅力的吸引。

好的数学课堂教学的标志之一就是学生们喜欢数学、爱上数学课。喜欢的理由会有很多，数学知识自身的魅力是最主要的，课堂中呈现的教学逻辑的魅力同样也是非常重要的。把我们的数学课上得更有“故事性”，让充满理性的数学教学也有感性的氛围，何乐而不为呢？

3.2 理解问题与解决问题的教学逻辑

3.2.1 理解问题的教学逻辑

“什么是对知识的理解？总的来说，对知识的理解就是对知识进行质疑、探究、分析、概括和系统化的思索过程。具体地说，首先，对知识的理解就是要学会发现和提出问题。教师要引导学生不是被动地接受教师灌输的知识，而是要善于通过自己发现问题并且开展探究性学习，去能动地获取知识。其次，对知识的理解就是要准确把握概念的内涵和外延；要善于区分和处理概念间的不同关系；要学会对所学的知识进行层层分析、提炼概括，要能够运用原理、定理对事物现象进行科学解释；要知道如何进行知识的拓展和迁移。再次，对知识的理解就是要学会发现和梳理各个知识点之间的逻辑关系，既理顺知识的条理脉络，又了解知识的来龙去脉，使所学知识成为一个系统整体。这样，学生就可以高屋建瓴地把握知识和运用知识。由此可见，对知识的理解必须依靠逻辑思维。学生理解知识的过程就是一个严密的逻辑思维过程，就是一个在理性引领下的学习过程，而死记硬背则是一种忽略或轻视思维的非理性活动。”①

理解在教学活动中如此重要，但现实是许多教学活动致力于通过讲授知识达到教学目标而并不关注学生是否理解。我们经常能够看到一些教师以课时不足为借口，减少促进学生理解所应该进行的分析问题、解决问题的思维活动，不讲知识的形成过程，不引导学生分析问题的背景，不关注数学问题产生的本质。

为了实现学生对数学知识的理解，实现学生对数学本质的理解，我们在教学中应当具有什么样的思维习惯呢？我们在教学中必须克服哪些盲点呢？这些问题就是属于理解问题能力的教学逻辑要解决的。合理的教学逻辑体系是建立在教师对新课程教育目标深入理解和对教学内容进行充分发掘的基础之上并融合学生的实际情况及教师本身的教学风格而形成的。

从最根本的意义上讲，以理解为目的的教学要求尽可能地少讲以结论的

① 汪馥郁：《课堂中的逻辑味道》，北京：中国人民大学出版社，2014 年，第 33 页。

形式呈现的知识。大部分理解与思考有关，对于思考来说，它是自己主动引发的结果，而不是通过训练产生的。在以理解性为目的的教学中，学生必须要意识到，理解的实现依靠自己领会，而不是等着记录老师的标准答案。作为教师不仅要改变教学内容的呈现方式，更重要的是要改变自己对教学意义的认识，在学生的认知规律中寻找逻辑主线。新课程强调学生的主体作用，教师的所有工作都围绕“学的逻辑”而展开。教师只有按照学生的认知规律来设计符合教学逻辑的主线实施教学活动，才能提高学生理解问题的能力。

3.2.1.1 理解数学问题的含义是什么呢？

在数学教学中，我们常常看到一些学生的数学学习总是停留在记结论、记公式、套用一些解题的方法上，学生对数学概念的理解很浅薄、不深入，看不到数学知识本质的东西，掌握不了数学思考问题的思维方法。这些现象的出现很大程度上源于学生对数学知识的理解是单一的、平面化的。一些教师认为：只要在课堂上把所讲授的内容解释清楚了，那么学生就一定能够理解并掌握数学知识。这样的教师满足于如何把课本知识以结论的形式尽快地让学生接受，并陶醉于学生能够很快正确地应用以及不错的检测成绩。而学生是否理解了这段知识背后观念性的东西，是否感受到了思考问题的过程，是否真正理解了所教授内容的本质则被这些教师忽略不计了。正是这样照本宣科式的教学没能够促进学生深入地思考数学问题。不会思考数学问题，使得学生对数学知识和学习方法的误解一步步加深。

教师都是把“通过教学使得学生理解并掌握所教授的内容”作为自己的教学目标的，但最终的教学的效果却是千差万别，其根源在于对理解的含义各有各的认识。

实际上，理解的含义极为丰富，它指的是深刻领会那些抽象的、概念性内容，而不仅仅指掌握一些具体东西。通过理解，可以把个别的事物联系为一个统一的有机体。理解还指一种在具体环境中灵活运用知识和技能的能力，而不是像在某些课堂中那样照本宣科式地输出知识。对数学知识的理解是一种抽象的过程，理解的过程常常伴随着各种各样的误解、歧义。作为教师有责任帮助学生经历这样的只可意会不可言传的过程，让学生经历感受知识的生成过程。

由于对教学内容的理解是一种抽象的过程，表现出只可意会不可言传的性质，所以，理解的过程常常伴随着各种各样的误解。也可以说，学生对教学内容可能知道但并没有理解。因此，真正的理解意味着洞悉支持数学知识的内在依据，同时也能够把孤立的知识点转换为一种有意识的、自觉的思维方式和方法。

因此，理解问题的教学逻辑就是要在教学的过程中，让学生能够依据学习内容自身的逻辑建立起符合学生认知水平的思维逻辑，让学生能够用数学的思维去理解数学问题。

3.2.1.2 在问题解决过程中提高学生的理解力

"理解力是认识能力乃至能力的基础，……理解力的程度取决于认识事物方法的合理性以及对行动意义的把握"①。如何提高学生的理解力呢？

在课堂教学中，教师常常提出各种各样的问题，希望能够以此引导学生对本节课的内容进行思考进而提出新的问题并最终能够解决问题。应该说，通过问题的提出并解决是展开课堂教学很好的方式，也利于学生理解并掌握所要学习的数学内容。

数学问题不仅仅使得学习的内容更集中，而且数学问题还促进学生数学思维的养成。学生要想理解他们所知道的知识就要会提出问题，在疑问中实现知识的建构。作为教师，当我们确立了一种教学目标并准备实现时，最为关键的策略是围绕问题设计教学的实施过程，这些问题可以为教师和学生提供明确的侧重点与更明确的学习方向，可以克服在教学活动的实施过程中的随意性，也使得教学的过程更具有连贯性。没有这些精心设计的问题的话，学生就有可能流于进行了一系列彼此无关孤立的学习活动，其效果是阻碍了在学习中对数学观念及思想的理解与掌握。没有这些问题支配下的教师的教学活动，就有可能会沦为一种表面化、无目的的活动。如大量的教学内容在没有得到质疑、思考的情况下匆匆讲过，学生往往被讲糊涂了，而且讲的东西在学生的大脑中并不能留下深刻的印象，反而缺失了对核心问题的思考与建立在问答基础上的核心数学观念，学生记忆的负担达到了极限，其结果是思维方式的僵化。在听课的过程中，经常看到的是教师的自问自答，即提出问题之后几乎没有给学生思考的时间或空间，教师自己就把答案给说出来或给学生一些暗示，问题的价值打了折扣；还有一种情况是，提出的问题过于浅薄，学生几乎不假思索就可以回答，表面看课堂非常活跃，但其中数学的思维含量很少，没有深刻的问题能够引起生生之间、师生之间的思维碰撞，教学过程没有能够给学生带来对观念的理解与揭示，本该具有意义的教学变为一种表面化的、低效的、妨碍着学生理解数学问题的教学。究其根源，关键还是教师对课堂教学的价值和意义的误解。作为教师要知道：课堂教学的意义不在于教给学生一些结论性的东西，而是这些结论得出的过程；数学教学是以提高学生思维能力为主要目的的，忽视思维过程的课堂教学是没有价值的，也是无效的。

在例题的教学中，很多教师在讲题时没有把题目变成问题，而是按部就班式地进行讲解分析，这就与让学生看一道例题解答过程无异。在一节课中老师讲了若干道例题，但如果这些题目之间的逻辑关系不清、主题不清、要

① 季苹：《教什么知识》，北京：教育科学出版社，2009年，第72页。

说明什么问题不清的话，就会出现学生“听明白了但自己做题就不会”的现象。

数学课上常常以题目作为载体本无可厚非，但作为教师要能够根据本节课的重点及难点，将具体的数学题目转换成一个个的数学的问题，在提出问题、研究问题、解决问题的过程中提高学生的思维水平和能力。生动的数学课堂在于师生之间的数学思维的交流，如果把数学题目不加变化照搬到课堂就很容易将教学的过程变成一个解题的过程，而解题更适合于学生在课后自己独立思考并完成而不适合在课堂上通过大家交流来完成。

满足于正确答案而进行的教学，必然压制学生天然具有的对未知世界的探索的欲望，只能使学生的思考和做事都变得刻板。对学生来说，如果认为自己的主要任务就是接受和重复真理，这必然会导致他们思维的呆板与对教师和教材的迷信和盲从。这样的教学会造成学生的理解及主动参与的意识渐趋萎缩，学生也就不可能实现对学习内容的真正的理解。这样的数学内容也就沦为一系列事实与结论的堆积，学习的过程也就沦为一种没有问题的机械的接受过程。更为可怕的是，学生也就不喜欢数学学习。要使我们的课堂教学更具有吸引力，使学习内容更易于理解，我们在教学中就要坚持提出有思考价值的问题，不要急于给出答案，要通过问题引起悬念并激发学生不断地反思与追问。就像引人入胜的小说、电影一样，它们都是通过引发人们的疑问却不急于给出答案来吸引读者或观众的。

任何一名学生都是喜欢思考问题的，同样，任何一名学生也都厌恶死记硬背一些不理解的所谓的知识。作为数学教师就是要在每一节的数学课中去创设问题的情境，让学生在这个情境中去体验思考数学问题带来的那种专注，去感受挑战困难、战胜困难的愉悦，充分享受数学的思维逻辑所带来的快乐。

总之，在课堂上只有围绕着能够体现数学思维本质的有价值的问题组织教学，只有能够通过有意义的问题激发学生的思考问题解决问题的兴趣，我们才可能克服那种以表面活动为基础，以灌输为中心的教学，同时也才能帮助学生克服那种死记硬背式的学习方式。要教给学生真正的数学不容易，要让学生理解数学的真谛更不容易。这就需要我们的教学充满逻辑与智慧，作为教师的我们需要付出更多的努力。

3.2.1.3　目前流行的“学案教学”是对学生理解力培养的一种伤害

照本宣科式的教学已经被越来越多的教师所抛弃，但是，如何运用好教科书进行教学才有助于学生掌握知识、理解知识也是教师们在教学中不断实践、探索的问题之一。应该说，进入新课改后新教材编得越来越生动、富有探索性，但终究它还是教材而不是我们可以带到课堂里实施教学的教案。尽管教材看似面面俱到，但它提供给我们的仍然还只是思想的提炼与信息的概括。如果按照哪怕是最好的教材逐页地讲解，也会极大地妨碍学生理解力的形成。因为这种逻辑下的学习不利于学生进行思考、提问、探索和运用知识。

现在流行于课堂上的“学案教学”绝大多数是一种新型的照本宣科式的教学。这个“本”即学案大多数是结论性的知识点和课上要讲的例题和练习题，在这种学案下进行的教学又是一种什么样的情形呢？

一种是在上课的前一天教师下发学案，让学生先自学。这种情形常常出现在第二天有人听课的时候，教师满足于第二天上课时能够比较顺利。而事实上，在这种“顺利”的背后，牺牲的是学生在课堂上思考问题、探索问题、解决问题的兴趣和热情；牺牲的是学生理解数学问题所必须经历的过程。学生上课时的“踊跃”发言和“完美”的表现就是在配合教师完成教学任务。作为教师在学生已经提前拿到“学案”的背景下，对学生的自学情况无从了解，教学的盲目性进一步扩大，针对性反而很差。

再有一种情形是把学案当成上课时要讲的“篇子”。教师和学生由于省略抄题而节省了时间，但因为没有了问题带来的思维的悬念而丧失了思维交流的乐趣。课堂上就是学生做题，教师讲题，没有了问题情境设置的必要，因为问题一目了然都在学案上；教师也谈不上教法，按着事先安排好的顺序讲就是完成了教学的任务。生动的课堂被做题和讲题所替代，教师与学生思维的碰撞被学案所深深束缚。

以学案主宰教学，怎么还有可能产生高质量的令学生能久久回味的课堂？学生是否喜欢数学，在于教师能否在数学课上充分调动学生去思考数学问题。而问题从何而来？要通过我们的教学活动让学生学会提出问题，学会探索解决问题的途径。人都是喜欢思考问题的，我们数学课堂的教育价值的体现很重要的一个方面就是要让我们的学生能够发挥他们的聪明才智。一份学案，把学生的思维就固化成解题，活生生的数学问题没有了产生的背景，没有了理解内涵的过程，没有了探寻思考的空间。

课堂教学的乐趣在于能够带给学生思维的挑战，课堂教学的魅力在于它的思维的创造性。照本宣科式的学案教学对学生理解数学问题的能力是一种伤害，是在扼杀着我们课堂的生命力，在摧毁着教师的智慧。

我们教学的对象是人，是对知识充满渴望的学生，我们进行教学的目的是要让学生们通过和教师的思维交流，理解所要学习的数学知识，喜欢数学的思维方式，在享受数学学习的过程中，提高思维的逻辑性。而要达到这个目的，不可能有一个固定的操作模式，或者说有几个教学模式。因为人是活的，思维是活的，进行教学的教师就是要能够在和学生的思维的碰撞中不断地去发现问题、提出问题、思考问题。而思维的交流是要靠启发的，而且这种启发是相互的，很多时候学生的问题、思考同样能够启发我们，正是这种启发才将教学活动引向深入。

总之，理解问题的教学逻辑从本质上看，就是在遵循教学内容的逻辑关系的基础上展开的思维活动。在教学中教师通过设置问题情境，让学生经历和感受知识的形成过程及解决问题的思考、探究过程，让思维活动赋有理性，让我们的学生更聪明。

3.2.2　解决数学问题的教学逻辑

著名数学家柯朗曾尖锐地批评数学教育中存在的问题。他说："两千年来，掌握一定的数学知识已被视为每个受教育者必须具备的智力。数学在教育中的这种特殊地位，今天正在出现严重危机。……数学教育逐渐流于无意义的单纯演算习题的训练。固然这可以发展形式演算能力，但却无助于对数学的真正理解，无助于提高独立思考能力。这种状况……在重视智力训练的人们中，必然激起强烈的反感。"①

毫无疑问，解题教学是数学教学中最为常见的教学组织形式。以解决数学问题为载体进行数学思想方法的教学本无可厚非，但是如果这种解题教学的定位仅仅是找到所解题目的答案，仅仅是为了今后的考试分数的话，那么，在解题教学的过程中似乎可以忽视一些数学的观点，淡化数学的思维过程，而是去讲一些所谓的"技巧"，去讲"解题术"。如选择题由于"四选一"的特殊形式，导致很多时候其解法背离了数学的思维逻辑。在课堂上，我们常听到教师这样的教学语言，"昨天刚刚讲过的题目怎么又忘记了"，给人的感觉似乎是解题教学的目的就是在教给学生每一道题目的每一个解法，并要求学生首先要记住，再会解决相类似的问题。如解析几何解答题的复习，每年都是高三学生投入精力最多却收效甚微的题目，原因是很多的教师没有把这门学科的思维逻辑揭示出来。

作为数学教师应该明确：解题教学不是仅仅为了教给学生如何解答一份高考试卷，而应该有更为高远的目标。数学题目仅仅是思维训练的载体，我们的学生不是数学家，不是以解出这些题目为唯一目的的，而是要通过解答这些题目，学会如何思考数学问题，如何解决数学问题。这种解题教学的逻辑是不会与考试成绩相对立的，而是从根本上帮助学生学会并运用解决数学问题的一般思维方法。即使是选择题，有经验的教师在讲完按选择题的特点而采取的解法之后，还常常把选择题改为填空题或解答题，让学生思考如何去分析并做出解答。

每一位数学教师都应该有一份属于自己的职业理想，尽管现实不尽如人意，尽管有时不得不屈从于"考试分数"和"升学"的现实压力，但我们应该教给学生的是什么样的数学，我们在进行解题的教学中，是以什么样的思维状态进行着例题分析，这取决于每一位教师的教学信念。

数学教师要意识到自己的教学工作承担着培养学生良好的思维品质的重

① 柯朗：《数学是什么》，上海：复旦大学出版社，2012 年，第 3 页。

任，今天的解题教学表面看是在教学生如何思考并解决数学问题，其实是为了明天学生会用逻辑思维的方法处理工作中的各种问题。今天很多成年人在回顾自己中学时代的数学学习时往往成了痛苦的回忆，希望未来的成年人会感激他们的数学教师曾经带给他们美妙的数学思维的历程。

3.2.2.1 解题教学要关注思维的共性

数学课的一个很重要的教学任务就是要做例题分析，在这个分析的过程中，教师要引导学生学会如何理解问题，如何确定解题的思路或策略，如何实施具体的解题过程。一个好的例题分析一般不会仅仅局限于这个例题本身，而是能够借助这道题目的背景，将研究的问题不断地引向深入，能够使学生找到解决这个例题的思维方法与解决其他数学问题在思维上的共性，从而对解决数学问题思维方法的一般性有更清晰的理解与把握。数学教师的责任不是教给学生一道又一道例题的不同的解法，也不在于教给学生对一道例题的多种不同的解法，而是要通过对不同的例题进行分析或者是对同一道例题的不同方法的探究，帮助学生形成一种观念或者是一种意识。学生解题能力的提高不是解题数量的多少能够决定的，而在于通过解题的思维活动去不断地概括思维的方法，将思维共性的东西内化到自己的思维模式中。因此，教师在课堂上选择什么样的例题进行教学也就明确了。如果在一节课中教师所选的不同的例题在思维上没有共性，解决问题的思维方法缺乏一般性，解题的手段更多的是依赖于所谓的技巧的话，这样的例题就不适合在课堂上进行分析。我们评价一节课时常说“好像老师什么都讲了，可又感觉什么也没讲”，其实说的就是这个道理。那么，“题型教学”是不是就是属于关注思维共性的教学呢？其实，从“题型”的词义上就不难看出，这种教学关注的是题目的外在形式，是数学问题形式的共性，而不是思维的本质上的共同点。目前在例题教学中存在的共性问题是教师所做的是在解题而不是分析解题，是在黑板上板演标准的习题答案而不是在揭示解决问题过程中的知识逻辑与思维逻辑。

在不同单元知识的教学中，我们要揭示思维的共性。如函数思维的特征是关注自变量的变化如何影响因变量的变化；在数列的学习中，我们就要引导学生关注每一项的下标，因为数列就是关于下标 n 的函数；同样，在三角函数的学习中，我们就要强化不同角之间的关系、角的变化特征，因为角就是三角函数的自变量；在函数性质的研究中，基于函数的解析式是研究函数性质的重要依据，因此我们的习题教学中要不断地强化学生研究函数解析式的意识，提高研究函数解析式的能力；在解析几何的教学中，要培养学生研究曲线方程的能力，要让学生能够通过曲线方程得出曲线的几何性质，并进行有效的代数化；在立体几何的解题教学中，我们要引导学生关注几何体，要能够通过几何体这个载体，研究点、线、面的位置关系；在统计的教学中，让学生学会研究数据、分析数据并做出判断。

好的数学教师要启发的是学生的智慧而不是所谓的技巧！好的解题教学应该是教给学生思考数学问题的具有共性的思维，而不是教给一个又一个的各种各样的所谓的方法。

解题教学中对解题思维的共性缺乏认识、概括不够，常常会导致学生解题思维的无序与混乱，也直接影响到学生的解决问题的能力的培养。

例如，学生在函数的学习中存在很多的问题：在有关函数的练习中，学生会用各种各样的方法去对付函数的题目，如特值法、特殊函数法等等，其方法的本质无非是将与函数性质有关的问题转化为函数值的计算问题，看似将问题具体化了，实际上是使得学生一次又一次地失去了体会、感受、最终掌握研究函数性质的一般方法的机会；看似掌握了一些解决函数问题的技巧，实际上却忽视了对函数思维的领悟；看似容易得分，实际上是丢掉了学习数学的根本任务，忘记了学习数学的最终目的。

如何研究函数的性质呢？研究函数性质的一般方法是什么呢？教师要能够通过例题分析和学生的数学练习，让学生体会到运用函数的解析式是研究函数的最为重要的方法，函数的解析式不论是抽象的还是具体的，都是我们研究一个函数性质的最可靠的载体。但学生在看到函数解析式的时候，最直接的反应常常是运用解析式进行计算，缺乏运用函数的性质解决问题的意识。

实际上，当我们面对一个函数解析式的时候，在明确函数自变量的变化范围之后，首先要研究的就是函数的整体性质，即函数的对称性。这种对称性从代数特征上看，是自变量取两个和为常数的值的时候，对应的函数值的和为常数或相等，反映在几何上是关于点对称或关于直线(如关于直线 $x=a$)对称，特殊的对称性就是奇函数还是偶函数的性质；如果研究的函数具备了对称性，那么就可以简化研究函数性质的范围，因为只需要研究对称中心或对称轴一侧的函数性质即可。这种化简的思维非常重要。之后又要研究函数的什么性质呢？我们要引导学生去思考，研究函数的性质其实就是要研究函数的变化状态，如研究函数的单调性、研究函数的周期性、研究函数值的分布等等。在这些性质明确之后，就可以画出能够表达函数性质的示意图，并能够通过这个示意图，比较直观地理解这个函数的性质，从而解决问题了。

函数图像在函数性质的研究中也起着非常重要的作用，因为图像能够直观表示函数的性质。因此，当我们面对一个有函数图像背景的函数问题的时候，要能够从函数图像中去研究函数的性质，并运用性质去解决函数的具体问题。当然我们也要清醒地知道，不能完全依赖函数的图像去研究函数的性质，如此就是本末倒置，毕竟函数图像一般来说是由函数解析式确定的，那种由函数的图像就判断出函数的对称性的做法是不严谨的。

不难看出，上述研究函数性质的共性的思维，就是我们反复强调的解决函数问题的通性通法。在解题教学中，不要被各种各样的解题技巧所迷惑，也不要过于关注所谓的一题多解，而是要能够通过各种各样的函数问题的解决过程，去让学生反复地不断地体会解决函数问题的一般思维方法的有效性与合理性。

例如：已知 $f(x)=m(x-2m)(x+m+3)$，$g(x)=2^x-2$。若同时满足条件：①对任意的实数 x，$f(x)<0$ 或 $g(x)<0$；②存在实数 x 属于 $(-\infty,-4)$，$f(x)\cdot g(x)<0$。求 m 的取值范围。

分析：题目给了两个函数，其中函数 $g(x)$ 的解析式已经确定，因而其性质也是确定的了。这是一个在 **R** 上的单调递增函数，其图像是指数函数 $y=2^x$ 的图像沿 y 轴方向向下移两个单位。从函数值的分布来看，函数 $g(x)=2^x-2$ 图像与 x 轴交点的横坐标为 1，$x<1$ 的图像在 x 轴与直线 $y=-2$ 之间，$x>1$ 的图像在 x 轴的上方。

而函数 $f(x)=m(x-2m)(x+m+3)$ 能够确定的是这个函数的类型，它一定是一个二次函数。因为如果 $m=0$，不满足题目所要求的条件。因此，对这个二次函数性质的研究就成为了解决问题的关键。

我们知道，对函数性质的研究起决定作用的是函数的解析式，而函数图像的作用在于直观地表达出函数所具有的性质。因此，如果能够把抽象的函数解析式与其对应的、直观的函数图像相互转化、相互对照地来研究问题的话，就能够比较顺利地解决与其性质有关的问题了。

由于二次函数 $f(x)=m(x-2m)(x+m+3)$ 的图像是抛物线，开口方向是首先要研究的问题。而函数 $g(x)=2^x-2$ 的图像在 $x>1$ 时都是在 x 轴的上方，为了满足条件①，也就决定了二次函数 $f(x)=m(x-2m)(x+m+3)$ 的图像是开口向下的抛物线，即 $m<0$，即 $x_1=2m<0$。

若满足条件“①对任意的实数 x，$f(x)<0$ 或 $g(x)<0$”，显然 $x<1$ 时，$g(x)<0$ 已经成为事实。而对于 $x\geqslant1$，还需要二次函数 $f(x)<0$。由于 $x_1=2m<0$，也就需要确定函数 $f(x)$ 零点 $x_2=-m-3$ 与 1 的大小关系，故只需 $x_2<1$，也就是 $-m-3<1$，从而求得 $m>-4$；若满足条件“②存在实数 x 属于 $(-\infty,-4)$，$f(x)\cdot g(x)<0$”，由于在这个区间内函数 $g(x)<0$，为此就必须要求函数 $f(x)$ 的零点 $x_1=2m<-4$，即 $m<-2$（或 $x_2=-m-3<-4$ 得 $m>1$，与 $m<0$ 矛盾）。综上分析，得 m 的取值范围是 $(-4,-2)$。

可以看出，本题所要考查的就是给出一个函数解析式之后，你能否从中得到函数的性质并运用函数的性质解决问题。从对学生的能力要求来看，我们的复习就要能够达到这样的一个目标：如果给你一个确定的函数解析式，你要有能力研究出它的最基本的性质，并能够把这些性质通过函数的图像体现出来；如果给你一个带参数的函数解析式，也就是还没有确定的函数解析式，你要知道如何根据函数图像的几何特征去确定参数的范围，从而确定函数的性质。

学生在这道题目上可能会遇到的障碍是：①由于在两个条件中的 x 的界定是不一样的：一个是任意的实数，一个是存在这样的一个实数，特别是后一个，有可能给学生准确地理解数学问题带来困难；②如何研究函数 $f(x)$和 $g(x)$的性质。学生面对明确的函数解析式往往只是会把它作为计算函数值的一个公式而没有意识去通过这个解析式研究函数的性质。而对于不确定的函数解析式，对于还在变化中的函数图像，学生所感受到的困难就会更大，甚至手足无措，没有章法。

本题带给教师们的启示是什么呢？函数教学包括函数复习最重要的任务之一就是要培养学生研究函数性质的意识及方法。学生是否具备研究函数性质的意识，关键在于他的老师是否给他提供了这样的复习素材；在学生的复习偏离正确的轨道的时候，如沉迷于特殊值进行计算的时候，作为教师是否能够及时地给予纠正并给出有针对性的指导。

3.2.2.2　解题教学要能够跳出"讲题"的模式

解题教学中经常看到的是教师将教学的重点放在给学生讲这道题目的具体解法上，强调比较多的是解题的规范性，关注的是学生的思维与教师自己的思维是否一致，是否与标准解答过程一致。这样的解题教学最常见的现象是在解题过程中忽略了题目背景的呈现，缺乏对题意深入的理解和分析，没有对解决问题思维方法的选择、判断，淡化了对学生的非标准答案式回答的合理性分析。这样的例题分析和学生看一本教辅书上的例题分析过程没有太多的区别，对学生解决问题的思维逻辑的培养也不会有太大的帮助。

在解题教学中要避免这种"讲题"模式，就是要能够讲出解决问题的思维逻辑，而要做到这一点，教师的解题教学的观念非常重要。教师自己首先要明确，会解一道题目或者说会解一类的数学题目并不是解题教学的根本目的。我们要培养的学生的数学能力不是单纯的做题的能力，而应该是会思考问题并能解决问题的能力。这种能力就是逻辑思维能力，也是数学的核心能力。

因此，解题教学就和概念教学一样，要把数学思维的培养放到一个非常重要的地位。数学题目只是思维活动的载体，解决问题的过程也就是思维活动的过程。那种"讲题"式的例题教学满足于学生掌握某种解题的方法，甚至以结论的形式让学生去记住，并辅助于一定量的练习强化学生对这种解法的熟练运用，而对于这种方法的理解，却放到了一个不是很重要的地位上。

为了能够在解题的教学中充分地调动学生的思维活动，要让学生明白：准确理解他们所面临的数学问题是最为关键的。也就是要让学生能够看懂问题，理解题目的内涵，明确数学题目中字面后面的意义。很多时候学生是在还没有看懂问题的情况下匆匆忙忙进行解题的，解题的效果可想而知。而在一些课堂中，教师也常常是把题目通过 PPT 呈现之后，不做任何审题方面的引导，就让学生埋头解题了。教师的教学没有给学生起到一个好的示范作用，更为可惜的是，没有把如何理解问题、理解题目的条件，如何根据题目的要求来确定解题的策略或思路作为解题教学的重要任务，这样的例题教学是违背了教学逻辑的。

如何讲题目的解答过程呢？照本宣科、标准答案式的讲解是最差的教学形式。教师如果能够以学生的思维角度来认识问题、理解问题的话，就能够比较自然地展开对问题的讨论；教师能够遵循学科的思维特点引导学生去探讨问题，学生思维活动的质量才有可能得到保证；教师能够积极地去关注学生思维的合理性，鼓励学生用数学的方法思考问题、解决问题，学生进行思维活动的积极性才能够得到充分的保护。

解题教学能否跳出"讲题"的模式关键在于教师。我们常说"教师在课堂上要发挥好主导作用"，也就是指教师要当好每一节课数学思维活动的组织者，要能够带领学生开展有目的的、有价值的思维活动。为此，思维活动载体的选择就是教师备课的一项重要的工作。如果这节数学课准备以几道例题为思维活动载体的话，是单纯地去解出这几道题目，还是要通过解决这几个问题的思维过程，让学生能够体会、感受某种数学的思维方法，其教学的意义是不一样的。

在教学的实践中，一些教师在课堂例题的选择上比较随意，表现在从其所选择的例题无法梳理出这节课的思维逻辑主线，教师完全是为了讲这些题而讲，满足于学生能够记住这些题目的解法，并能够利用这种解法解出相类似的数学题。而对这些题目的解决能够带给学生数学思维上的影响是什么，教师考虑得并不是很充分；还有一种表现是由于教师自身对题目理解、挖掘不够深入，导致教师没有能够从一节课中几个看似不同的解决问题的过程中去概括出在思维上的共性的东西，一节课讲五道例题，学生的收获就是会了五个解法，仅此而已。而随着时间的推移，学生对这节课的五个解法就会逐渐地淡忘，到最后什么也没有得到，数学能力的培养也就是一句空话了。因此，为了突出例题教学中的思维重点，教师在例题选择上要能够舍弃一些与这节课要突出的数学思维逻辑无关的枝节问题。在一节课中所选的几道例题不论是形式上还是解决问题的方法上，可以是完全不同的，但思维的指向要一致。要让学生通过这样的例题教学，在解决数学问题的思路上越来越清晰。

在学生的数学学习中，要花费大量的时间去做数学题。考试要做题，解答题还需要写出详细的解答过程；平时做作业也是完成课本上的题目，面临的也是一个个具体的数学问题。如果我们数学课堂大多数的时间也是以做题、讲题的形式呈现，学生学习数学的形式是不是过于单调了呢？如果我们在数学课堂中的思维活动的目的仅仅是为了解答出一个又一个的数学题目的话，学生对数学学习的意义是否会产生误解呢？

我们可以尝试着改变这种似乎一成不变的例题教学模式，让我们的数学课堂生动起来，让她越来越有生气和活力。如能不能把需要解决的一个一个的数学题目变成需要思考的数学问题？看似简单的改变，但课堂的面貌也许会有很大的改观。原来埋头做题的学生就会抬起头注视着教师，这不仅仅是师生目光的交流，更重要的是数学思维的互动。如此，数学课堂就可以不再是学生做题、教师讲题，而是师生思维互动的生动场景了。

我们知道，试卷讲评课是一种根据教学内容的特殊性而产生的课的类型，在期中、期末的考试后，不管是哪个年级的教师，经常都要上这样的讲评课。常见的形式也是常常受到诟病的就是逐题分析、讲解。不能笼统地说“逐题讲解分析”就不好，但存在的问题也是显然的。后来也听到过比较好的试卷讲评课，如突出了讲评的重点，开始重视与学生的交流，有的教师把学生试卷的答题卷面用照相机拍下来做成 PPT，全班一起来分析，等等。这些改进，都是要避免就题论题式的低效的试卷讲评。

以一节试卷讲评课为例，看看在教学中我们的教师是如何在解题教学的过程中跳出讲题的模式的。这节试卷讲评课给我的最大感受是，整节课突出了数学的思维过程，充分调动了学生的思维活动。在课堂上授课教师虽然仅仅讲评了一道题，但课堂上数学思维的容量很大，达到了高三试卷讲评的高度。

这节课是讲评学生的月考题的最后一道综合题，授课教师简要回顾了本题学生的答题情况后，提出了如下两个关键性的问题：

问题 1：通过审题分析，该题包含了哪些基本问题？你能否把它们一一分解出来？

问题 2：这些基本问题的具体解决方法是什么？

在问题的引领下，学生们积极发言，将一道综合性的题目分解成 5 个基本问题。在授课教师的启发下，学生们对于提出的 5 个基本问题给出了不同的解法。让听课老师们感到惊喜的是，以往讲评试卷，讲到最难的、综合性最强的解答题的时候，教室里的学生往往全神贯注、聚精会神地听老师的讲解、分析。而现在，很多学生都能参与到问题的分析和解决之中，在学生的眼里，难题已经不难了！这正是授课老师提出两个问题的目的，即消除学生对综合题的恐惧心理，教给学生解决综合性题目的方法，将综合性的题目转化为基本问题。在讨论问题的过程中，教师关注学生的思维过程并给予适当的评议，而且不失时机地将自己的想法、观点及认识展示给学生，但不是强加于学生，其和学生是平等的地位。

随着问题讨论的深入和学生数学思维的逐渐活跃起来，授课教师又不失时机地将讨论的问题进行了延伸，思维容量之大，学生收获之广，师生数学思维交流之热烈，在延伸问题的解决中达到了最高峰。可以说：本节课突破了一般试卷讲评课的模式，有授课教师自己独到的思考和创新！

现在也有一种所谓的“创新”，就是将考试后的每道题的统计数据引入试卷的讲评课中，美言之“用数据说话”。这种做法值得商榷。首先这些数据对于教师而言是非常有价值的，通过这些数据的统计，可以研究学生学习的情况，并反映出教师在教学中存在的问题，对今后的教学策略的调整也有积极的指导作用。考试数据对提高教学的针对性和有效性，对于了解学生学习的整体水平有着不可或缺的作用，但是，在试卷的讲评课上，花费一定的时间来告诉学生某道题目的得分率，告诉学生这份试卷的难度、区分度等是没有意义的。学生关心的是他的错误产生的原因是什么，关注的是为什么这道题目在考试的时候没有思路，没有能够解出来。教师在试卷的讲评中，要能够站在数学思维的高度，帮助学生查找在数学学习中的问题。教师如果没有认识到考试数据的作用，盲目地将之引入到试卷的讲评课上，往往会使得讲评课既抓不住重点又低效。

数学课离不开数学题，或者更准确地说离不开数学问题。让我们的学生被这些数学问题所吸引，并能够通过对这些问题的思考达到提高数学思维能力的目的，不是讲讲几道题的解法就可以实现的，而是需要我们在课堂教学的各个方面去不断地探索与实践。解题教学要跳出“讲题”的模式就是我们首先需要做的也是能够做好的。

3.2.2.3　解题教学要渗透数学的观点

学生在解题中陷入困境，常常表现在审题阶段看不懂问题，不理解数学问题；在解决问题方法的确定上没有清晰的思路、缺乏逻辑分析；在解决问题的过程中，缺乏化简的意识，没有目的地进行着繁杂的计算。出现这些情况的原因之一是学生的数学观点弱化。

如在平面解析几何中，一个重要的学科观点就是“曲线与方程”的思维。也就是：从几何看，动点运动形成轨迹；从代数看，动点坐标(x, y)满足某种规律，得到曲线的方程 $f(x, y)=0$。在具体的数学问题中，如果有动点存在并引起某个对象变化的话，就可以探索动点运动的规律，也就是在平面直角坐标系中，求出动点运动所形成的轨迹方程并依此判断出轨迹的类型，从而解决问题。

让学生在解决数学问题的过程中，学会用数学的观点理解数学问题，寻找解决问题的方法是解题教学中最为重要的任务之一。作为教师要克服浮躁的心态，要坚持数学思维的培养是数学教学任务的根本。

我们的学生尽管在数学学习中做了大量的练习题，也听老师分析了大量经典的数学题，但是，由于平时做题没有从思维逻辑上进行概括，解决数学问题的一般思维方法还是非常模糊，没有真正掌握住所谓的通性通法。一些学生都是在试数、带特殊值等方法下去学习数学做数学题目的。做对了不知道原因是什么，做错了更是一头的雾水，而对于真正需要学习并掌握的数学思维方法知之甚少。这里面有学生不善于提炼、总结、概括的原因，但更重要的是这些学生的老师没有能够帮助学生从数学观点的高度去理解数学问题。教师告诉学生的是一个又一个的解题方法，但是这些方法之间的相互联系是什么没有能够给学生揭示出来。学生的数学成绩一旦不理想，作为教师首先责怪学生没有记住这样或那样的结论，没有记住老师曾经讲过的方法。

数学能力的提高真的是靠不断地重复练习就能实现的吗？解题能力的培养真的是靠教师传授的技巧就能完成的吗？作为数学教师可以好好反思一下自己是如何学习数学的，其实就不难找出问题的答案了。

一个合格的数学学习者是不应该接受任何的结论的。当他面对一个数学的结论的时候，最应该做的就是去思考结论成立的原因是什么，而不是应该怎样尽快地记住这个结论并熟练地应用这个结论去解决其他的问题。一个好的数学教师是不应该教授除了公理之外的任何的结论的。他应该做的是要引导学生用数学的观点理解、分析、探寻结论成立的原因。数学思维的培养和熏陶，不是一个一个的数学结论堆砌起来的，它需要的是对数学结论背后的逻辑关系的分析与思考。

有责任感的数学教师要担当起提高学生数学思维能力的重任，要在充满教学逻辑的课堂中，用鲜明的数学观点分析问题，让学生解决数学问题的方法更有思维逻辑性。

3.3　研究方法的教学逻辑

我们的不少学生由于在数学的学习过程中经历的活动主要是做题和听老师讲解例题，因而对数学学习的理解就是做题，对任何数学问题的解决都是“算”，一“算”了之。这种对数学学习的片面的认识和做法，极大地妨碍着学生数学学习能力的提高，阻碍着学生通过数学的学习提高逻辑思维能力。究其原因我认为主要在于教师在教学的过程中，没有能够充分挖掘在数学问题的解决过程中数学思维的形成与发展的过程，没有让学生经历研究数学问题的过程，没有从解题的教学中引导学生概括出解决数学问题的一般的思维方法，特别是忽视了对学生研究问题的意识的培养。

可以看出在教学的过程中还没有确立培养学生研究方法的教学逻辑是摆在教师面前的主要问题之一。在数学教学中，如何培养学生的研究问题的能力应该是每名教师都要思考和实践的一个课题。关于培养学生研究方法，一种教学逻辑是掌握解决数学问题的方法越多，学生研究问题的能力就越强。这种逻辑下的教学更关注多种解题方法的传授和操练。如我们经常能够看到教师在例题教学中进行一题多解的教学，目的就是让学生能够见到更多的解决问题的方法；在复习课上，教师经常把学生所做过的题目或将要讲的题目按照题型进行分类，每种题型对应不同的方法，其目的是当学生见到某一种题型的数学问题时能够很快地反应出相对应的解题方法，而不是对所面临的数学问题进行深入的理解和思考；每年高考过后，在中等数学的专业期刊上就会刊登对高考优秀试题的分析，但这种分析往往陶醉于对各种所谓的“创新”解法的展示。这种对解决数学问题方法数量的迷恋不是个别的现象，但问题是这种教学逻辑符合数学教学的规律吗？数学教学的目标就是让学生掌握各种各样的解决数学问题的方法吗？

我们也能够看到这样的教学，在课堂上同样出现了很多解决数学问题的方法，但教学逻辑与前者有着本质的区别。在这样逻辑下的数学教学中，教师和学生经常就某一个具体的数学问题进行交流、讨论。这种数学思维层面的教学活动包括对数学问题的理解、解决数学问题的策略与方法的制定和具体实施。由于不同的学生其思维结构不是完全一样的，其结果必然是对数学问题的理解深浅不一和解决数学问题的方法呈现多样化。为了了解学生的思维状况进行有针对性的教学，教师在研究知识逻辑的基础上，遵循知识所承载的思维逻辑的线索，提出赋有思维含量的数学问题来激发学生的思维，让学生能够在自己理解问题的基础上提出解决问题的方法，将学生的数学思维活动不断地引向深入。在这样的课堂教学中，学生们提出来的解决问题的方法也是发散的。解决问题的方法的多样性和发散性是课堂数学思维活动充分展开的必然结果，是符合教学逻辑的。但是，在这种教学逻辑下教师的专业指导起着关键的作用。其专业性体现在他对培养学生研究数学问题能力的本质的深刻理解和研究方法的有效教学指导上。教师不会满足于仅仅引导学生提出数学问题，做课堂教学活动的组织者；也不能满足于学生解决问题的方法精彩、多样，而教师自己仅仅是一个教学活动的欣赏者。熟谙教学逻辑的教师在学生思维活动充分展开的基础上，会对其进行研究数学问题的方法上的专业指导。

这种对研究问题方法上的专业指导的前提是教师自己是一个教学研究者。他要明确每一个单元的知识逻辑主线及不同单元知识之间的逻辑关系，对于解决数学问题的一般方法要有自己学术化的理解和研究；这种专业指导的基础是课堂教学中充分的师生之间的思维交流。因为教学不是教师对学生的知识或方法的灌输，学生只有经历了思考、研究数学问题及解决数学问题的过程，教师的这种专业指导才有可能渗透到学生的思维并纳入他们的思维结构中，才有可能在思维上触动学生，改变他们对研究数学问题的观念；这种专业指导的内涵是教师要在学生提出各种各样方法的基础上，在思维层面上提升出解决问题的一般方法。这种方法不是贴标签式的各种各样的方法，而是遵循知识逻辑、依据思维逻辑的研究问题的科学方法。这种方法一定是具有普遍性的，否则就是提升的高度不够；这种方法一定不会是多种的，否则一定是形式化、低层次的。一个教师的专业水平不是体现在他有很多种方法解决同一个问题，而是表现在他用一种方法能够解决很多的问题；教师的教学水平也不是体现在他能够教给学生很多种解题方法，而是他在学生三年初中或高中的数学学习中只教了他们一种或很少的方法。无论是在一节课中讲 5 道题还是在一周的教学中讲了 25 道题，如果学生们发现老师在各种各样的方法中提炼出来的都是同一种方法，他们会喜欢这样的数学课堂，喜欢和这样的老师学习数学，这样学习数学他们会有自信。教师要尊重学生的思维及他们所提出的各种各样的方法，但教师自己要明确其要教给学生的是什么、学生最终要掌握和接受的是什么样的研究方法。按照这样的教学逻辑，教给学生的研究问题的方法越少越好！

3.3.1　研究函数性质方法的教学逻辑

在研究函数问题的教学中，如何提高学生研究函数性质的能力呢？其教学逻辑又是什么呢？下面就几个函数问题的解决过程的分析对研究函数性质的一般方法的教学逻辑进行阐述。

问题 1：已知函数 $f(x)=\begin{cases}x^2+4x, & x\geqslant 0\\ 4x-x^2, & x<0\end{cases}$，若 $f(2-a^2)>f(a)$，求实数 a 的取值范围。

分析：对这个问题的解决，如果学生的思维还是停留在计算，希望以解关于 a 的不等式来求出实数 a 的取值范围的话，就会对 $2-a^2$ 和 a 的符号进行讨论，再代入相应的函数解析式中。这样的做法本质上就是把一个分段的函数看成了两个二次函数，没有研究函数性质的意识，缺乏用函数的性质来解决问题的意识的反映。

学生大多数会考虑到用函数的单调性去解决：画出函数 $f(x)=\begin{cases}x^2+4x, & x\geqslant 0\\ 4x-x^2, & x<0\end{cases}$ 的图像，如图 3-1 所示，由图像得函数 $f(x)=\begin{cases}x^2+4x, & x\geqslant 0\\ 4x-x^2, & x<0\end{cases}$ 是单调递增函数。这样，由已知条件函数值的大小关系 $f(2-a^2)>f(a)$，可以得到自变量的大小关系 $2-a^2>a$，从而得解；也可以不画出这个函数的图像，而是通过对这个函数求导，得 $f'(x)=\begin{cases}2x+4, & x\geqslant 0\\ 4-2x, & x<0\end{cases}$，显然，导函数 $f'(x)\geqslant 0$，而 $f(x)=\begin{cases}x^2+4x, & x\geqslant 0\\ 4x-x^2, & x<0\end{cases}$ 是连续的函数，因此得到函数 $f(x)$ 是单调

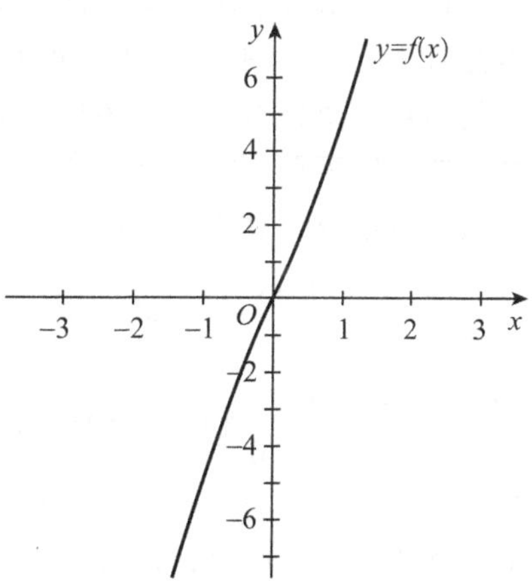

图 3-1

递增的，将问题转化为关于 a 的不等式。这种解法应该说已经注意到了研究函数性质。这种分析方法对这道题目而言是可以的，但是具有一般性吗？会不会是一种就题论题式的分析呢？

我们应该看到，如果对函数 $f(x)=\begin{cases}x^2+4x, & x\geqslant 0\\ 4x-x^2, & x<0\end{cases}$ 的研究停留在上述的水平上，很多学生可能对下面的问题就会束手无策了：

问题 2：已知函数 $f(x)=\begin{cases}x^2+4x, & x\geqslant 0\\ 4x-x^2, & x<0\end{cases}$，若 $f(2-a^2)+f(a)>0$，求实数 a 的取值范围。

分析：如果对函数 $f(x)=\begin{cases}x^2+4x, & x\geqslant 0\\ 4x-x^2, & x<0\end{cases}$ 性质的研究不全面的话，就会对问题中的条件 $f(2-a^2)+f(a)>0$ 无法理解，从而造成解题的困难。学生解决问题困难的原因出现在哪里呢？

实际上，从函数 $f(x)$ 性质的研究来看，我们不能功利地选择性质去研究，而是要提炼出研究函数的一般方法。不能因为这道题目不需要函数的对称性，在引导学生分析相关问题的时候就对这个函数的对称性视而不见，我们要教的是如何研究函数性质，并利用函数的性质解决问题，而不仅仅是为了这个问题的解决。因此，研究函数的解析式，首先就应该从其整体性入手研究函数的对称性。具体到函数 $f(x)=\begin{cases}x^2+4x, & x\geqslant 0\\ 4x-x^2, & x<0\end{cases}$，当 $x>0$ 时，其对应的函数值为 $f(x)=x^2+4x$，因为 $-x<0$，其对应的函数值为 $f(-x)=-4x-x^2$，可以看出，对于函数 $f(x)$ 来说，取相反的两个自变量的时候，函数值相反；同样，当取 $x<0$ 时，它和其相反的自变量 $-x>0$ 所取得的函数值也是相反的，又 $x=0$ 时，$f(0)=0$，因此这是奇函数，其图像关于坐标原点对称。正是由于这种对称性，下面就可以把研究函数的范围缩小到 $x\geqslant 0$，而此时 $f(x)=x^2+4x$，从函数的解析式可以得出，当 $x\geqslant 0$ 时，$y\geqslant 0$，也就是其函数图像分布在第一象限并过坐标原点。由于 $x\geqslant 0$ 时，$f(x)=x^2+4x$ 是单调递增函数，所以大致可以画出函数 $f(x)$ 在 $x\geqslant 0$ 时的示意图，如图 3-2 所示。再结合奇函数的图像关于坐标原点对称的性质，画出函数 $f(x)=\begin{cases}x^2+4x, & x\geqslant 0\\ 4x-x^2, & x<0\end{cases}$ 的完整图像。如图 3-3。至此完成了对函数 $f(x)=\begin{cases}x^2+4x, & x\geqslant 0\\ 4x-x^2, & x<0\end{cases}$ 性质的研究。在这个基础上，围绕这个函数设计的问题，对学生来说，都不会困难。对于问题 1 中的条件 $f(2-a^2)>f(a)$ 就直接用函数的单调递增性质即可；而对于问题 2 中的条件 $f(2-a^2)+f(a)>0$，就可以主动地变形为 $f(2-a^2)>-f(a)$ 再根据函数是奇函数的性质，得 $f(2-a^2)>$

$f(-a)$，进而由单调递增性不难得出 $2-a^2>-a$，从而问题得解。

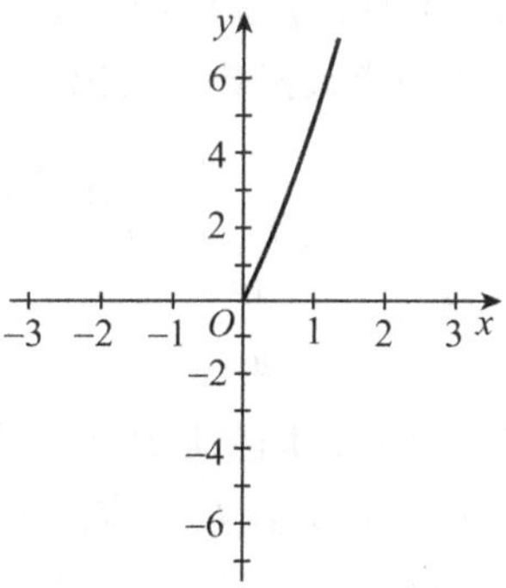

图 3-2

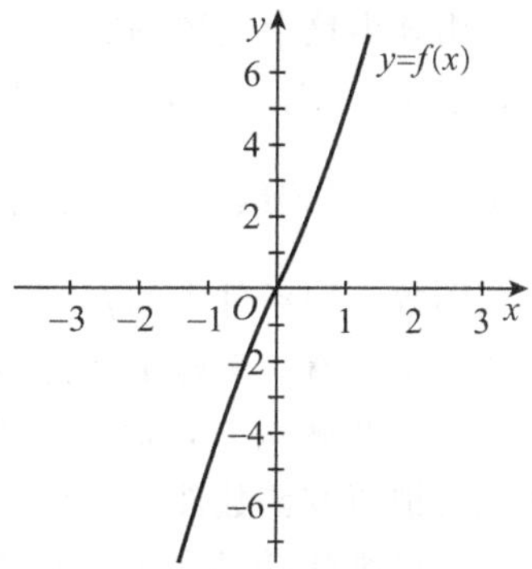

图 3-3

可以看到，研究函数性质的方法在于对函数解析式的研究。只要问题中提供了函数的解析式，就等于告诉了你这个函数的所有的性质，但你能知道多少，要看你对函数解析式研究的程度。这就是我们对学生的研究问题方法进行教学的逻辑。

问题 3：设函数 $f(x)=\begin{cases}2^{1-x}, & x\leqslant 1\\ 1-\log_2 x, & x>1\end{cases}$，求满足 $f(x)\leqslant 2$ 的 x 的取值范围。

分析：解决这个问题的方法常见的有两种：一种是直接计算，分 $x\leqslant 1$ 和 $x>1$ 两种情况，将 $f(x)\leqslant 2$ 转化为 $2^{1-x}\leqslant 2$ 和 $1-\log_2 x\leqslant 2$，分别利用指数函数和对数函数的单调性求解，再将所得 x 的取值范围取并集；还有一种方法是根据函数解析式 $f(x)=\begin{cases}2^{1-x}, & x\leqslant 1\\ 1-\log_2 x, & x>1\end{cases}$ 画出这个函数的图像，毕竟每段函数的图像都可以看成是基本初等函数 $y=2^x$ 和 $y=\log_2 x$ 的图像经过变换得到的，如图 3-4 所示。在此基础上，由函数 $f(x)$ 图像与常函数 $y=2$ 图像相交及在直线 $y=2$ 下方时所对应的自变量 x 的范围，就是问题所求。

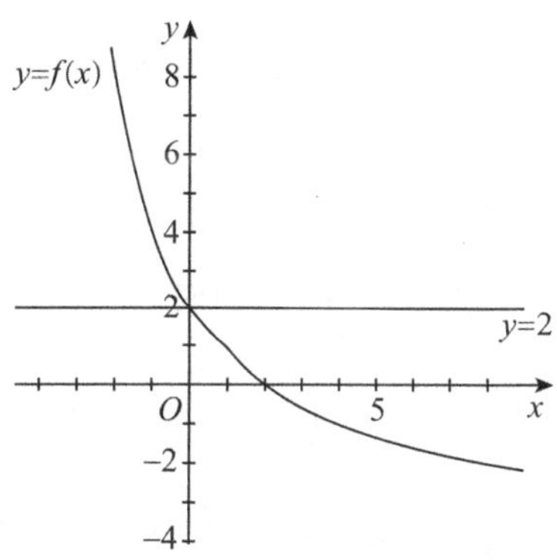

图 3-4

上述两种解决问题的方法存在一个共同的问题，就是把一个函数 $f(x)$ 的问题转化为两个函数。没有从函数 $f(x)=\begin{cases}2^{1-x}, & x\leqslant 1\\ 1-\log_2 x, & x>1\end{cases}$ 的整体上去理解这个函数，分析这个函数的性质。实际上，从函数 $f(x)$ 的解析式就可以直接分析出，这个函数不具有关于点(a, b)或关于直线$x=a$的对称性；其单调性的分析也不用画出这个函数的图像。因为当$x\leqslant 1$时，$f(x)=2^{1-x}$，这是单调递减函数；当$x>1$时，$f(x)=1-\log_2 x$也是单调递减函数，又因为这两段函数图像在$x=1$处是连续的，因此函数$f(x)=\begin{cases}2^{1-x}, & x\leqslant 1\\ 1-\log_2 x, & x>1\end{cases}$在其定义域上是单调递减函数。而条件中的$f(x)\leqslant 2$即$f(x)\leqslant f(0)$。因此$x\geqslant 0$。

从教学的逻辑看，教师不能把前两种方法分别当成两种不同的解法来教，即所谓的解法一和解法二，而把研究函数$f(x)$的整体性质的做法当成解法三。如此就会把研究函数性质的最有价值的一般方法淹没在众多的方法之中。但是从学生的思维活动的角度，如果他们提出解法一或解法二，那是非常自然的，作为教师在尊重学生做法的前提下，进一步提出自己对研究函数性质的认识和做法，让学生感受到研究函数$f(x)$的整体性质的思维价值所在。只有这样的教学才是在教学生去研究问题，也只有如此，学生才能够体会到研究函数性质是解决函数问题的最具有一般性的方法。

问题 4：已知函数$f(x)=x^2-\cos x$，对于$\left[-\frac{\pi}{2}, \frac{\pi}{2}\right]$上的任意$x_1$、$x_2$，有如下条件：

①$x_1>x_2$　②$x_1^2>x_2^2$　③$|x_1|>x_2$，其中能使$f(x_1)>f(x_2)$恒成立的条件序号是哪个？

分析：首先要研究函数的整体性质。由$f(x)=x^2-\cos x$，$x\in\left[-\frac{\pi}{2}, \frac{\pi}{2}\right]$知：$f(-x)=(-x)^2-\cos(-x)=x^2-\cos x=f(x)$，故函数$f(x)$是偶函数，因此函数$f(x)$的图像关于$y$轴对称。

当$x\in\left[0, \frac{\pi}{2}\right]$时，$y=x^2$和$y=-\cos x$都是单调递增，所以$f(x)=x^2-\cos x$在$x\in\left[0, \frac{\pi}{2}\right]$上单调递增；从函数的图像的分布看，$f(0)=-1$，$f\left(\frac{\pi}{2}\right)=\frac{\pi^2}{4}$，可以画出$x\in\left[0, \frac{\pi}{2}\right]$时的图像；又因为函数$f(x)$是偶函数，故$f(x)$在$\left[-\frac{\pi}{2}, 0\right]$上单调递减，从而画出函数$f(x)$的示意图，如图 3-5 所示。示意图直观地表达出函数$f(x)$在区间$\left[-\frac{\pi}{2}, \frac{\pi}{2}\right]$的性质。可以看出，对于两个不同的自变量所对应的函数值来说，自变量所对应的x轴上的两个横坐标离坐标原点越远，其对应的两个纵坐

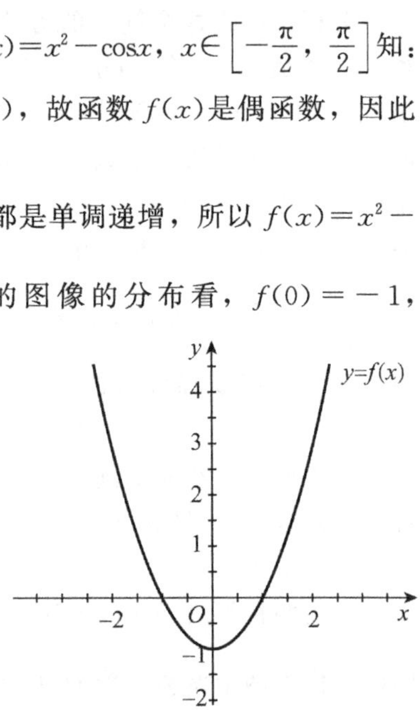

图 3-5

标就越大，也就是对应的函数值越大。因此，条件②$x_1^2>x_2^2$ 能使 $f(x_1)>f(x_2)$恒成立。

通过对上述问题解决过程的分析，我们可以提炼出运用函数解析式研究函数性质的基本方法是：

(1)研究函数的解析式得到函数的性质：首先研究函数的对称性，如果函数具有对称性，那么就可以简化研究函数的范围，因为只需要研究对称轴或对称中心一侧的函数的性质，如研究函数的单调性。在此基础上研究函数的周期性及函数值分布。

(2)根据所研究的函数性质画出这个函数的示意图，直观地表达函数的性质。

(3)根据函数的示意图并运用函数的性质来解决问题。

研究函数性质的一般方法的结构图如右图所示。

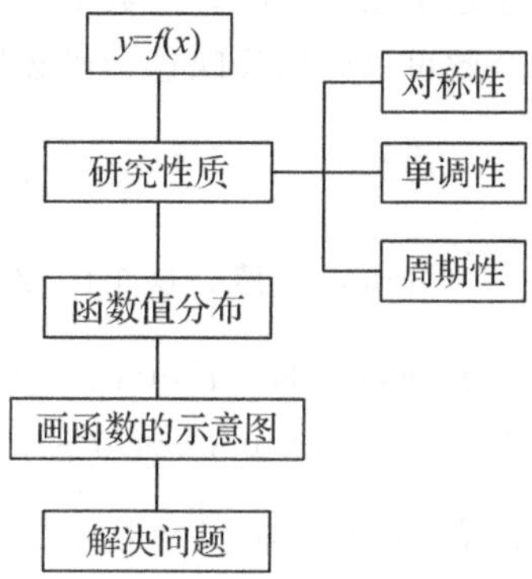

为了强化学生运用函数解析式研究函数性质的意识和能力，教师可以指导学生做一些有针对性的问题来加强学生研究函数解析式得到函数性质的意识，提高学生研究函数性质的能力。

问题 5：研究函数 $y=\dfrac{e^x+e^{-x}}{e^x-e^{-x}}$的性质并画出其示意图。

分析：函数 $y=\dfrac{e^x+e^{-x}}{e^x-e^{-x}}$的自变量 x 的取值范围是$(-\infty,\ 0)\cup(0,\ +\infty)$；从函数的对称性看，这是一个奇函数，因为满足 $f(x)+f(-x)=0$，所以只需要分析这个函数在 $x>0$ 时的性质即可；从函数值的分布来看，在 $x>0$ 时，由函数解析式 $y=\dfrac{e^x+e^{-x}}{e^x-e^{-x}}$知道函数值恒为正值，因此这个函数的图像在 y 轴右侧时一定分布在直角坐标系的第一象限，从而也就知道函数 $y=\dfrac{e^x+e^{-x}}{e^x-e^{-x}}$的整体图像分布在第一和第三象限；下面最为重要的任务是分析这个函数在 $x>0$ 时的单调性：直接求导去判断显然很复杂，运算量很大。从函数解析式我们可以看到，函数 $y=\dfrac{e^x+e^{-x}}{e^x-e^{-x}}$的单调性与 e^x 相关，为此，就要有将这个函数解析式进行化简的意识，找到 $y=\dfrac{e^x+e^{-x}}{e^x-e^{-x}}$与 e^x 的关系，进而判断出$y=\dfrac{e^x+e^{-x}}{e^x-e^{-x}}$的单调性质。

实际上，$y=\dfrac{e^x+e^{-x}}{e^x-e^{-x}}=\dfrac{e^{2x}+1}{e^{2x}-1}=\dfrac{e^{2x}-1+2}{e^{2x}-1}=1+\dfrac{2}{e^{2x}-1}$，由 $y=e^{2x}$是单调

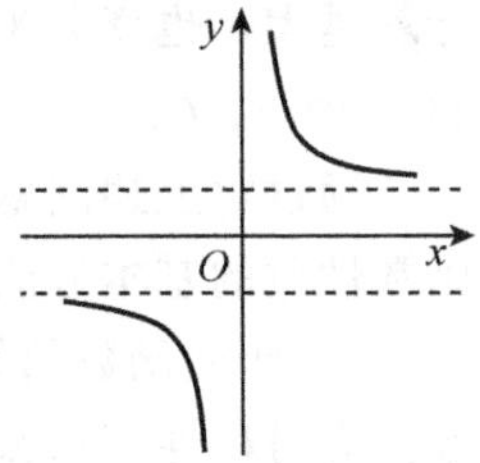

图 3-6

递增函数可知，$y=\frac{e^x+e^{-x}}{e^x-e^{-x}}$在 $x>0$ 时是单调递减函数；又根据奇函数的性质可知 $y=\frac{e^x+e^{-x}}{e^x-e^{-x}}$在 $x<0$ 时也是单调递减函数。依据 $y=1+\frac{2}{e^{2x}-1}$我们可以进一步地分析函数值的分布情况：当自变量 x 趋近于 0 时，函数值 y 趋近于正无穷，函数图像无限地接近 y 轴；当自变量 x 趋近于正无穷时，函数值 y 趋近于 1，函数图像无限地接近直线 $y=1$。分析至此可以画出反映这个函数性质的示意图了，如图 3-6 所示。

问题 6：研究函数 $y=\frac{x}{e^x}$的性质并画出函数的示意图。

分析：显然，这个函数不具有对称性。从函数解析式 $y=\frac{x}{e^x}$可以得出函数值的分布，即：$x>0$ 时，$y>0$，其图像在 x 轴的上方；$x=0$ 时，$y=0$，图像通过坐标原点；$x<0$ 时，$y<0$，其图像在 x 轴的下方。对函数变化状态的研究通过其导函数的符号来判断。由于 $y'=\frac{e^x-xe^x}{e^{2x}}=\frac{e^x(1-x)}{e^{2x}}$，函数 $y=f(x)$在$(-\infty,1)$上单调递增，在$(1,+\infty)$上单调递减；$f(x)_{\max}=f(1)=\frac{1}{e}$。根据上述函数性质，可以画出这个函数的示意图。如图 3-7 所示。至此完成对函数 $y=\frac{x}{e^x}$性质的研究。

围绕函数 $y=\frac{x}{e^x}$可以设计问题，让学生去思考，如：

①讨论方程 $x=me^x$ 的根的个数与 m 的关系。

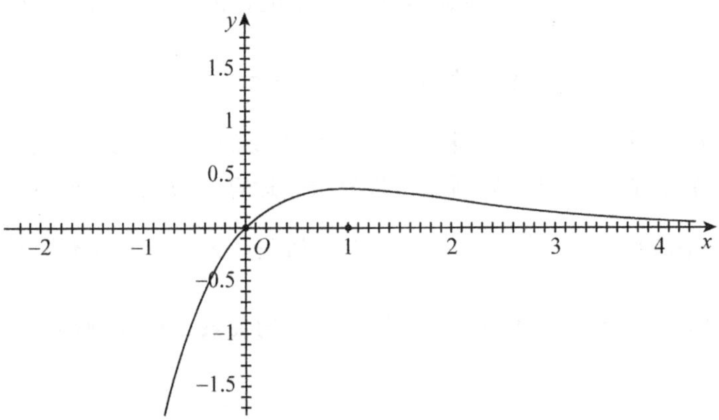

图 3-7

将方程变形为 $m=\frac{x}{\mathrm{e}^x}$，根据函数 $y=m$，$y=\frac{x}{\mathrm{e}^x}$ 的图像的交点个数来判断方程根的个数。如图 3-8 所示。可知：当 $0<m<\frac{1}{\mathrm{e}}$ 时，方程有两根；当 $m\leqslant 0$ 或 $m=\frac{1}{\mathrm{e}}$ 时，方程有一根。

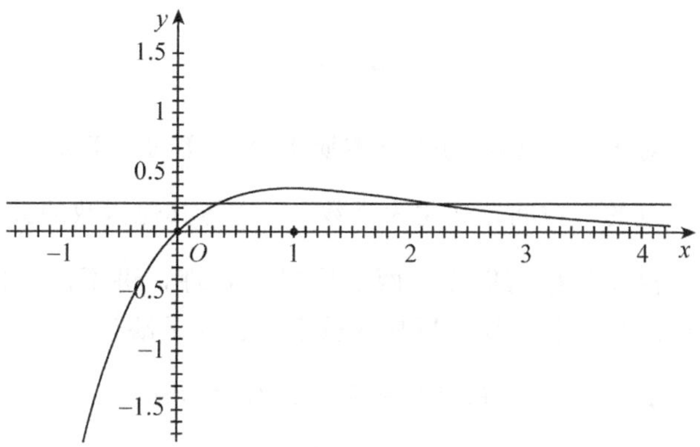

图 3-8

本题也可讨论：函数 $y=m\mathrm{e}^x-x$ 的零点个数问题。同样可以转化为研究函数 $y=m$，$y=\frac{x}{\mathrm{e}^x}$ 图像的交点个数问题。

②讨论方程 $\frac{x}{\mathrm{e}^x}=x^2-2x+m$ 的根的个数。也可以问方程 $x=(x^2-2x+m)\mathrm{e}^x$ 的根的个数或函数 $y=(x^2-2x+m)\mathrm{e}^x-x$ 的零点的个数问题。

将研究方程 $\frac{x}{\mathrm{e}^x}=x^2-2x+m$ 的有关问题转化为研究函数 $y=\frac{x}{\mathrm{e}^x}$ 与函数 $y=x^2-2x+m$ 的关系问题。对两个函数的研究，其关注点首先放在对这两个函数的性质分析上，并结合函数图像关系所反映的几何特征，在此基础上用代数的数量关系来刻画。因为二次函数 $y=x^2-2x+m$ 配方后得 $y=(x-1)^2+m-1$，知二次函数图像的对称轴是 $x=1$，为开口向上的抛物线，$y=(x-1)^2+m-1$ 的对称轴穿过函数 $y=\frac{x}{\mathrm{e}^x}$ 取得极大值的位置，这是两个函数的关系反映在图像上的几何特征，因此，对原方程根的讨论就转化为对两个函数图像交点个数的讨论。进一步就是通过比较二次函数 $y=(x-1)^2+m-1$ 的最小值 $m-1$ 和函数 $y=\frac{x}{\mathrm{e}^x}$ 的最大值 $\frac{1}{\mathrm{e}}$，就可以得到这两个函数图像交点个数与 m 的关系，进而得到原方程的根的个数与 m 的关系了。如图 3-9 所示。

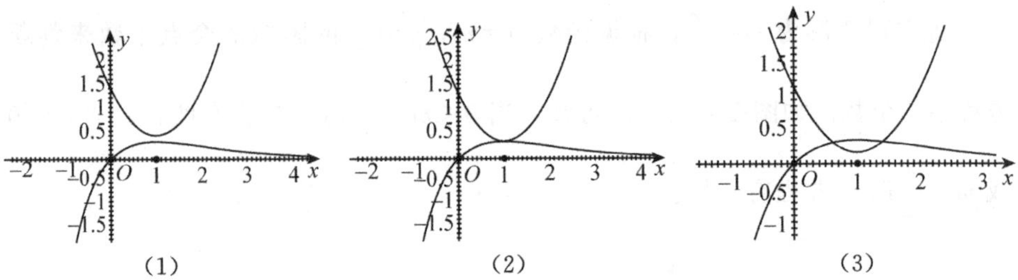

图 3-9

可以看出，对于问题①②的研究本质上是一样的，都是将方程根的个数问题或者函数零点的个数问题转化为函数 $y=\frac{x}{e^x}$ 与其他函数的关系问题。如果教师在教学中，仅仅是把它们作为两道题目来处理，讲不出它们之间的逻辑关系，那么这样的教学就是缺乏概括的教学，也就是缺乏教学逻辑的教学。

问题 7：研究函数 $y=\frac{e^x}{x}$ 的性质并画出函数的示意图。

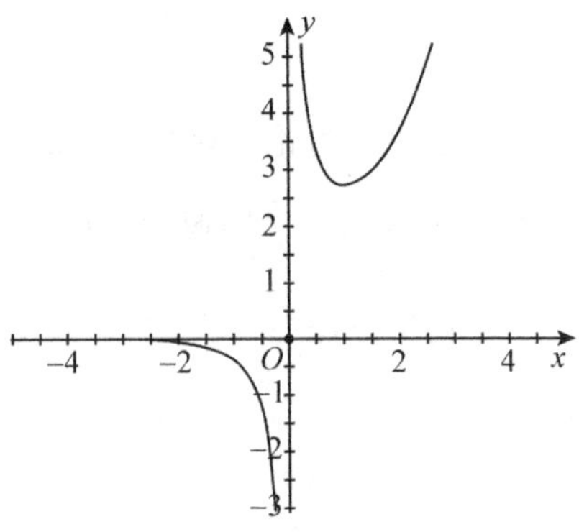

图 3-10

分析：首先还是先从函数解析式入手进行研究，不要一上来就对函数解析式进行求导。在教学中，我们要有意识地训练学生能够从函数解析式中得到一些和函数有关的性质。如从函数解析式是分式 $y=\frac{e^x}{x}$ 的特点可以得出，这个函数的自变量 x 不能取 0，那么反映在函数的图像上会怎么样呢？当 $x>0$ 时，$y>0$，其图像在 x 轴的上方；$x<0$ 时，$y<0$，其图像在 x 轴的下方。因此函数的图像是分布在第一象限和第三象限的间断的两段函数图像。函数的变化状态则需要通过其导函数的符号来刻画。画出函数的示意图，如图 3-10 所示。

在解决函数的问题时，函数的图像发挥着重要的类似函数解析式的作用。函数图像能够直观形象地表示出函数的变化状态，可以帮助我们理解函数关系的意义，同时函数图像又是运用数形结合思想方法的基础，利用函数图像可以更好地研究函数性质。但是，学生对于函数图像的理解很多时候还是在计算求值上，还没有掌握用研究函数性质的思维去理解函数图像。这种状况的出现，反映出我们没有在函数图像的教学中教会学生如何进行函数性质的研究，是教学逻辑上的一种缺失。

问题 8：已知函数 $f(x)=A\sin(\omega x+\varphi)$ 的部分图像如图 3-11 所示，

$f\left(\frac{\pi}{2}\right)=-\frac{2}{3}$，求 $f(0)$的值。

分析：本题尽管没有给出确定的函数解析式，但是明确了函数的类型，并在此基础上给出这个函数的部分图像，求函数值。

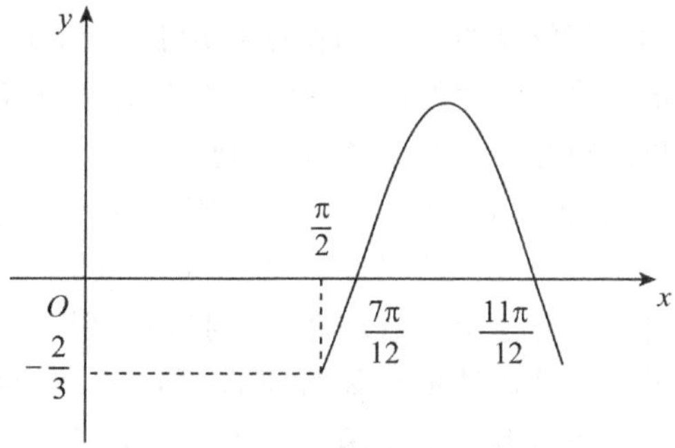

图 3-11

如何分析函数图像呢？一些同学希望从图像中能够得到条件，去求出 A、ω、φ，从而求出函数$f(x)$的解析式。这种思维的出发点还是寄希望于计算求出 $f(0)$。实际上，函数图像是函数性质的直观反映，我们应该结合函数解析式 $f(x)=A\sin(\omega x+\varphi)$，从函数的图像中研究出函数的性质，运用其性质来求得 $f(0)$。

如何通过函数的图像研究函数的性质呢？首先我们要看函数的整体性质及变化的状态。由于这是正弦型函数，所以尽管只是给出了函数的部分图像，但毫无疑问，函数图像与 x 轴的交点是函数图像的对称中心，也就是函数 $f(x)=A\sin(\omega x+\varphi)$的图像关于点$\left(\frac{7\pi}{12},0\right)$、$\left(\frac{11\pi}{12},0\right)$为中心对称；同样，在这个部分图像中，我们还能找到函数图像的一条对称轴 $x=\frac{9\pi}{12}$，这种对称性不是看出来的，而是依据函数解析式 $f(x)=A\sin(\omega x+\varphi)$也就是在明确了函数是正弦型函数的基础上得到的。当然，我们结合函数图像还能知道这个函数的周期是$\frac{2\pi}{3}$。这样，计算 $f(0)$的问题就转化为求 $f\left(\frac{2\pi}{3}\right)$。而要计算 $f\left(\frac{2\pi}{3}\right)$，关键是要分析自变量$\frac{2\pi}{3}$与$\frac{\pi}{2}$的关系。易知，这两个自变量的代数特征是和为$\frac{14\pi}{12}$，反映在几何特征上，是在 x 轴上以$\frac{2\pi}{3}$与$\frac{\pi}{2}$为横坐标的两个点的中点坐标为$\frac{7\pi}{12}$，由函数 $f(x)=A\sin(\omega x+\varphi)$的图像关于点$\left(\frac{7\pi}{12},0\right)$中心对称的性质，可以得到 $f(0)=f\left(\frac{2\pi}{3}\right)=-f\left(\frac{\pi}{2}\right)=\frac{2}{3}$。

本题还可以研究计算 $f\left(\frac{\pi}{6}\right)$的求值问题，让学生体会运用函数图像关于 $x=\frac{9\pi}{12}$对称的性质解决求值计算问题。

问题 9：函数 $f(x)=ax^3+bx^2+cx+d$ 的图像如图 3-12 所示，判断 b 的

符号。

分析：本题给出了函数的图像，要求学生能够从给出的图像中提取信息判断 b 的符号。学生的做法常常还是从计算的角度进行分析，如从图中看到了 $f(-2)>0$、$f(2)<0$、$f(0)=0$，希望通过计算求出 b 的符号。其实 $f(-2)>0$、$f(2)<0$ 并不决定这个函数的性质，我们要引导学生从图像中去分析函数的整体变化性质。从函数的单调性可以看出这个函数是先递增，再递减，然后再递增，从而可以判断出导函数 $f'(x)=3ax^2+2bx+c$ 的图像是开口向上的抛物线，故 $a>0$；再研究函数的极值、极值点，从图像中我们可以看到函数的极大与极小值点与 -2、2 的大小关系，得出极大值点为负，极小值点为正，且极大值点的绝对值大于极小值点的绝对值。也就是 $f'(x)=3ax^2+2bx+c=0$ 的两个根为异号的两根，且负根的绝对值较大。这样由根与系数的关系可得 $-\frac{2b}{3a}<0$。因为 $a>0$，所以 $b>0$。当然，我们也可以通过导函数的图像进行判断。因为导函数的零点是异号的，且负的零点的绝对值大，所以导函数图像的对称轴 $x=-\frac{b}{3a}$ 在 y 轴的左侧，因此 $-\frac{b}{3a}<0$，从而得解。

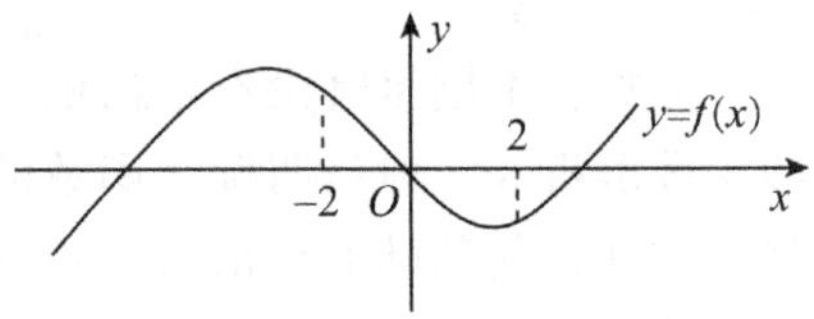

图 3-12

可以看出，如何研究函数图像是需要教师教的。看图像不是看热闹，要知道看什么、怎么看，最核心的是要能够通过函数解析式及图像，研究出这个函数的性质。也就是首先要研究函数的整体性质，如对称性。这条性质不是仅仅靠函数图像就能够做出判断的，一定是以函数解析式为依据的。如给出函数解析式 $f(x)=A\cos(\omega x+\varphi)$，就意味着这个函数的图像与 x 轴的交点就是其图像的对称中心，函数 $f(x)=A\cos(\omega x+\varphi)$ 图像上的最高点或最低点就是其图像的对称轴所经过的点。其次看函数的单调性，这条性质在函数的图像中能够直观地反映出来，但是我们要引导学生会从函数的变化趋势中观察分析函数的极值情况，特别是取得极大值或极小值时函数的自变量，也就是极值点的特征。当然，如果是周期函数，结合其图像我们可以得到这个函数的周期。

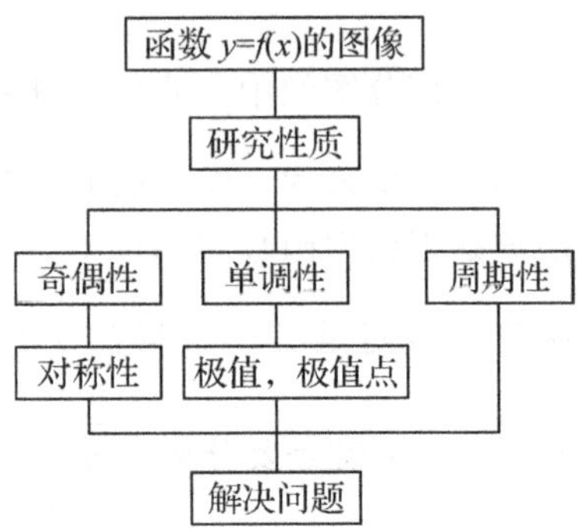

研究函数图像的方法的教学逻辑就是研究函数的性质，从图像中观察到的函数性质要以函数解析式为依据，要能够从函数的自变量对因变量的影响的角度理解函数的图像，要能够从图像这一直观的表达形式分析出函数性质

的本质。

3.3.2　研究平面解析几何方法的教学逻辑

由于平面解析几何研究的对象是几何图形，因此，研究的内容还是几何学要研究的内容，即几何图形的性质(如椭圆的几何性质、双曲线的几何性质等)和几何对象之间的位置关系，但研究方法却不是几何问题中常用的演绎推理的思维方法，而是在平面直角坐标系的平台上运用代数的知识和方法。

3.3.2.1　研究平面解析几何一般方法的教学逻辑

在教学中，教师要能够引导学生通过对平面解析几何问题的解决提炼出研究问题的一般方法，这个方法不是要把解题的途径模式化、套路化，而是要能够在思维的层面上概括出研究问题的一般思路。

问题 1：过定点 $M(4, 2)$ 任作互相垂直的两条直线 l_1 和 l_2，分别与 x 轴、y 轴交于 A、B 两点，求线段 AB 中点 P 的轨迹方程。

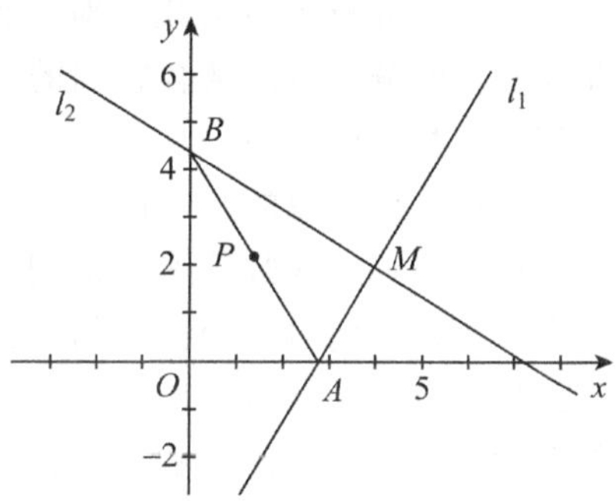

图 3-13

分析：如图 3-13，如何来认识本题中几何对象的几何特征呢？如果仅仅从"过定点 $M(4, 2)$ 任作互相垂直的两条直线 l_1 和 l_2"这一条件入手进行代数化，可以有很多种求解的方法，但都不是太简单。如最常见的做法是：由于直线 l_1 和 l_2 过定点 $M(4, 2)$ 且互相垂直，则在存在斜率的前提下，设直线 l_1 的方程为 $y-2=k(x-4)$，从而直线 l_2 的方程为 $y-2=-\frac{1}{k}(x-4)$，并由此求出点 A、B 的坐标，再根据点 P 为线段 AB 的中点求出 P 点坐标，当然，这是带着参数 k 的坐标，通过消去参数 k，最终得到点 P 的轨迹方程。

或者设点 $P(x, y)$，则有 $A(2x, 0)$，$B(0, 2y)$，又 $M(4, 2)$，根据直线 l_1 和 l_2 互相垂直，得 $\overrightarrow{MA}\cdot\overrightarrow{MB}=0$ 或利用直角三角形 AMB 的斜边中线 MP 等于线段 AB 的一半求出 x、y 满足的方程。

以上做法都没有注意到 $\angle AOB$ 是直角这一非常重要的几何特征，直角三角形 AOB 和直角三角形 AMB 具有共同的斜边，因此，这两个直角三角形的斜边上的中线 PO、PM 相等，即 $|PO|=|PM|$，因而点 P 的轨迹是线段 OM 的中垂线。也就是过点 $(2, 1)$，斜率为 -2 的直线方程。当然，也可以由 $\angle AOB=\angle AMB=90°$，易知四边形 $AOBM$ 四点共圆，点 P 为圆心从而 $|PO|=|PM|$。

对比以上的几种方法不难看出，对几何对象的几何特征分析得越深入，代数化的方法越简单。

问题 1 也可以改为研究 $|PO|$ 的最小值问题(如图 3-14)。此时从思维的角度看就是要分析 $|PO|$ 的最小值产生的原因，是谁引起了 $|PO|$ 的变化？如果认为是动点 P 的运动引起的，那么就要研究动点 P 的运动规律，也就是点 P 的几何特征。如上分析，点 P 是在线段 OM 的中垂线上。因此当 OP 垂直 OM 的中垂线的时候，$|PO|$ 最小。此时 $|PO|=\frac{1}{2}|OM|=\sqrt{5}$。

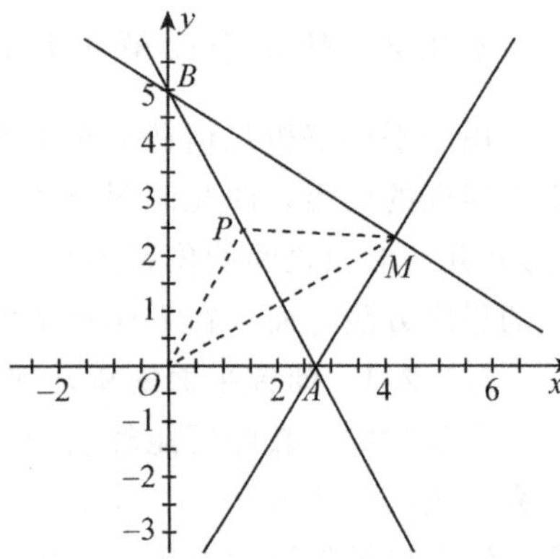

图 3-14

从上述分析可以看出：对几何对象的几何特征的分析可以结合它们的图形，对几何图形研究的深度决定了代数化过程中运算量的大小。

分析几何对象的几何特征的第二个方面就是要引导学生学会从曲线方程、几何量、坐标等代数数据中得到有关几何对象的几何特征。这一点是许多学生学习解析几何时比较薄弱的地方，表现在学生缺乏从代数形式中去分析几何性质的意识和能力。如对于直线 $ax+by+b-a=0$ 是什么样的直线的理解，很多学生对方程中的参数没有做过含义的分析，看到是一个方程，学生就会认为这个方程表示的就是一条直线。在教学中，我们就要设计问题让学生思考方程中为什么有不确定的参数，其含义是什么。在学生明确这不是一条确定的直线之后，进一步地追问：为什么这么多条的直线可以用一个方程来表示？在这个问题上，很多教师介绍了许多证明直线过定点的方法。其实这些方法的确很重要，但更为重要的是要让学生能够意识到这些直线之所以能够用同一个代数的形式表达出来，一定是有共同的几何特征。也就是要教给学生提出问题、思考问题的方法。如果没有从方程中分析曲线几何特征的意识，学生面对问题如“判断直线 $ax+by+b-a=0$ 与圆 $x^2+y^2-x-2=0$ 的位置关系”的时候，往往是采取通过计算圆心 $\left(-\frac{1}{2}, 0\right)$ 到直线 $ax+by+b-a=0$ 的距离与圆的半径 $\frac{3}{2}$ 比较去做出判断，或者是将直线方程与圆的方程联立，希望能够通过判别式的符号做出判断，而这又是行不通的。学生可能会纳闷这些方法不都是老师教给的一般方法吗？实际上，在没有理解问题的前提下随意地套用“方法”往往不是好的学习方法。就像前面我们所分析的那样，正是由于直线 $ax+by+b-a=0$ 不是一条确定的直线，因此，上述一般方法并不适用。如果在审题的过程中能够分析得出直线 $ax+by+b-a=0$ 是过定点(1，−1)的所有直线的话，那么也就只需要判断点(1，−1)与圆 $x^2+y^2-x-2=0$

的位置关系了。

问题 2：点 P 在双曲线 $\frac{x^2}{16}-\frac{y^2}{20}=1$ 上，双曲线的左右焦点分别为 F_1、F_2，若 $|PF_1|=9$，则 $|PF_2|$ 的值为多少？

分析：如图 3-15，这个问题的思维切入点还是要明确几何对象的几何特征。从这个问题看，双曲线是确定的，但并没有告诉点 P 在双曲线的哪一支上。因此，研究点 P 的位置就是首先要解决的问题。如图设双曲线的左右顶点分别是 A_1、A_2，则分析双曲线的方程 $\frac{x^2}{16}-\frac{y^2}{20}=1$ 我们知道：$a=4$，$c=6$，$|F_1A_1|=c-a=2$，$|F_1A_2|=c+a=10$，说明双曲线的左支离点 F_1 最近的距离是 2，双曲线的右支离点 F_1 最近的距离是 10。由条件 $|PF_1|=9$，就可以知道点 P 不可能在双曲线 $\frac{x^2}{16}-\frac{y^2}{20}=1$ 右支上，故：$|PF_2|-|PF_1|=2a=8$，得 $|PF_2|=17$。

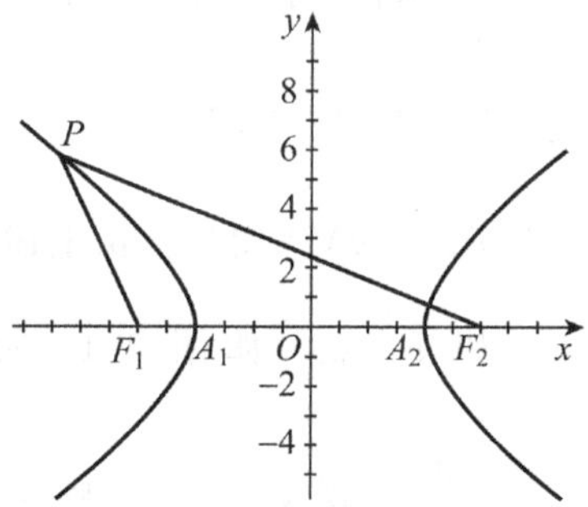

图 3-15

如果没有注意分析方程 $\frac{x^2}{16}-\frac{y^2}{20}=1$ 所提供的几何特征，就可能这样做：根据双曲线的定义，$|PF_1|-|PF_2|=\pm 2a$，故 $|PF_2|=9\pm 8$，从而得出一个错误的答案 1 或 17。可以看出，能够从“$|PF_1|=9$”读出点 P 的几何特征是研究问题的关键，只有在确定了点 P 位置的基础上的代数化才是有意义的。

问题 3：已知椭圆 $\frac{x^2}{16}+\frac{y^2}{9}=1$ 的左右焦点分别为 F_1、F_2，点 P 在椭圆上，若 P、F_1、F_2 是一个直角三角形的三个顶点，求点 P 到 x 轴的距离。

分析：这个问题首先要确定谁是 $\mathrm{Rt}\triangle PF_1F_2$ 的直角顶点。不能想当然地认为是点 P，并据此 $PF_1\perp PF_2$，得点 P 是以原点为圆心，$c=\sqrt{7}$ 为半径的圆。联立 $x^2+y^2=7$ 与 $\frac{x^2}{16}+\frac{y^2}{9}=1$ 得：$y=\pm\frac{9\sqrt{7}}{7}$，从而点 P 到 x 轴的距离为 $\frac{9\sqrt{7}}{7}$。这是在一个错误的逻辑下得到的结论，显然是有问题的。如果我们将 $y=\pm\frac{9\sqrt{7}}{7}$ 代入圆的方程 $x^2+y^2=7$，方程无解。

实际上，问题所提供的代数条件“椭圆 $\frac{x^2}{16}+\frac{y^2}{9}=1$”蕴含着点 P 的几何特征，可以从两个方面去解读：假设 $\angle P$ 是直角，则点 P 在以坐标原点 O 为圆心，$\sqrt{7}$为半径的圆上也就是在圆 $x^2+y^2=7$ 上，但是这个圆与椭圆的位置关系是需要判定的。由于$b=3>\sqrt{7}$，因此可以断定圆 $x^2+y^2=7$ 内含于椭圆$\frac{x^2}{16}+\frac{y^2}{9}=1$，从而$\angle P$ 是直角的假设不成立。对于$\angle P$ 是不是直角的判断也可以通过分析$\angle F_1PF_2$ 取最大时，即点 P 在椭圆短轴端点处时，$\frac{c}{b}=\frac{\sqrt{7}}{3}<1$ 从而$\angle F_1PF_2<90°$来得出。由上述分析可知：直角顶点在椭圆$\frac{x^2}{16}+\frac{y^2}{9}=1$ 的焦点上，如 F_1 点，如图 3-16 所示，故设直线 PF_1 的方程为：$x=-\sqrt{7}$，$\begin{cases}\frac{x^2}{16}+\frac{y^2}{9}=1\\x=-\sqrt{7}\end{cases}$ 得 $y=\pm\frac{9}{4}$，则点 P 到 x 轴的距离为$\frac{9}{4}$。

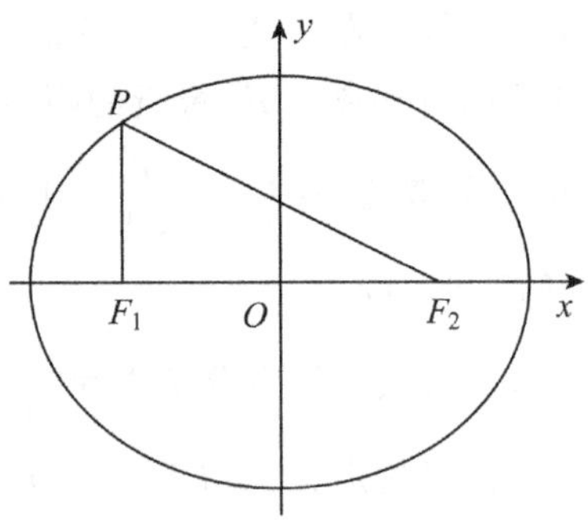

图 3-16

通过对上述问题的思考、分析及研究，我们可以概括出研究平面解析几何的一般方法。

首先，要分析几何对象的几何特征：几何对象如直线、圆、椭圆、抛物线、双曲线等一般都有其代数形式的曲线方程，我们要能够从它们的方程中分析得到其几何的性质，同时也要能够得出不同几何对象之间的位置关系。这些几何对象的几何特征也可以结合图形或相关的表示数量关系的数值分析得到；在此基础上，再对几何对象的几何特征进行代数化，得到相对应的代数性质；之后进行代数运算，从代数运算的结论中分析出几何的特征，得出几何的结论。

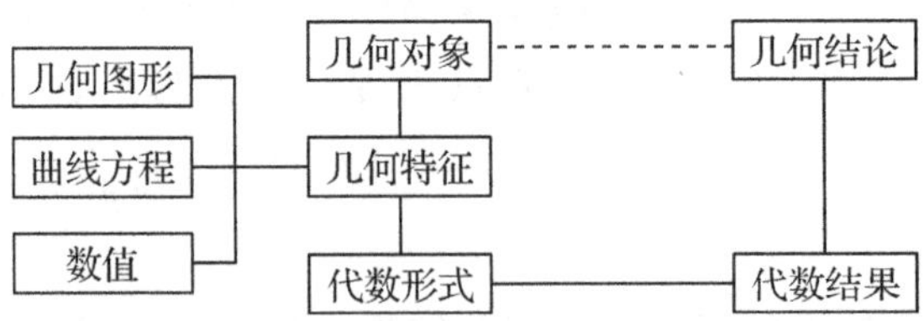

在教学中，我们要让学生经历用代数的方法解决几何问题的过程，理解平面解析几何这门学科研究问题的一般方法。这就是培养学生研究数学问题能力的教学逻辑。

问题 4：已知椭圆 C：$\frac{x^2}{4}+\frac{y^2}{3}=1$。确定 m 的取值范围，使得对于直线 l：

$y=4x+m$，C 上有两个不同的点关于直线 l 对称。

分析：如图 3-17。按照解析几何的教学逻辑，本问题的思维关注点应该是几何对象的位置关系，也就是问题中的两条直线及椭圆之间位置关系的确定。由于直线 l：$y=4x+m$与椭圆 C 的位置关系在"C 上有两个不同的点关于直线 l 对称"的条件下是需要确定的，因此，研究的切入点转为直线 AB 与椭圆 C 的位置关系。由于斜率为$-\frac{1}{4}$的 AB 与椭圆 C 相交得到的弦 AB 的中垂线(即直线 l)的斜率为 4，因此可以利用直线 AB 与椭圆 C 相交于两个不同点，联立直线 $y=-\frac{1}{4}x+b$ 与$\frac{x^2}{4}+\frac{y^2}{3}=1$，得出直线 AB 的纵截距 b 的范围：$|b|<\frac{\sqrt{13}}{2}$，再通过 AB 弦的中点 $M\left(\frac{4}{13}b, \frac{12}{13}b\right)$在直线 l：$y=4x+m$ 上，找到直线 AB 的纵截距 b 与 m 的关系：$b=-\frac{13}{4}m$；最终得 m 的取值范围$\left(-\frac{2\sqrt{13}}{13}, \frac{2\sqrt{13}}{13}\right)$。

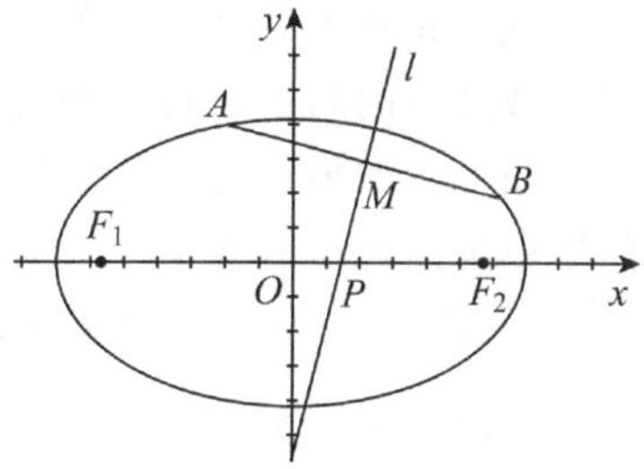

图 3-17

上述解决问题的方法是直线 AB 与椭圆 C 的位置是确定的基础上进行的代数化，实际上，点 M 在"C 上有两个不同的点关于直线 l 对称"的条件下也是确定的，它一定在椭圆 C 内，因此相对应的代数化就是将点 M 的坐标(x_0, y_0)代入椭圆方程的左端得：$\frac{{x_0}^2}{4}+\frac{{y_0}^2}{3}<1$。如何将$(x_0, y_0)$与 m 找到关系，就是研究方法选择的依据了。由于(x_0, y_0)是弦 AB 的中点坐标，因此，引进 $A(x_1, y_1)$和 $B(x_2, y_2)$，并代数化为$\frac{x_1^2}{4}+\frac{y_1^2}{3}=1$ 和$\frac{x_2^2}{4}+\frac{y_2^2}{3}=1$，通过消去参数找到$(x_0, y_0)$与 m 的关系，进而得出 m 的取值范围。

问题 5：设 A、B 分别为椭圆$\frac{x^2}{4}+\frac{y^2}{3}=1$ 的左、右顶点，设 P 为直线 $x=4$ 上不同于点$(4, 0)$的任意一点，若直线 AP、BP 分别与椭圆相交于异于 A、B 的点 M、N，证明点 B 在以 MN 为直径的圆内。

分析：如图 3-18。如何证明点 B 在以 MN 为直径的圆内？如果指望建立以 MN 为直径的圆的方程，再去验证点 $B(2, 0)$在这个圆内，这几乎在短时间内是不可能完成的。因为建立以 MN 为直径的圆的方程要设 $M(x_1, y_1)$，$N(x_2, y_2)$，所要涉及的参数太多。类似的方法，如将点 B 到线段 MN 中点的距离与圆的半径，也就是 MN 长度的一半去比较，面临的困难是一样的。

因此，为了证明点 B 在以 MN 为直径的圆内转而证明 $\angle MBN$ 为钝角，但是发现仍然没有解决参数过多的问题，特别是点 P 这个条件几乎没有用上。如果证明 $\angle MBP$ 为锐角的话，似乎问题就可以迎刃而解了。

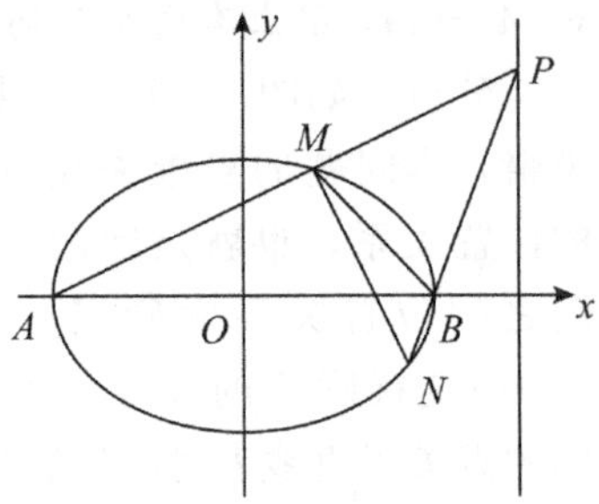

图 3-18

设 $M(x_0, y_0)$，因为点 M 在椭圆上，所以 $y_0^2=\frac{3}{4}(4-x_0^2)$①

又点 $M(x_0, y_0)$ 异于顶点 A、B，所以 $-2<x_0<2$，由 P、A、M 三点共线可以得：$P\left(4, \frac{6y_0}{x_0+2}\right)$，从而 $\overrightarrow{BM}=(x_0-2, y_0)$，$\overrightarrow{BP}=\left(2, \frac{6y_0}{x_0+2}\right)$。

所以 $\overrightarrow{BM}\cdot\overrightarrow{BP}=2x_0-4+\frac{6y_0{}^2}{x_0+2}=\frac{2}{x_0+2}(x_0^2-4+3y_0^2)$②，

将①代入②，化简得 $\overrightarrow{BM}\cdot\overrightarrow{BP}=\frac{5}{2}(2-x_0)$。因为 $2-x_0>0$，得 $\overrightarrow{BM}\cdot\overrightarrow{BP}>0$，则 $\angle MBP$ 为锐角，从而 $\angle MBN$ 为钝角，故点 B 在以 MN 为直径的圆内。

可以看出，在解决平面解析几何问题时代数化的方式的选择是非常重要的，选择不当，就会带来计算量的增大，甚至影响到问题的最终解决。而选择合理的代数化的方法则需要对所面临的问题的比较深刻的认识和理解，其途径更多地来自对几何对象的几何特征的分析与运用。

3.3.2.2 平面解析几何综合问题思维途径的教学逻辑

在平面解析几何的综合性问题的教学中，要突出解析几何的研究问题的一般方法，要能够明确用代数方法解决几何问题的几个关键的步骤：

(1)要能够根据问题的条件，读出几何对象的几何特征。从两个方面去分析：对于单个的几何对象，要研究它的几何性质，对于不同的几何对象，要关注它们之间的位置关系。在此基础上作出图形，直观地表达出所分析出来的几何对象的几何特征。

(2)在明确了几何对象的几何特征的基础上，要进行有效的、合理的代数化。包括几何元素的代数化、位置关系的代数化、所要研究问题的目标的代数化等。

(3)进行代数运算。包括解所联立的方程组、消去所引进的参数、运用函数的研究方法解决有关的最值问题，等等。

(4)根据经过代数运算得到的代数结果，分析得出几何的结论。

问题 6：已知椭圆 C：$x^2+2y^2=4$。设 O 为原点，若点 A 在椭圆 C 上，点

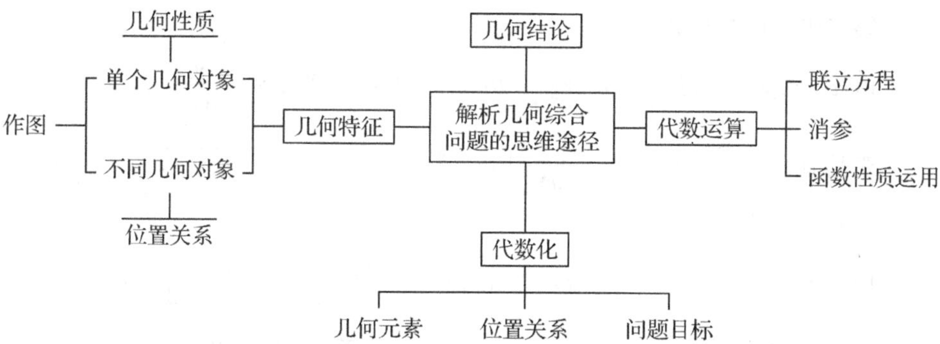

B 在直线 $y=2$ 上，且 $OA\perp OB$，试判断 AB 与圆 $x^2+y^2=2$ 的位置关系，并证明你的结论。

分析：分析几何对象的几何特征，理解题意，并画出图像。本问题中，有两个曲线图形，椭圆 C：$x^2+2y^2=4$ 和圆 $x^2+y^2=2$，从方程中可以分析得知，它们有共同的对称中心(0，0)。由于椭圆的短轴的一半长为$\sqrt{2}$，等于圆 $x^2+y^2=2$ 的半径，所以椭圆 C：$x^2+2y^2=4$ 和圆 $x^2+y^2=2$ 是相切的位置关系。如图 3-19 所示。

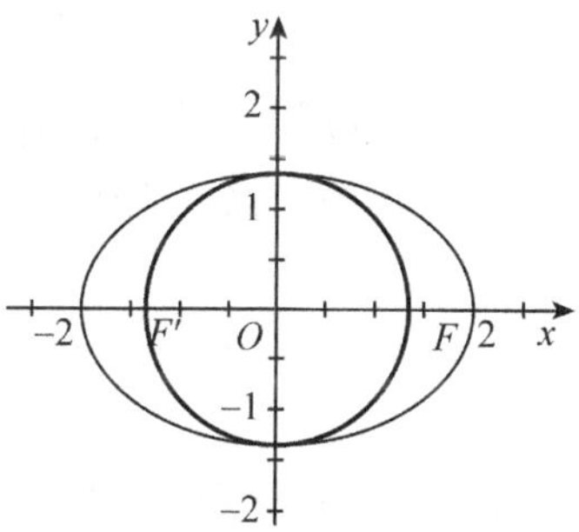

图 3-19

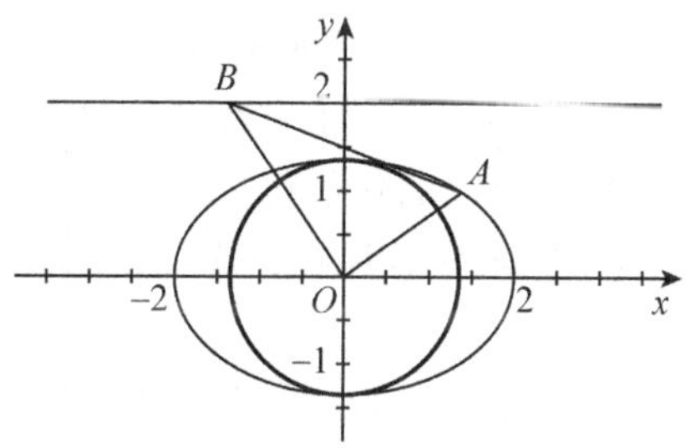

图 3-20

而对于条件“若点 A 在椭圆 C 上，点 B 在直线 $y=2$ 上，且 $OA\perp OB$”所表达出来的几何特征最终落实在作出图像上。如图 3-20 所示。

第二步，进行代数化。

元素的代数化：A（x_1，y_1），满足 $x_1^2+2y_1^2=4$；B（t，2），直线 AB：$y-2=\dfrac{y_1-2}{x_1-t}(x-t)$，($x\neq t$)，

即$(2-y_1)x+(x_1-t)y-2x_1+ty_1=0$，

若 $x_1=t$，直线 AB 方程为 $x=t$。

位置关系代数化：由 $OA\perp OB$ 得代数化的形式为 $x_1t+2y_1=0$；

问题目标代数化：$d=\dfrac{|-2x_1+ty_1|}{\sqrt{(2-y_1)^2+(x_1-t)^2}}$。

第三步，代数运算。

由 $x_1^2+2y_1^2=4$ 得 $x_1^2=4-2y_1^2$；由 $x_1t+2y_1=0$ 得 $t=-\frac{2y_1}{x_1}$；

于是有：$|-2x_1+ty_1|=\frac{2}{|x_1|}|4-y_1^2|$，$\sqrt{(2-y_1)^2+(x_1-t)^2}=\frac{\sqrt{2}}{|x_1|}\cdot|4-y_1^2|$。

因此有 $d=\sqrt{2}$。若 $x_1=t$，则由 $t=-\frac{2y_1}{x_1}$ 可得 $y_1=-\frac{t^2}{2}$，因此点 $A\left(t,\ -\frac{t^2}{2}\right)$，代入椭圆方程 $x^2+2y^2=4$ 得 $t=\pm\sqrt{2}$，所以直线 AB 方程为 $x=\pm\sqrt{2}$。

最后得到几何结论：直线 AB 与圆 $x^2+y^2=2$ 相切。

问题 7：已知 W：$\frac{x^2}{2}-\frac{y^2}{2}=1(x\geqslant\sqrt{2})$，若 A、B 是 W 上的不同两点，O 是坐标原点，求 $\overrightarrow{OA}\cdot\overrightarrow{OB}$ 的最小值。

分析：几何特征分析，W：$\frac{x^2}{2}-\frac{y^2}{2}=1(x\geqslant\sqrt{2})$ 表明曲线是双曲线的右支，其渐近线为 $y=x$，$\overrightarrow{OA}$ 与 $\overrightarrow{OB}$ 夹角最大为 $90°$。

代数化分析 1：首先明确问题产生的原因。也就是 $\overrightarrow{OA}\cdot\overrightarrow{OB}$ 的最小值是由谁引起的？如果认为是由直线 AB 的变化引起 $\overrightarrow{OA}\cdot\overrightarrow{OB}$ 的变化，那么就要对直线 AB 进行相对应的代数化。

①AB 的斜率不存在：$A(x_1,\ y_1)$，$B(x_1,\ -y_1)$，$\overrightarrow{OA}\cdot\overrightarrow{OB}=x_1x_2+y_1y_2=x_1^2-y_1^2=2$。

②AB 的斜率存在：设 AB 的方程为 $y=kx+m$，(k，m 均变)则

$\overrightarrow{OA}\cdot\overrightarrow{OB}=x_1x_2+y_1y_2=f(k,\ m)$，

将其代数化：$\begin{cases}y=kx+m\\x^2-y^2=2\ (x\geqslant\sqrt{2})\end{cases}$，即 $x^2-(kx+m)^2=2$。

代数运算 1：

化简得：$(1-k^2)x^2-2kmx-m^2-2=0$，因而 $x_1+x_2=\frac{2km}{1-k^2}$，$x_1x_2=\frac{m^2+2}{k^2-1}$，

所以，$\overrightarrow{OA}\cdot\overrightarrow{OB}=x_1x_2+(kx_1+m)(kx_2+m)=(1+k^2)x_1x_2+km(x_1+x_2)+m^2=\frac{(1+k^2)(m^2+2)}{k^2-1}+\frac{2k^2m^2}{1-k^2}+m^2=\frac{2k^2+2}{k^2-1}=2+\frac{4}{k^2-1}$。

如何求 k^2 的范围？

方法 1：从代数化的结果看，$x_1x_2=\frac{m^2+2}{k^2-1}>0$，所以 $k^2>1$。

方法 2：从几何的角度看，直线 AB 的斜率 $k>1$ 或 $k<-1$。

如图 3-21 所示：

$\therefore f(k^2)=2+\dfrac{4}{k^2-1}(k^2>1)$，此函数图像如图 3-22 所示，

进而得到 $f(k^2)>2$，即 $\overrightarrow{OA}\cdot\overrightarrow{OB}>2$。

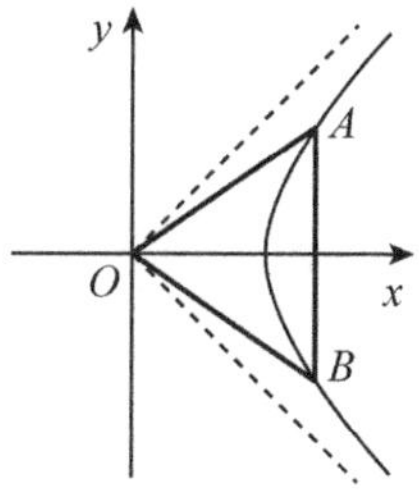

图 3-21

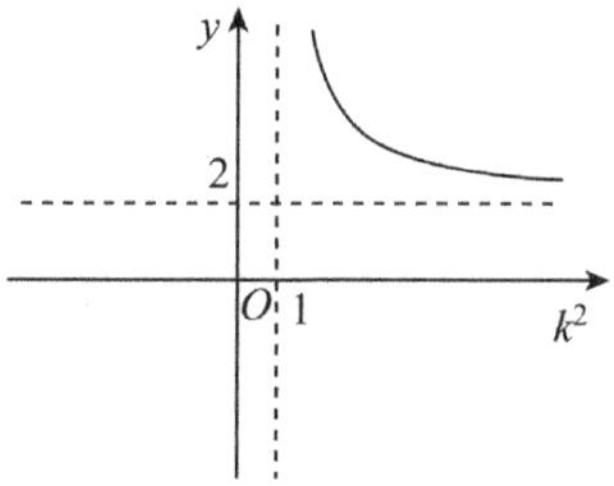

图 3-22

综合①②可知，$\overrightarrow{OA}\cdot\overrightarrow{OB}\geqslant 2$，所以 $\overrightarrow{OA}\cdot\overrightarrow{OB}$ 的最小值为 2。

代数化分析 2：$\overrightarrow{OA}\cdot\overrightarrow{OB}$ 的变化与点 $A(x_1, y_1)$，$B(x_2, y_2)$ 有关，

将其代数化得：$x_1^2-y_1^2=2$，$x_2^2-y_2^2=2$。

代数运算 2：

$\overrightarrow{OA}\cdot\overrightarrow{OB}=x_1x_2+y_1y_2$，将上面两式相乘：$x_1^2x_2^2+y_1^2y_2^2-x_1^2y_2^2-x_2^2y_1^2=4$，

$\therefore x_1^2x_2^2+y_1^2y_2^2=4+x_1^2y_2^2+x_2^2y_1^2$。

$\because \overrightarrow{OA}\cdot\overrightarrow{OB}>0$，

$\because (\overrightarrow{OA}\cdot\overrightarrow{OB})^2=(x_1x_2+y_1y_2)^2=x_1^2x_2^2+y_1^2y_2^2+2x_1x_2y_1y_2$

$=4+x_1^2y_2^2+x_2^2y_1^2+2x_1x_2y_1y_2=4+(x_1y_2+x_2y_1)^2\geqslant 4$，

$\therefore \overrightarrow{OA}\cdot\overrightarrow{OB}\geqslant 2$，当且仅当 $x_1y_2+x_2y_1=0$，即 $\begin{cases}x_1=x_2\\y_1=-y_2\end{cases}$ 时“=”成立。

所以 $\overrightarrow{OA}\cdot\overrightarrow{OB}$ 的最小值为 2。

平面解析几何综合题的教学，要能够教出味道，教出东西来，让学生在解决问题的过程中去体会平面解析几何的基本思想，掌握研究平面解析几何问题的一般方法。而要实现这个目标，教师就要打破模式化的束缚，从解决问题的思维层面去引导学生思考问题与解决问题，要让学生能够从学科的思维方法的角度理解解题的环节。理性地认识我们的解题过程，才能够真正地让学生掌握研究问题的方法，在教学中的教的逻辑才能够得以实施，学的逻辑也才能够让学生理解和接受。

第4章　让课堂教学赋有逻辑

2014年的春季，在参加北京市中小学特级教师研修工作室项目的一次活动之后，我的导师张景斌教授送给我一本首都师范大学出版社刚刚出版的数学教学专著《为不教而教》，作者是当时已经90岁高龄的周长生先生。周先生在北京四中工作了40年，我大学毕业被分配到四中工作的那一年，正好是周先生离休。尽管没有和周先生共过事，但由于周先生经常回四中办事，同事们也经常聊起周先生的教学，因此对周先生也有一些了解。2012年的夏季，周先生曾委托常相舜老师送给我他写的另外一本专著《初中数学自学读本》。这本书突出了思考问题的基本方法，突出了解决问题的基本方法，突出了对数学本质的把握，突出了对如何学习数学的指导，让我读后受益匪浅。《为不教而教》又是怎样的一本著作呢？张景斌教授在这本书的序言中是这样描述周先生的为人和他热爱一生的数学教学的："读周先生的书，会让人有别样的感觉，不是系统的理论阐述或大道理的说教，而像是面对面地和一位可敬的长者在亲切交谈，自然、幽默而又独具风格的语言、生动的比喻、丰富的数学实例，使读者从中领悟到做人、做事、做学问、做教育的哲理，细细地品味为什么要教数学与数学该如何教、为什么要学数学与数学该如何学的道理。周先生的多篇文章中都突出了'差异与共性，特殊与一般，归纳与演绎'等思考问题的基本思想和'分清简繁，从简到繁，化繁为简，以简驭繁'解决问题的基本方法，加之对数学概念'意义'的追求和对数学知识逻辑联系的强调，从而使读者感悟到数学教育的真谛。"①

周长生先生都已90岁高龄还如此醉心于思考数学教学的问题，乐于分享研究数学教育的心得，又怎能不让作为晚辈的我心生敬意，激励我更努力地做好数学教育、教学的工作呢？作为教学的研究者，只有对日常教学的行为进行认真的理性思考，才能够使我们的学科教育不断地接近本质；只有清醒地认识到学科知识本身非常重要，但学科知识所承载的思维方法更重要，研究学科问题所需要的科学精神更有价值，才能够使我们的学科教育赋有意义，让我们的课堂教学赋有逻辑。

4.1　有效开展教研工作的实践与思考

2008年9月，我离开已经工作了22年的教学一线，来到海淀区教师进修

① 周长生：《为不教而教》，北京：首都师范大学出版社，2013年，第12页。

学校做专职教研员。这些年的教学研究实践让我深刻地体会到，教研员工作的目的就是为一线教师服务，工作的价值体现在为一线教师的教学提供专业支持和分享教学研究工作的成果上。因此，作为一名教研员要加强教研工作的服务意识，诚心诚意地为广大的一线教师服务，要能够在教研工作中了解广大教师的业务需求，要有意识地去和教师们分享自己的学术观点和教学研究成果。

衡量教研员工作的最重要的标准是服务质量，而质量高低取决于教研员的学术水平和对教育教学价值的追求。因而作为一名教研员，要始终以提高指导教育教学的质量为自己的工作目标，努力钻研教育教学的规律，把握学科教学的逻辑。

4.1.1 调研工作的价值与意义

调研工作是教研员的重点工作之一。调研工作的主要对象是教师和学生。教师在教学过程中是如何引导学生思考问题、解决问题的？教师是如何理解自己的教学工作的意义和价值的？在新课程教学理念指导下的课堂教学是否具有逻辑性？这些都是教研员进行调研工作的重点。同样，学生在课堂的学习中是如何理解学习的意义，如何通过知识的学习使得自己能够得到全面的发展和提高的？学生在学习的过程中是否遵循着学习的逻辑？研究这些问题也是教研员的重点工作。

课堂教学是调研工作的主要载体，作为教研员经常要深入课堂，通过对课堂教学的观察，和一线教师共同解决课堂教学的问题和探寻需要研究的课题，探索提高课堂教学质量的途径，研究提高课堂教学质量的突破口。要重视课堂教学为教研员所提供信息的重要性和价值，要能够从对课堂教学的研究中提出自己的学术观点，让教学的业务指导更接近教学的实际、符合教学逻辑。

为此，教研员在教学研究中要明确自己要研究的问题，要能够找到研究问题的基本方法，要能够科学地把握教学研究的过程。作为一个区域教学的指导者，要能够站在教学研究的制高点上，要有能力洞悉知识逻辑和思维逻辑，明晰教学逻辑，能够准确把握学科的本质，能够准确揭示学科教育的价值，要有学术的自信。教研员要能够利用各种机会向一线教师阐述自己的学术观点和教学研究的价值取向。在教研活动中，要能够把自己教学的学术观点持续不断地渗透给教师，让一线教师们能够通过你的教学研究活动，主动地去研究课堂教学，掌握课堂教学思维的规律。

听课、评课是进行调研工作的主要形式。听课要听什么，怎么听？如何评课，怎么评？反映的是教研员的研究能力和学术水平。

听课首先是听教师。作为教研员不要把自己放在一个高高在上的位置去审视教师的课堂教学，也不要以检查教师教学工作的心态去听课。听课给授课教师带来的紧张感尽管是客观现实，但我们要尽自己的努力去消除被听课教师的紧张感。能听到一节自然的、真实的数学课对调研才有意义。为此，听课应该定位在与授课教师的业务交流上，要能够通过听课来了解授课教师的数学观、教学观，了解授课教师对知识的理解和对课堂教学的研究。

因此，听教师的讲课主要关注以下四个方面：

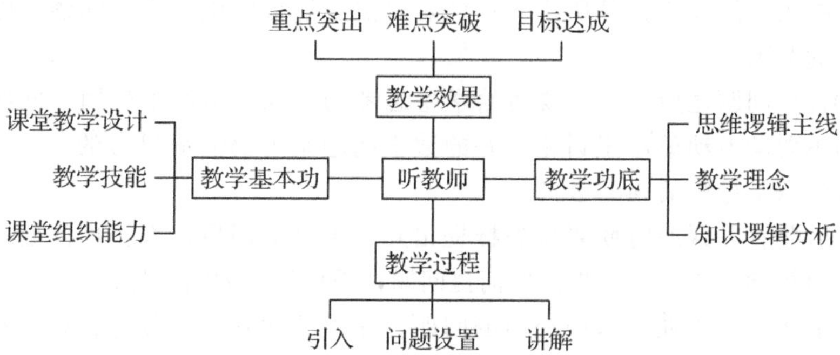

(1)通过听课了解授课教师的教学基本功。包括课堂教学设计、教学技能和课堂组织能力，这是对一名成熟教师的最基本的要求。

(2)在对教学过程的观察中，首先要关注课堂教学的引入部分：我们说一节课的头五分钟非常重要，原因就在于这五分钟是学生精力最为集中的时间，如果在这宝贵的五分钟之内抓不住学生的注意力，没能带领学生进入数学思维的情境中的话，应该说，这节课的平淡乏味也就不足为奇了！如在听课中经常能够看到教师为了检查学生对上一节课的掌握情况，在上课刚开始就是干巴巴的提问，而提出的问题要么与本节课所讲内容的关系不大甚至没有关系，要么就是提出的问题质量不高，激发不出学生的学习热情或者兴趣。实际上，一上课就提问学生，检查学生对上节课所讲内容的掌握情况是不利于数学思维的完整性和连续性的。复习引入是我们常常使用的并且行之有效的方法，但这里的复习不应以检查学生掌握知识的程度为目的，而是要营造氛围，让学生的思维能够从上一节课的思维中顺利过渡到今天的内容上来。因此，教师在这宝贵的五分钟里，或者提出与本节课的内容相关的启发性较强的问题并引导学生进行思考，或者自己讲知识的前后逻辑关系，讲知识的来龙去脉，目的就是要让学生能够尽快明确今天这节课的任务，不知不觉之中进入到本节课的数学思维情境中来。

其次，要关注教学过程中的思维活动。在课堂上，教师的职责是能够通过自己的教学行为，有效地组织学生一起来思考数学问题和解决数学问题，要能够把自己对知识的理解和感悟通过思维活动的方式传递给学生，同时还要了解学生的思维状态，评价学生的思维活动。教师在课堂上如何提出问题关系到课堂教学思维活动的质量，因此所提问题一定要具有启发性。目前的教学现状是，在教学过程中有些教师提问的频率太高，许多问题甚至自问自答，不需要学生回答或只需回答“是”或“不是”，这样的问题就没有价值，更谈不上具有启发性了。

笔者认为，为了使提出的问题具有思维的含量，能够激发学生的思维活动，要关注以下几个方面：

①提出的问题应该是所讲知识的疑难点、思维的困惑点，问题要能够引起学生的共鸣。

②提出问题之后，一定要留给学生思考的空间，留给学生回答问题的时间。但不要动不动就小组讨论，好的数学问题是需要静静思考的，七嘴八舌不是好的数学思维活动的形式。

③教师在备课的时候要备怎样提出几个关键的问题，有提出问题的需要的时候再提问，不能为了提问题而提问题，避免提问的随意性。

④要重视学生在课堂中提出的问题，这样的问题尽管教师备课中有可能没有预想到，但也许要比教师精心准备的问题更具有价值，因为这样的问题更能反映学生的数学思维状态。有时教师自己可能也回答不出来，但不要简单地用“下课后再说”来打发学生，可以组织学生一起思考。实在回答不出来，也要大大方方地承认，我觉得学生们也会理解的。这样做的最大价值是保护学生提出问题的积极性，让学生们能够全身心地投入到思维活动中。

(3)听课要关注授课教师的教学功底：要通过观察教师的授课过程，分析授课教师对所教授知识的逻辑分析是否准确，课堂教学中所体现出来的思维逻辑主线是否清晰，教师的教学理念是怎样的。

(4)通过听课，要对课堂教学的实际效果做出评价。如在课堂教学中是否突出了重点？是否有效地突破了教学的难点？是否能够实现教学设计时所制定的教学目标？这些都关系到一节课的质量。

听教师的知识讲解要关注教师是如何在课堂教学中突出重点的。一节概念课要重点突出，教师要能够通过设置问题情境，引导学生不断地、深入地思考与数学概念生成有关的问题，让学生经历从具体到抽象的思维过程。揭示概念的本质是概念课的最重要的任务，但这种揭示要有过程，要让学生体验和感受，而不是把概念简单地板书在黑板上或放在 PPT 上逐条解读。形式化的概念教学目前在课堂中还非常普遍，一个重要的原因是教师自己没有深刻理解概念的本质，没有掌握基于概念的数学思维。听小结课、复习课要关注一章或一个单元的教学重点是否突出，其关键在于教师要把握这章教学内容的知识逻辑和思维逻辑。逻辑主线明确的教学，一定是重点突出的教学。一节重点突出的课，学生最大的感受是“这节课怎么这么快就结束了呢”，相反，学生可能就是盼着快点下课了。

听课不仅仅是听教师如何进行教学，还要能够以学生的心态感受课堂教学，以学生的视角审视课堂教学。授课教师指导下的课堂探究活动是不是有学习的价值？师生之间的思维交流是不是触及了知识学习的本质？这些都需要在听课中通过听学生加以关注。

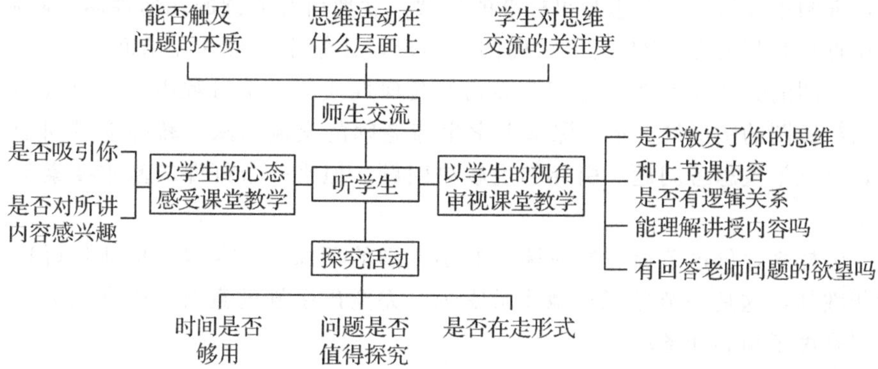

如何评课呢？教学作为一个特殊的工作领域，没有一个绝对的标准可以评价教师的教学工作或者评判课堂上出现的每一个教学行为。教学是一门艺术，贵在“教无定法”。评课中与其带着固有的观念或模式去评判某一个教学的“是非”，不如用一种品味的方式去解读教师的教学行为和学生的学习行为，品出一片新天地。

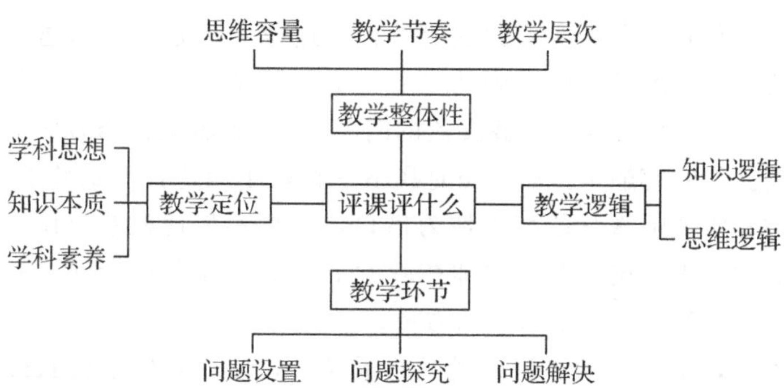

4.1.2 创设求真务实的教研文化

为了把教研工作做得扎实有效，能够让和我一起研究教学的教师们受益，我在工作中努力创设一种求真务实的教研文化氛围。

所谓求真，就是通过教研带领教师们不断地认识课堂教学的逻辑，把握数学教育的规律。听课评课、与教师交流课堂教学的观点和感悟是教研员的常规工作。我在和老师们交流听课的观感、对教学提出建议的时候，始终坚持实事求是的精神，和老师们坦诚相见，不隐瞒自己的观点。我评课的出发点都是为了教师们能够更好地把握课堂教学，更准确地揭示出数学知识的本质。

我曾经听过这样一节课，一位青年教师在上“椭圆的几何性质”这节课时，首先让学生展示自己在家庭作业中画的椭圆。随后，教师在电脑上演示椭圆的标准图形并指出：要想画出标准的椭圆，就要研究椭圆的几何性质。随后，这位青年教师就在 PPT 上展示椭圆的图形，让学生观察并提出问题：“你能得到椭圆的哪些几何性质呢?”在椭圆的几何性质的教学过程中，这位教师都是围绕椭圆的图形展开的。课堂上学生与老师的交流活跃，教师创设问题情境，启发学生思考问题，引导学生解决问题，似乎一节好课的基本要素都具备了。

怎样来评价这节课呢？在课后的小范围的评课中，我很直接地告诉这位青年教师：这是一节差课！她非常吃惊，完全出乎她的意料，毕竟她为了这节课是做了精心准备的。

这节课差在哪里了呢？我认为这节课的教学违背了平面解析几何的学科本质——“用代数方法解决几何问题”。研究椭圆的几何性质要观察的不应该是椭圆的图形，而应该是椭圆的方程。要完成本节课的教学任务，要落实本节课的教学目标，需要教师引导学生从椭圆方程的角度研究椭圆的几何性质，引导学生从椭圆方程的代数特征去分析椭圆的几何特征，这才是平面解析几何的教学逻辑。

几年后，我有机会再次来到这所学校，这位青年教师主动邀请我听她的平面解析几何课，课堂上我看到的是一位对数学知识本质认识深刻、对教学充满自信的教师。她在课后和我交流的时候说：“跟着区进修教研活动的这几年收获很大。”我的感触是：如果当时我不是直截了当地指出她教学中的问题，而是以保护青年教师教学的积极性为借口，不痛不痒地提些建议的话，她能有这么大的触动吗？这名青年教师在教学上的成长让我体会到了教研工作的意义，感受到了教研文化中求真的力量。

所谓务实，就是在数学教学规律的指导下，通过教研解决教师在课堂教学中的困惑，和广大一线教师一道探索知识逻辑和思维逻辑及实施教学逻辑的有效途径。

三角函数的教学是中学数学教学的传统内容，但它在一段时间内却成为很多教师和学生心中“永远的伤痛”，成为无法突破的教学困局，原因何在呢？我在下校调研中看到：在教学中，有许多教师并不是按照函数的思维进行三角函数教学的。针对教学的这种现实，我一方面在教材分析中，请有丰富教学经验的老教师谈“我是怎样教三角函数的”，同时我在教学博客上也连续发表了三篇系列博文《三角函数的教学要突出函数的思维》，明确指出了三角函数教学问题的根源和解决的途径；另一方面，我组织了两节“三角函数的图像与性质”的研究课，通过集体备课、听课、评课的形式，带动一批教师研究三角函数的教学。

一位上研究课的青年教师在课后反思中写道：“以前去进修培训听到张老师的讲座总是觉得好高深啊，不是我们这种学校能实践的，所以听过也就过了，没有认真总结，浪费了很多受教的机会。通过这次研究课，我发觉原来很多事不是不能做，而是不去做。我们参加的各种教学研究为我们提供了思考的方向，打开了思路，如何在教学中实施这些思路是我们一线教师应该认真思考的。”

求真务实的教研文化就是要创设这样的一种氛围：不要空谈理论或理念，不要去搞那些虚无缥缈的跟教学离得很远的东西，要把我们教学中的实际问题拿出来讨论、研究。正是通过这样真实体验的教研活动过程，教师们对教材内容才有了深刻的认识和把握，才能够准确认识和挖掘新课程新增内容的教学意义，使得新增知识的合理性在课堂上得到最准确的诠释，使其完全符合数学知识的内在逻辑性。

4.1.3　做一名有观点的教学研究者

作为教学的研究者，最可贵的品质是思考问题。我们要能够从教学的现象中挖掘出本质的东西、规律性的东西，只有去思考。很多时候我们也经常会想很多的问题，感慨很多，但是不动笔，不写出来，其中深层次的东西就揭示不出来，随着时间的流逝而淡漠。写作会让我们的条理更清晰，逻辑更明确。写作不是为了留下什么，而是为了不让本质的东西淹没在繁杂的现象中，做一个思考者也许会使我们的教学研究工作更有味道和价值。

在一次下校调研中，我就所看到的“学案教学”、“高效课堂”教学实验中的问题明确提出了不同看法并发表在我的教研博客上，博客的题目是《学案教学与“高效课堂”》：

学案教学目前在学校的教学中比较普遍，一些学校是用行政的手段全面推广实施的。学案教学之所以能够在一些学校的课堂教学中被采用，很大一部分源于这些学校的领导和教师认为，学案教学能够培养学生的自学能力，是“高效”教学的有效途径。果真如此吗？我提出了几个问题在这里和老师们一起思考：

问题 1. 课堂教学的本质是什么？

在当前的学案教学下，学生是在课前提前拿到学案，甚至提前一天拿到学案，课堂上要讲什么问题，要做什么题目一览无遗。如果学生在拿到学案后，对上面的所有问题都进行了思考，把上面的题目也都做了一遍的话，课堂上他们的确是都有“自信”了，不再惧怕老师课堂上提出的问题了。但问题是学生在课堂上，把思考过的问题再重复地思考一遍，把曾经做过的数学题目再给老师演练一遍，这样的教学活动有意义吗？难道我们的课堂就是要让学生这样重复地学习知识吗？这种课堂上的“自信”有价值吗？

实际上，作为教师都应该知道：课堂教学对知识、结论、规律探寻的过程是非常有价值的。一个好的数学问题，是能够对学生的思维进行挑战的。学生创造性思维的激发是需要一个个地不断深入需要解决的问题来实现的。但是，这些都被学案教学毫不留情地破坏掉了！课堂教学不再需要引入，问题情境的设置也显得没有了存在的必要，教学内容没有了悬念，要解决的问题的挑战性消失了，思维活动的不确定性也见不到了，所有的思维活动被局限在一份学案内。如此，也就丧失了课堂教学的生命力，丧失了课堂教学的本质。

问题2. 如何正确看待培养学生的自学能力？

关于培养学生的自学能力的探索一直是教学研究和教学改革的一个重要话题。但是，什么才是真正的培养学生的自学能力呢？那种认为自学就是课前预习是片面的，认为自学就是脱离教师专业指导的学习更是狭隘的。我对培养学生自学能力的理解是，教师通过教学活动培养学生学习知识探寻规律的能力。这种学习不是被动的，是在理解了学习的意义、学会了用学科的观点和思维方法思考问题和理解问题、掌握了研究问题的一般方法下的学习。这种学习体现了学生的主动性和创造性，是学生全面发展的要求。

因此，目前质量不高的学案教学不是真正意义上的培养学生的自学能力，相反却是对培养学生学习兴趣的一种伤害。当学生在课堂学习中体会不到思维活动所带给他们的发自内心的乐趣，感受不到面对一个个数学问题的挑战而不断进取的体验时，那么他们终将会失去学习的动力。

问题3. 什么才是真正的“高效课堂”呢？

实际上，我认为教育是不能用速度来衡量的，也是不能用效率高低来评价的。如果非要用“高效课堂”这个词来表达我们对课堂教学意义的追求的话，那么我理解的“高效课堂”应该不是“高”在学生考试的分数上，也不是“高”在接受知识、结论的快捷迅速上，而应是“高”在我们的教学是直指教育、教学的本质上！

对于“学案导学”这种教学形式的争论很多，不能一概而论。但是使用学案教学的教师，要思考，要追问：这种教学形式是不是符合教育、教学的规律？教师只有对日常教学的行为进行认真的理性思考，才能够使得我们的学科教育不断地接近教育的本质。

总之，作为一名教研员一定要有自己的学术观点，并敢于表达自己的学术观点。要清醒地认识到学科知识逻辑很重要，但学科知识所承载的思维逻辑更重要，研究学科问题所需要的教学逻辑更有价值。教研工作的实践与探索带给我的启示是：教研是个生命动态的过程，一线教师是这个生态过程的主宰，区进修的教研起到的是海纳百川、凝聚智慧的作用。作为教研员，有责任让这种求真务实的教研文化在数学教育教学的研究中发挥作用，让课堂赋有逻辑。

4.2　教学逻辑的专题研究

4.2.1　关于开展“学法指导”的研究

从 2014 年开始，海淀区初中各个学科开始进行为期两年的“基于学生学法指导的课堂教学研究”。这项研究的意义不仅在于让学生的学习方法符合学习的规律，同时也是提高教师教学专业水平的一次很好的契机。作为参与这项研究的教师要意识到：正确认识学法指导的内涵并科学地进行学法指导的研究，对于促进初中各个学科的教学质量的提升，学生学习能力的提高有着重要的作用。

学习方法从表面看，是良好的学习习惯的养成，但从本质上来说是思维方法。学法指导就是教师要在课堂教学的过程中，指导学生准确深入地理解学科的问题，能够运用符合学科特点的思维去思考学科问题，能够掌握研究问题的一般方法去解决学科问题。

学法指导的关键在于教师。如果教师的教学方法出现了问题，教师的教学理念出现了问题，所谓的学法指导还不如没有。在当前初中的课堂教学中，存在着很多与学法指导相背离的教学行为。

如教师在课堂教学中讲结论而不讲思维过程，其原因在于教师的教学理念出了问题。这样的教师认为学生掌握了知识本身、掌握了结论要比知识所承载的思维更重要，但这样的教学对学生学习方法的指导是负面的。一些教师在例题讲解中，重点放在了讲解题具体的步骤上，而忽视了学生的思维过程；让学生回答的也是“你如何解的”，而不是“你如何理解这个题目，你是如何思考这个问题的”。在这样的例题教学中，教师把学法指导理解成解题步骤是否规范的指导，这也有本末倒置的嫌疑；一些教师在课堂上也经常会提出一些问题与学生展开思维的活动，但是如果提出的问题没有思维的含量，其结果也只能是事与愿违。作为教师要能够在所教授的知识中充分地挖掘思维的含量，要不断地思考如何讲才能讲出思维的发生发展过程，把课上出味道，如何提出问题才能够给学生让出思维的空间。

作为教师都知道让学生大量地做重复性的练习有损于学生的学习兴趣，但每每在考试的复习期间，又毫不吝惜练习篇子的数量。“熟能生巧”、“做多了就忘不了”等等，似乎成为需要提倡的学习方法。殊不知正是这种重复性的练习，降低了学生在学习中思维活动的价值，误导了他们对学习方法的正确认识。

总之，在学法指导的研究中，一定要与学科的学习紧密地结合起来，要让学生们在学法指导下能够接近学科的本质，能够用符合学科特点的思维理解问题，并能够用掌握的研究问题的一般方法去解决问题。做到这一点的关键在于教师个人在教学中的专业研究。只有教师在正确的教学理念下进行教学，只有教师在教学的过程中揭示出学科知识逻辑，体现出数学的思维逻辑，我们的学法指导才有可能是有效的。也只有如此，基于学法指导下的课堂教学才赋有逻辑。

4.2.2 小议“说课”与“片段教学”

说课是教师之间进行业务交流的一种形式。在集体备课的时候，教师们围绕即将开始的新的教学内容进行讨论，或由某一名教师主讲，对教材进行深入的剖析；或大家听完一节研究课之后，由上课教师向听课的教师阐述教学的设想和实施之后的感受。现在说课演变成了一种比赛的形式，教师通过给几个专家或评委讲自己的教学设计和教学实施的方案来获得比赛的成绩。

说课对教师的业务水平的提高起到促进的作用是毋庸置疑的，但目前存在的问题也很多，主要是：

(1)形式化的东西过多。在一次教学基本功的说课比赛中，连着听了几位教师的说课，就能感觉出说课环节的雷同。由于说课有时间的限制，因此就要在有限的时间内向其他教师表达自己对知识逻辑的理解和对知识所承载的思维逻辑的认识。如果过于追求说课形式的完整，花了大量的时间在各个环节的阐述上，就有可能没有时间去说自己的学术观点了，而这一点却是说课中最有价值的部分。

(2)说课的内容主要是别人的东西，很多都是教参的观点，说不出自己对教材的理解，对教学内容的个人深入感悟的分析很少。这个问题反映出说课教师在说课前花了比较多的时间去搜集别人的观点和所谓专家的说法，而没有自己静下心来好好地研究知识，也有可能是平时在教学中就没有研究知识逻辑的习惯，导致自己不自信，怕自己的说法不符合所谓的标准答案。

(3)说课要说什么教师不是很清楚，教师在十几分钟内，花了大量的时间讲上课的过程，讲教学环节的实施，而对于为什么要讲这些内容语焉不详。翟刚老师在解释什么叫说课时说过这样一句话：“说课就是要说课上不说的话，画课上不画的画。”此话一语道破说课的玄机！实际上，在这短短的时间内，听说课是要听你的学术观点、你对知识的理解和你对教学本质的认识，不是看你的表演。因此作为说课教师要把平时自己对课堂教学的理解和认识表达出来，要把自己平时对教学的研究说出来。

从说课反思我们的课堂，很多时候教师在课堂上讲的不是自己深思过的东西，对教学内容的把握还是比较肤浅，缺乏从逻辑脉络上去认识自己的教学内容，对教参和教材盲从，而这些问题产生的关键，在于作为教师的我们还没有从观念上理解进行教学的目的，还是将把知识以结论的形式教给学生作为教学目标。而这种目标的达成相对来说似乎比较好实现，因为教师在大量的教学实践中已经掌握了一套成熟的方法。但问题是我们进行教学的目的不应该是这样的。教师要教给学生本质的、自然的数学，任务是艰巨的。只有教给学生的数学有助于学生的思维培养，数学教师的工作才是有意义的。

在教学活动中，除了说课这一形式外，片段教学的形式也经常被教师们所采用。这种形式对于教学的研究有其特殊的意义和价值。所谓片段教学，就是截取某节课的某个局部的教学内容，让教师进行教学。在这个片段教学的过程中，要体现出授课教师的教学基本功、对教材的理解、教学能力以及教师的教学思想。片段教学所展示的是课堂教学的真实的片段，尽管是虚拟的课堂，却是不虚拟的教学过程。

如何认识片段教学呢？首先片段教学具有实践性，是教学研究中类似于教学实验的一个真实的教学过程。通过这样的片段教学，让参与研究的教师有身临其境的感受，在教学片段的实施过程中体验真实的课堂教学中会发生的种种问题。为研究课堂的教学规律、把握课堂教学中思维活动的进程、探索教学重点的落实与教学难点的突破等，提供了非常生动的实践过程。这种基于实践的教学研究，会让参与的教师们针对同一个教学情境下的教学行为展开分析和讨论，让课堂教学的研究更具有合作性和参与性，使得备课组的教学研究活动不断地走向深入。

片段教学还具有完整性。由于是为了教学研究的目的服务，因而片段教学所截取的教学片段要有明确的要求和目的，要能够体现出一个或几个完整的教学环节。如课堂引入部分的片段、定理教学的片段、习题教学的片段、课堂小结的片段等等，通过这样的教学片段过程的展示，为研究课堂教学的各个环节的有效实施提供宝贵的素材。

片段教学还具有预设性，这是片段教学与真实的课堂教学不一样的地方。在真实的课堂中，由于学生的参与是真实的，学生的思维活动是真实的，因此课堂教学中师生的思维活动的过程是具有悬念的，有教师对学生思维活动的期待，有学生对老师教学内容的好奇。而在片段教学中，由于没有学生这一因素，因而学生的思维活动是要预设的，这种预设来自于授课教师对学生思维活动的深刻的认识，来自于真实课堂教学实践经验的积累。从这个意义上来说，通过片段教学这一形式研究真实的课堂教学是具有现实意义的。

毫无疑问，片段教学具有虚拟性。这是因为在进行片段教学的过程中，一般情况下不应该有学生的参与，但为了营造真实课堂的现场氛围，就要虚拟学生的存在。如设置问题后，就要有虚拟的学生来回答；思维活动的展开过程中、合作探索的过程中，不可能是教师单方面的活动，一定是要有学生的积极参与的，这种参与是并不存在的学生与授课教师虚拟完成的。在教学片段的实施过程中，教师手势的运用、目光的分配、从容自信的教态，都是在与实无似有的学生们进行的交流中虚拟地实现的。

片段教学不是“说课”，片段教学不是45分钟的课堂教学的压缩版。片段教学在课堂教学研究中的作用一定会被教师们所认可和接受，成为研究课堂教学的有效形式。

4.2.3 对于“小结课”研究

“小结课”的研究是海淀区初三年级的重点课题研究工作，经过一年多的实践与探索，其研究的价值正逐步显现出来，其研究的意义也正被越来越多的学校领导和教师们所理解和接受。

“小结课”的价值体现在哪里呢？“小结课”是一个单元教学的最后阶段，在这个阶段似乎该讲的知识都已经讲完了，如果说还有时间的话，很多教师也是把巩固所学知识、熟练运用所学的方法作为最后阶段教学的任务。如果把“小结课”定位于此似乎还是不够准确、恰当的。

事实上，从教学的意义看，我们的教学目标不是仅仅把知识传授给学生，也不是为了把各种各样的结论教给学生，让学生们通过考试取得一个好的成绩。教学的逻辑在于通过课堂教学让学生学会思考问题及研究问题的一般方法，培养学生具有逻辑思维能力和理性精神。而这种教学目标是需要在思维活动中、在解决问题的过程中去达成的。“小结课”由于在一个单元教学的过程中所处位置的特殊性，其特征是具有最剧烈的思维活动。通过“小结课”的教学，要能够概括出在这个单元的学习过程中的思维特征；“小结课”要能够提炼出研究问题的一般方法；“小结课”要帮助学生领悟到学科的观点。如果说之前的教学过程是在不断地渗透思维特征和研究问题的一般方法，学科观点也是让学生自己在学习过程中悟的话，那么在“小结课”上就要明确地概括出来，要能够把挡在一些学生眼前的那层窗户纸捅破，让学生有豁然开朗的感受。从这个意义上说，“小结课”的价值是不言而喻的。

目前的“小结课”出现问题的根源在哪里呢？我们知道“小结课”质量的高低在于这种课是不是指向课堂教学的本质。正是由于对“小结课”的定位还不够准确，单纯追求考试的分数还是容易成为“小结课”的教学目标，所以，单纯的知识梳理、结论公式的反复记忆、大量练习题的操练等等，正在“小结课”上一幕幕不断地上演着。从这个意义上讲，“小结课”所产生的问题根源就在于教师的数学观，而这也正是我们研究“小结课”，提高教学质量的动力和源泉。

研究“小结课”的意义是什么呢？我认为有以下两点：一是提高学科教师的专业素质。在“小结课”上引导学生概括出这门学科的思维特征和研究问题的一般方法，是需要教师有深厚的教学功底的。而这个深厚的功底从何而来呢？其实，教学的功底来自于一节一节的有思维含量的课堂教学，特别是来自于以概括、提炼为主要特征的“小结课”的教学实践，是一点点地沉淀下来的。因此，“小结课”的研究与探索，正成为教师专业素质提高的重要途径和切入点。“小结课”研究的意义的第二点是：让学生在“小结课”的学习中，能够成为思维活动的主体。如何思考数学问题？如何研究数学问题？数学学习的学科观点是什么？通过这样的高度概括的思维活动过程，学生不仅学会了从整体看待局部知识的学习方法，更为重要的是学生的思维水平和思维能力的提高必将是不争的事实。

从“小结课”的研究我们可以体会到：课题研究的准确定位是体现研究价值的保证，科学的研究方法是实现研究意义的关键，教学研究活动是提高教师教学素质和教学能力的重要途径。

4.2.4　关于高三复习课的思考

(1)高三数学复习课的质量是高中课堂教学研究的一个重要课题。提高质量的关键在于解决好下面的两个问题：

①复习课的教学定位要准确。有限的课堂教学不能仅仅告诉学生这道题怎么解，而是应当把教学的落脚点放在对数学思维过程的揭示上。每节课也许都要分析一些典型的例题，但教师要能够从如何审题、如何分析题意、如何思考问题入手展开教学。

我们来看一节高三第一轮复习课，课题是“数列求和”。课堂教学分两个阶段：

第一阶段是“知识聚焦”(学案用语)。授课教师引导学生回忆等差数列和等比数列的前 n 项和公式；回顾一些常见的数列的前 n 项和的计算，主要是类似自然数构成的一些特殊的等差数列的求和；复习了几种数列求和的常用方法：如分组求和法、裂项相消法、错位相减法、倒序相加法。

第二阶段是“点面讲考向”(学案用语)。分为三个探究：探究一是分组求和法；探究二是裂项相消法求和；探究三是错位相减法求和。每个探究各配有一个或两个例题。在每一个探究完成之后，教师都要针对方法进行小结。

观察教学过程可以看出授课教师还是关注到了引导学生参与到教学的活动中，如每个例题都是让学生先做，再找一个学生说解法，但是教学过程中对学生思维的调动不够充分，教学氛围略显沉闷。

本节课授课教师对高三复习的定位是怎样的呢？作为高三教师是否明确数学复习课的目的是什么？具体到本节课就是教师是否关注学生对数列求和问题的理解和研究呢？我们看到的教学是教师更关注学生对数列求和公式的记忆是否准确和对数列求和四种方法是否能够准确地应用。显然，授课教师的复习定位是值得商榷的。他把数学复习理解为学生记忆公式和结论并能够应用公式、结论，忽视的是学生数学思维水平的发展和思维能力的培养。

实际上，等差数列和等比数列求和公式复习的落脚点应该是放在这两个公式推导的数学思维过程中，也就是为什么在等差数列的前 n 项求和采用的是倒序相加法而在等比数列的前 n 项求和时运用的却是错位相减法。对于这两个问题的回答最终都要归结为对等差数列和等比数列性质的认识上。如果是从这个角度引导学生去思考，就会给本节课的教学目标的实现打下很好的思维基础。

对于数列求和四种方法的教学也要把教学重点放在对问题的理解上和解决数列求和方法的探寻上。不要像实际教学过程那样，先复习方法，再在所谓“探究”的幌子下进行方法的操练。这样的“探究”学生没有思维的空间，他不需要想什么，只需要把“探究”名义下的“方法”运用到相应的题目中即可。

符合教学逻辑的做法是，直接给出数列求和的问题，让学生在对问题的理解和分析中去探索相应的数列求和的方法。而这种方法的确定学生需要明确：首先要判断这个数列的属性，如果是特殊的数列如等差数列或等比数列，那就直接用求和公式；如果不是特殊数列，那就研究这个数列的通项，并根据数列通项的特点，选择合适的方法。这样展开的教学是以知识逻辑为主线来激发学生的数学思维，是符合研究数列的思维逻辑的。

本节课授课教师对每一种数列求和的方法都做了小结，力图帮助学生提炼出一些东西来。但是从教学的实际过程看，这样的提炼有点就事论事，提炼的高度不够。原因在于授课教师还是满足于具体方法的落实，而没有看到方法背后的思维价值。这也表明授课教师对这节课教学内容的研究还不到位，当然也和教师所持的数学观有着紧密的联系。如果这位教师能让学生进行充分思维活动，就能让学生感悟到数列求和的四种方法其实就是一种方法，即在判断出某数列不是特殊数列之后，只要研究它的通项，也就是从项的值与 n 的关系中找到解决问题的方法。

本节课思维逻辑的基础是对“数列的前 n 项和 S_n”这一概念的深刻理解。数列的前 n 项和 S_n 不是一个简单的求和计算，我们要明确的是数列的前 n 项和 S_n 也是一个数列，也就是数列的前 n 项和 S_n 是关于 n 的函数。如此，$\{S_n\}$ 也有可能是特殊的数列，如等差数列或等比数列；而求数列的前 n 项和 S_n 本质上是确定 S_n 和序号 n 的关系，也就是明确函数的自变量 n 与因变量 S_n 的关系。

我们的数学教学是一定要能够给学生带来观念的转变的，这种转变的基础在于教师对数学概念的深刻理解。我们要坚持用最基本的数学概念帮助学生们理解教学的内容，要教会学生会用最基本的数学概念来理解学习的知识。只有这样，我们的课堂教学才能够实现其真正的教育价值。

②高三阶段的课堂教学一定要能够揭示出知识逻辑和思维逻辑，要能够从观念上启发学生思考数学问题的本质。高三数学教学要赋有逻辑，就是要让学生能够领悟到学习数学不是靠记忆，学的好与不好同记与记不住公式没有必然的联系。

作为教师的我们一定要清楚：高三数学的复习质量和效率是要靠每一节高质量的课来落实的；学生的数学思维水平的提高是要靠教师有逻辑的教学来造就的。

(2)在高三复习的最后阶段，由于离高考的时间越来越近，不论是学生、家长还是任课教师，都容易出现不同程度的急躁情绪。如何尽快提高学生的数学思维能力，以期在高考中取得满意的分数，成为大家共同关注的话题。

我认为解决这个问题的关键，在于明确学生在数学复习中仍存在的问题是什么，阻碍学生提高数学成绩的最大障碍是什么。只有如此，才能够加强最后阶段数学复习的针对性，也才能够真正提高学生数学复习的效率，让学生感受到数学复习的价值。

在目前的数学复习课上，学生的思维活动还常常受制于教师，缺乏独立解决数学问题的思维过程，学生还不习惯自己对解决问题的策略和方法做出选择和判断，也没有形成自己的思维逻辑。许多数学基础稍弱的学生更喜欢按着老师教给的步骤去解决问题，更喜欢通过“套”公式得到问题的答案、通过背结论甚至背题型所对应的解法去解决数学问题。这种在老师后面亦步亦趋的学生不会自己去思考数学问题的实质，不理解掌握数学各个单元的思维特征的重要意义。以上这些现象都是在数学复习中存在的主要问题，而阻碍学生进一步提高数学成绩的最大障碍是缺乏研究数学的问题意识。很多学生总是将数学问题的解决归结为计算，甚至把数学成绩不好的原因归结为是在计算上出现了马虎、做题的数量还不够、计算的熟练程度还有欠缺等等。如果我们的教师也没有看到学生问题的真正所在，仍然主导课堂的思维，不给学生思考问题的空间，不引导学生独立地思考和解决数学问题，那将丧失有可能提高学生数学能力的最后机会。

教师在复习课上给学生留出思维活动的时间和空间，不等于放弃教师的主导作用，相反，为了使得学生的思维活动对于高考来说更有效，教师对课堂上所交流问题的选取以及对学生思维活动的引导与评价是非常重要的。在学生的思维活动中，他们所选取的某些方法可能根本解决不了所面临的数学问题，但是作为教师要善于分析学生思维活动中合理的部分，帮助学生寻找到最终能够解决问题的方法。也许教师给学生讲一个解法不需要很长的时间，但效果未必好。而学生独立思考出来的方法，可能不是最佳的，甚至可能是行不通的，但这种思维的状态却是最为需要的。作为教师一定要爱护学生思考数学问题的积极性，充分认识到学生独立思考的价值，创造条件鼓励学生积极思考。只要思维活动充分展开了，学生就会感受到数学复习的真正目的，也一定会体验到具有良好的数学思维品质才是提高数学能力的必由之路。

学生解决数学问题的自信心不是源于教自己的老师多么优秀，也不是源于自己做了多少数学题目，而是在于他是否掌握了独立思考数学问题的方法。而这也正是我们在高三最后的阶段复习中给学生留出思维空间的原因。

(3)学生提高研究问题的能力最重要的是要有研究问题的意识。在高三复习中，教师应该在有限的复习课上，把研究意识的培养作为复习的重要任务之一。如给学生函数的解析式(不给出具体的问题)，让学生分析这个函数的性质是什么，让学生经历研究函数性质的一般思维过程，即：首先从这个函数的整体性质入手研究其是否具有对称性，这种对称性质的特殊情况就是偶函数和奇函数的性质；如果具有对称性，不论是关于直线 $x=a$ 对称，还是关于点(a, b)对称，那么解决问题的范围就可以简化为原来的一半，从而简化研究问题的过程；明确了这个函数具备某种对称性之后，就应该研究函数的单调性，掌握这个函数的变化状态，进而研究函数的周期性、通过函数的解析式分析函数值的分布；在此基础上，就可以根据所研究出来的函数性质画出这个函数的示意图。顾名思义，这个图不是函数的真实图像，仅仅是能够直观体现函数性质的示意图，而利用这样的图像已经足以帮助学生理解并解决数学问题了。

立体几何的复习要培养学生研究空间几何体的意识。一些学生对于立体几何的解答题，常常是匆匆扫一眼题目的条件，对所要研究的几何体还没有太深刻的认识，就开始解答题目的第一问，之后基本上就是答一问，看一眼题目中相关的条件，对几何体的认识往往局限在很小的范围内。由于缺乏对几何体的整体分析，也就很难能够对所面临的问题有一个圆满的解决了。为此，教师应该以空间几何体为载体，帮助学生掌握研究几何体的基本方法：首先从围成的空间几何体的面去分析是什么样的平面图形，侧面与底面具有什么样的位置关系，侧棱与底面具有什么样的位置关系；进而分析空间几何体中比较重要的截面与其他面之间的位置关系、几何体的棱及体对角线之间的位置关系等等。要让学生体会到，对于所面对的空间几何体的线、面位置关系能够进行比较细致的研究并做出准确的判断是研究空间几何体的重要前提。

在平面解析几何复习中，很多学生对这门课程的认识存在着不少的误解，最典型的是把平面解析几何简单地归结为就是计算，所谓的代数方法解决几何问题就是联立方程组。因此，教师要帮助学生正确地认识和理解这门学科的思维特点和方法，学会从几何对象的几何图形中，从曲线方程以及从已知条件的代数数据中去研究、分析几何对象的几何特征，只有将几何特征分析得非常充分，代数化才可能更加简洁，代数运算的难度也才可能降低。

尽管不同学科、不同单元的学习内容存在很大的差别，但是从思维逻辑的层面上去看这些学科，不难发现它们之间所具有的共性。无论是研究函数的解析式还是研究空间几何体，或者从曲线的方程去研究几何对象的几何特征，最为关键的是学生要具有研究问题的意识和方法。只有具备了这种意识，在复习近一年的基础上学生研究问题能力的培养才可能成为现实。

(4)每当高考临近的时候，作为教师应该做什么才能够帮助学生在即将到来的高考考场上发挥出最佳的水平呢？在一些教师和学生中不由自主地会产生一种猜题、押题的心态，捕风捉影、打探内部消息的事情时有耳闻；一些名校的“神神秘秘”的三模试题更是成为家长、高三教师趋之若鹜的抢手货，似乎复习一年不如最后的一份试题让教师和学生来得更踏实些；还有一种现象，就是在这个时候一些学校会编制一些类似《高考 300 问》、《高考秘籍》之类的小册子发给学生，让学生在应考最后的日子里册不离手。看似是在帮助学生整理知识和方法，但实际效果却是让学生在最后的复习时间里，陷入没有思维活动的记结论、记公式、记例题的最没有效果的复习模式中。应该说，这种押题的心态很容易让学生在考场上紧张，因为当他打开试卷，发现并没有押中的题目的时候，难免会产生情绪的波动，影响答题的心态。如果在一年的高三复习中作为教师的你，能够始终坚持用数学的思维方法引导学生去思考问题和解决问题，最后的十几天的复习却回到记忆结论和公式的老路上，那将前功尽弃，非常可惜。

学生在高考考场上的自信来自于哪里呢？精神层面的激励是一个方面，但更重要的是来自于他们的实力。经过近一年的复习，如果他们已经掌握了数学各个单元的思维特征，学会了如何思考数学问题，确立了知识逻辑和思维逻辑；如果他们已经掌握了研究数学问题的一般方法，会以研究问题的心态去解决一道道的数学题；如果他们已经掌握了数学各个学科的学科观点，会用学科的思想理解数学问题的话，他们必然会有足够强大的力量和自信。

作为教师一定要清醒地认识到，只有让学生始终保持一个良好的思维状态，才是最好的复习。押题式的训练和死记硬背式的复习，都是和教学逻辑的本质背道而驰的。作为教师不能在最后的时刻松口气，而是一定要在知识逻辑的研究上下更大的功夫。精心设计数学问题，以此来训练学生理解数学问题、思考数学问题、解决数学问题的能力。提炼、概括解决数学问题的一般方法仍然是思维活动的主要内容。

我们要坚信，思维是一种安静的力量。因为只有思维，才最接近数学学习的本质；只有思维，才能够让我们的学生变得越来越聪明、智慧；只有思维，才能够让我们的数学教学赋有意义。我们要拒绝任何浮躁的、形式主义的复习方式，因为那是违背教学规律的。作为教师的你，要让学生能够静下心来，坚持不断地思考，在解决问题的思维过程中提高自己的思维品质，以积极的思维状态迎接人生的一次思维盛宴。

4.3 课例分析

课例 1：正弦函数 $y=\sin x$ 的图像与性质

[教学过程简述]授课教师在教学的引入部分结合上节课学习的"正弦函数 $y=\sin x$ 图像"，运用五点法作图在黑板上画出$[0, 2\pi]$的正弦函数 $y=\sin x$ 图像，并将这个图像向左或向右平移 $2k\pi$ 个单位得到 $x\in\mathbf{R}$ 的正弦函数 $y=\sin x$ 的图像，如图 4-1 所示。之后授课教师指出：我们要借助正弦函数解析式和图像，研究正弦函数的性质。随后教师组织学生分小组进行了近一刻钟的讨论，并要求学生讨论后把自己得到的函数性质板书在黑板上，授课教师结合学生写在黑板上的正弦函数的性质，和学生们进行交流，对写在黑板上的正弦函数 $y=\sin x$ 性质进行逐条分析：

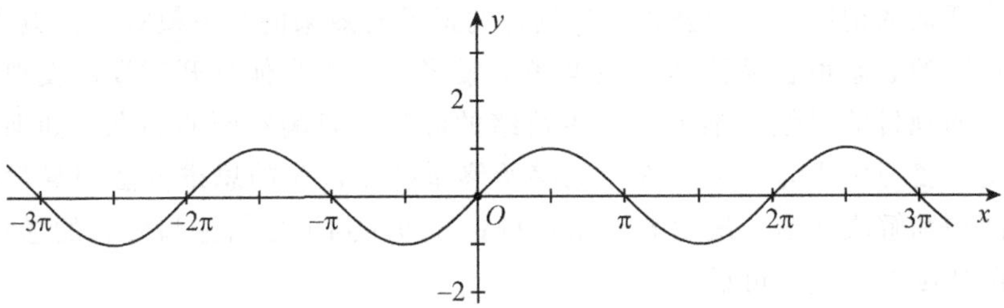

图 4-1

(1)定义域 $x\in\mathbf{R}$。

(2)值域 $y\in[-1, 1]$。

(3)正弦函数 $y=\sin x$ 奇偶性的研究：当授课教师问学生怎么知道正弦函数是奇函数这个问题的时候，学生回答是结合黑板上的正弦函数图像。教师在肯定了学生的结论之后提出问题"你能否证明这个函数是奇函数"，并结合诱导公式 $\sin(-x)=-\sin x$ 完成证明。

(4)正弦函数 $y=\sin x$ 周期性的研究：学生通过正弦函数的图像得知这是一个周期函数，教师在肯定学生借助正弦函数图像这个"形"重复出现的几何特征基础上得到的结论之后，启发学生如何通过"数"来证明正弦函数的周期性，并运用诱导公式 $\sin(x+2k\pi)=\sin x$ 完成证明。

(5)正弦函数 $y=\sin x$ 最值的研究：结合一个周期内的正弦函数图像，学生不难得出函数的最大值为 1，最小值为 -1，此时教师还就先前讨论的值域 $y\in[-1, 1]$加以验证。

(6)正弦函数 $y=\sin x$ 单调性的研究：教师首先是结合正弦函数图像在一个周期内确定函数的单调区间，之后就如何表示其单调区间进行了交流。

(7)正弦函数 $y=\sin x$ 对称性的研究：首先还是从函数的图像中得到正弦函数有对称中心和对称轴，授课教师强调这是从“形”这个角度看到的并追问学生，从“数”的角度看，如何证明正弦函数的这种对称性；在证明点$(\pi, 0)$为正弦函数的一个对称中心的思路启发上，授课教师仍然是从 $y=\sin x$ 图像中引导学生观察坐标为$\pi+x$与$\pi-x$的两个点所对应的纵坐标是否相反，启发学生只需要证明 $\sin(\pi+x)+\sin(\pi-x)=0$ 即可，运用正弦函数的诱导公式完成证明。

[点评]从以上教学过程的简述中，我们大致对这节课有一个比较清晰的感觉。首先要肯定的是，授课教师教学目标的制定是明确的，就是他在画出正弦函数 $y=\sin x$ 图像之后所说的“利用正弦函数的图像和解析式求出(用‘研究’这个词代替‘求出’更好)函数的性质”。在课堂教学的组织上是用小组讨论的形式，希望能以此来调动学生参与课堂教学思维活动的积极性，师生之间的交流也比较多。但是，在教学的实施过程中，出现了许多违背教学逻辑的地方。

授课教师的教学逻辑是先从正弦函数 $y=\sin x$ 的图像中去观察性质，再利用函数解析式也就是利用正弦函数的诱导公式去证明所发现的性质。如教学中，对正弦函数 $y=\sin x$ 是奇函数、以点$(\pi, 0)$为对称中心的研究和周期性的研究都是如此。看似合情合理，但是对学生数学思维的培养是不利的。这节课教学逻辑主线是用正弦函数解析式和图像研究其性质，但是正弦函数 $y=\sin x$ 的图像与其解析式的逻辑关系教师要清楚，图像的确是能够帮助我们直观地得到函数的一些性质，但是在教学中，为了培养学生通过函数解析式来研究函数性质的能力，函数图像的地位就要让位于函数解析式。尽管正弦函数 $y=\sin x$ 的解析式很特殊，是一种符号化的解析式，但是根据正弦函数的定义并借助单位圆，我们还是可以让学生去感受自变量 x 的变化是如何影响到因变量 y 的变化的，正弦函数 $y=\sin x$ 的性质通过诱导公式也是可以体现的。因此我们运用正弦函数的诱导公式就是在利用正弦函数的解析式研究其性质，这一点要让学生能够通过教师的引导而感受到。本节课授课教师把正弦函数解析式放到了对 $y=\sin x$ 图像观察得到的函数性质的验证工具层次上，这是有悖于数学的教学逻辑的。

在对正弦函数 $y=\sin x$ 性质的研究中，很明显教学中呈现出来的知识逻辑是混乱的，直接导致课堂教学中的思维逻辑也就没有了章法。如在教学的引入阶段引导学生结合函数的图像得到了函数的值域 $y\in[-1, 1]$，这个结果的得出看似简单，轻而易举，但实际上是有逻辑缺失的。因为随后的函数最值的研究就显得不合时宜。在最值研究之后再去研究正弦函数的单调性，知识之间的逻辑关系基本支离破碎了。类似的问题还出现在对正弦函数对称性的研究上。在研究完正弦函数是奇函数之后，就转而去研究其周期性、最值、单调性，最后又回到正弦函数的对称性研究上，即函数图像关于点对称和关于直线对称。如果是学生在小组讨论之后陈述的性质没有逻辑，顺序比较凌乱可以理解，但是作为教师在分析学生的研究成果的时候，要能够把丢失的数学知识之间的逻辑关系修补好，让学生在学习过程里，能够从老师的指导中，感受到知识之间的逻辑关系和在此基础上的思维逻辑。

这节课的一开始，就是教师引导学生利用五点法作图画出一个周期内的正弦函数图像，之后通过平移得到函数在定义域 **R** 内的图像。这个过程本质上就是利用了正弦函数 $y=\sin x$ 的周期性质。如果我们引导学生通过利用周期性质作出的正弦函数 $y=\sin x$ 图像去研究函数的周期性的话，这个逻辑是不成立的。由于研究正弦函数的性质的确是需要借助正弦函数的图像，因此正弦函数 $y=\sin x$ 的周期性质可以提前去研究和讨论，毕竟这条性质是三角函数所独有的，与其他函数性质没有必然的联系，而不要像上述课堂教学那样违背逻辑。

从这节课我们能够体会到：研究函数性质的过程是有逻辑顺序的，不是发现一个就是一个。教师要明确研究函数性质的一般逻辑顺序是什么，要有意识地教给学生如何研究函数的性质。而缺乏逻辑地把一个个所谓的函数性质呈现在学生的面前，实际上还是在教给学生一个个的结论。我们要知道，课堂教学从某种角度来说，就是教师在和学生一起梳理知识的逻辑主线。让学生在理解知识、研究问题、运用学科观点解决问题的过程中，不断地明确着知识逻辑，并依据知识逻辑所承载的思维逻辑展开思维活动，这也许就是我们所追求的一种教学境界。

课例 2：抛物线的几何性质

在课堂教学的引入阶段，授课教师让学生依据抛物线定义在黑板上画出抛物线的图像，这个图像不太标准，但正是这位教师所“需要”的。因为授课教师需要引导学生用抛物线的方程去研究抛物线的几何性质。但为什么要用抛物线的方程去研究其几何性质呢？这位老师的依据是如果用抛物线的图像去研究它的几何性质不准确，因为其图像不标准，不足以作为研究抛物线性质的载体。这种解释显然是牵强的，反映出这位教师对平面解析几何学科特点的认识还不够深刻。学生可以反驳老师的论点：如果用黑板上的抛物线图像不准确的话，那么改用计算机软件画出的抛物线图像去研究其性质，又如何呢？如果这样，真不知上课教师如何作答了。

在平面解析几何的教学中，教师最容易出现的问题是用曲线图形去研究曲线的几何性质，这种教学行为的依据又常常冠以“数形结合”的数学思想，却恰恰违背了平面解析几何的知识逻辑。每当看到上课教师用“几何画板”演示动点运动所呈现的规律，再用方程去验证的时候，总是为授课教师解析几何教学逻辑的缺失而感到遗憾。

再说这节“抛物线的几何性质”课，随着课程的展开，教师和学生一道通过分析抛物线的方程，得到抛物线的几何性质，如：对称性、顶点、焦参数的意义等。但出乎意料的是，在“抛物线的几何性质”分析的最后，教师和学生一道在分析抛物线的单调性(当然是处理过的抛物线：开口向右图像在第一象限的抛物线)，并把单调性列为抛物线的一条性质板书在黑板上。解析几何的教学是要研究两个变量之间的依赖关系吗？那是函数教学的任务。课后我问这位教师研究“抛物线的单调性”的原因时，才知道是因为学生提出了这条性质，才临时把它作为一条性质进行讨论的。这种教学过程中研究问题的随意性是违背知识逻辑的，是很多青年教师的课上容易出现的。特别是在探索问题的过程中，学生的思维活跃，提出的问题纷繁复杂，作为教师要能把握住课堂教学的目标，要能把学生的思维引导到正确的轨道上来。我们说教师要在课堂教学中发挥主导作用，就是指教师要能够保证课堂上师生之间的思维互动的有效性和针对性。

在这节课最后阶段的例题教学中，教师所选用的例题是在抛物线的背景下的含参二次函数求最值的问题，这显然脱离了本节课的逻辑主线。当我和授课教师在课后分析这节课，问到为什么要讲这道例题的时候，这位教师的理由竟然是含参的二次函数求最值问题很重要，学生在高一阶段就没有掌握好。

如何突出课堂教学的逻辑主线？在教学实践中的确是需要每个教师在上课前好好思考的问题。就像本节课的例题选取，符合教学逻辑的做法应该是通过例题的教学，进一步地让学生去体会如何用方程去研究曲线的几何性质。如此，才是符合逻辑的教学。

课例 3：椭圆的几何性质

在这节课的引入部分，教师让学生在投影仪上展示自己在家庭作业中画的椭圆$\frac{x^2}{25}+\frac{y^2}{16}=1$。学生画出的椭圆显得粗糙，不够对称。教师简单点评之后自己在电脑上演示椭圆$\frac{x^2}{25}+\frac{y^2}{16}=1$的标准图形并指出：要想画出标准的椭圆就要研究椭圆的几何性质。

课堂教学的引入看似新颖，有学生的展示及教师的点评，但问题恰恰出在了这个引入环节上。这个引入把本节课的方向引向了偏离知识逻辑的主线：教师是从研究椭圆的图形入手，而不是从研究椭圆的方程入手，研究载体的选择出现了偏差，教学的逻辑出现了问题。她在 PPT 上展示标准的椭圆图形，让学生观察椭圆图形并提出问题：“请同学们观察椭圆，你能得到椭圆的哪些几何性质呢?”在椭圆的几何性质的教学过程中，这名教师都是围绕着椭圆的图形提出问题。教师就是在这样错误的教学逻辑上展开了教学活动。

如关于椭圆$\frac{x^2}{25}+\frac{y^2}{16}=1$对称性的研究，教师启发学生思考的问题是：“请同学们观察这个椭圆在x轴的上方、下方，y轴的左侧、右侧有怎样的几何特征呢?”

关于椭圆$\frac{x^2}{25}+\frac{y^2}{16}=1$顶点的研究，教师通过大屏幕展示椭圆图形，请学生们观察：“这个椭圆与坐标轴有几个交点？你能根据椭圆方程求得交点的坐标吗?”

关于椭圆$\frac{x^2}{25}+\frac{y^2}{16}=1$范围的研究，教师启发学生的问题是：“如果过椭圆顶点A_1、A_2分别作y轴的平行线，过椭圆顶点B_1、B_2分别作x轴的平行线，则这四条直线将构成矩形。这说明了什么?”教师希望通过上述问题指出椭圆是有范围的，并要求学生能根据前面所求的椭圆与x轴和y轴的交点坐标说出椭圆$\frac{x^2}{25}+\frac{y^2}{16}=1$上动点坐标$(x, y)$的范围。

上述教学违背了平面解析几何“用代数方法解决几何问题”的基本思想。符合逻辑的教学应该是用椭圆方程$\frac{x^2}{25}+\frac{y^2}{16}=1$来研究椭圆的几何性质。要观察的不应该是椭圆的图形，而应该是椭圆的方程。要完成本节课的教学任务，要落实本节课的教学目标，就需要教师引导学生从椭圆方程的角度研究椭圆几何性质，引导学生从椭圆方程的代数特征去分析椭圆的几何特征：

教师首先要引导学生观察椭圆方程$\frac{x^2}{25}+\frac{y^2}{16}=1$的代数特征。因为椭圆标准方程的左端是两个完全平方的和的形式，所以体现出来的代数性质就是用$-x$、$-y$代入椭圆方程的左端等式仍然成立。对应的几何特征是坐标平面上不仅点(x, y)的坐标满足方程，而且点$(-x, y)$，$(x, -y)$，$(-x, -y)$的坐标也满足椭圆的标准方程。这种代数上的特点反映出的椭圆几何特征就是椭圆关于y轴、x轴和坐标原点对称；对椭圆顶点坐标的研究结论是在明确了顶点概念的基础上，通过联立椭圆的标准方程$\frac{x^2}{25}+\frac{y^2}{16}=1$与椭圆的对称轴方程$y=0$或$x=0$之后计算得出的，这个过程是学生所解决的最简单的直线与椭圆相交问题，对今后直线与椭圆位置关系的研究有着示范作用；从椭圆标准方程左端x与y的完全平方的非负性，可以得出x与y的取值范围，也就是椭圆上动点(x, y)的横、纵坐标的范围；表达椭圆范围的矩形是先画出来的吗？如果按着课堂教学的演绎似乎就是先从几何作图开始，再去解释其代数的含义的，这样的教学是违背知识逻辑的。

实际上，因为$\frac{y^2}{16}=1-\frac{x^2}{25}\geqslant 0$，所以得$-5\leqslant x\leqslant 5$；因为$\frac{x^2}{25}=1-\frac{y^2}{16}\geqslant 0$，所以得$-4\leqslant y\leqslant 4$，而满足椭圆方程$\frac{x^2}{25}+\frac{y^2}{16}=1$前提下的$-5\leqslant x\leqslant 5$与$-4\leqslant y\leqslant 4$的几何意义就是如图 4-2 所示的矩形内的椭圆上的点。

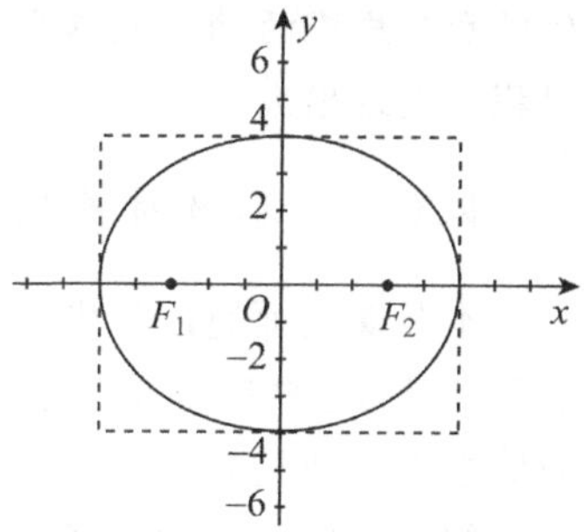

图 4-2

在教学中，引导学生通过椭圆方程而不是椭圆图像研究椭圆的几何性质，才是赋有逻辑的平面解析几何教学。只有符合学科思维特点、具有知识逻辑的教学才是有价值的。

课例 4：关于方程的复习

这是一节九年级的复习课，课题是“关于方程的复习”。上课教师很年轻，课堂教学的基本功扎实，教师对课堂教学活动的设计有自己的想法，善于和学生沟通，思维活动比较充分，很关注学生的基础知识的落实。上课一开始，他就在黑板上写了六个方程：

(1) $|3x-1|=|2x+1|$　　(2) $\frac{1}{x+2}+\frac{4x}{x^2-4}+\frac{2}{2-x}=1$

(3) $x^4-x^2-6=0$　　(4) $x-1=\sqrt{x+5}$

(5) $x^2+x+\sqrt{x^2+x+7}=5$　　(6) $\begin{cases}xy=12\\x+y=7\end{cases}$

教师先让学生用 10 分钟左右的时间去做，之后就六个方程的解法与学生们做了交流。这节课在教学逻辑上出现的问题是：六个方程的讲解缺乏一个概括。六个方程包括带绝对值的方程、分式方程、带根号的方程、高次方程和方程组。为什么要讲这六个方程？学生从这六个方程的解法中能学到什么？仅仅会解这六个方程显然不应该是教学的主要目的，教师要明确为什么讲这六个方程的教学逻辑，在课堂教学中要能够揭示出来。教学逻辑是包括思维在内的师生教学活动的内在规律性，如果找不到这种规律性的东西，就像课堂上教师让学生去解各种各样的方程而概括不出解这些方程的解法中共同的思维、共同的方法和一般规律的话，这样的教学就是缺乏教学逻辑的教学。

即使是具体到某一种方程的解法，其思维逻辑也要明确。如在含绝对值的方程(1)的解法中，分类讨论的标准是如何确定的？分类讨论的目的是什么？解分式方程(2)去分母时的条件是什么？是在最后检验根的时候才明确限制条件还是在去分母的时候就要明确？方程(4)(5)如果换元的话，元的取值范围是什么？只有不断地从看似简单的问题中揭示出不一般的思维规律，学生的数学思维活动才能够真正地得到激发，教学逻辑的魅力才能够在教学的过程中展现出来。

课例 5：参数对函数图像的影响

本节课教师通过学生作业中的问题引入，提出其中的问题并和学生展开交流。因为这些问题是学生独立思考过的题目，所以这样的设计有利于学生的思维能够很快地进入，对教学的效果有促进的作用。在课堂教学的过程中，探索解决问题的活动比较充分，整个一节课师生之间的思维活动非常多，教师通过启发性的问题，激发学生的思维活动不断深入。

在例题教学中，如何增加思维活动的内涵是本节课教师需要研究的。本节课选用了这样的一道题目："将函数 $y=x^2+2x-3$ 在 x 轴下方的图像沿 x 轴翻折，得到新图像 G。直线 $y=x+b$ $(b<4)$ 与 G 有两个交点，求 b 的取值范围。"这是比较常见的问题，作为考试题目无可厚非，但是拿来作为例题在课堂上进行讲解，就应该对题目做适当的修改。毕竟考试的题目和教学的例题所承载的目标是不一样的。作为例题，更应该关注在题目所提供的素材背景下如何引导学生进行问题的研究，如何让学生的思维充分地调动起来，而不仅仅在于这个题目本身是否能够做出来。因此，可以取消这道题目对 b 的范围和交点个数的限制，在研究问题上可以更开放。如提出类似讨论 b 的取值范围与两个图像的交点个数问题。作为教师我们会经常选取以往的试题作为课堂上的例题，但是对试题的整合修改是必不可少的，要把承担考试功能的试题转变成学生在课堂上研究的问题，需要教师的智慧。

教师在和学生一起研究问题的过程中，教师自己研究问题的角度、思路要清晰和明确。像本节课研究的课题，一般来说可以从两个方面进行研究：一个是代数方面，问题本身就是函数问题，它的代数特征是什么？对函数的理解是什么？函数的思维是什么？这些在与学生进行解决问题的方法的交流中要能反映出来。还有一个就是几何方面的。对于函数解析式中的字母(参数)如何理解？其几何的含义是什么？函数图像的几何特征是什么？教学中师生之间对问题的理解和研究总会有不一致的思维，在尊重学生思维的前提下，教师要能够明确自己的观点，这是课堂教学中非常重要的。否则，教师就真成了课堂教学的组织者，也就是教学活动的旁观者了。如此，教师的专业地位就难以保证了。

在进行小结的时候，尽量少做操作型的类似"解题步骤"的那种归纳，这样的提炼没有高度。试想如果每节课都做这样的归纳，学生是否能够真的掌握？每节课都有各种各样的步骤需要总结，也许最终是忘掉了事。因此，归纳、概括一定要能从思维的层面进行，不要过于琐碎，不能变成对操作步骤的记忆。

本节课的核心思维是函数思维，这个思维逻辑的确定是由研究的内容，特别是本节课的知识逻辑所决定的。研究参数对函数图像的影响，本质上就是在研究不同函数之间的关系，是函数问题研究中比较复杂的。但是要明确的是，尽管研究的是两个或两个以上的函数问题，研究的方法、研究的思维并没有发生变化，仍然是以函数解析式作为研究的主要依据，其对应的函数图像是研究函数性质的辅助手段。

课题 6：探究数列的规律

这是一节七年级的数学课，主题是探索数列的规律。如何确定本节课的教学逻辑应该是教师在备课的时候重点思考和研究的问题。

首先从知识逻辑看，所谓数列的规律就是要找到数列的项与其项数的对应关系。由于这是一节七年级的课，学生还不可能从函数的角度理解数列，但是作为教师，要明确数列的本质就是函数，数列是关于项数 n 的函数，这节课的课题所谈到的“数列的规律”就是数列的通项，也就是第 n 项的值与序号 n 的关系。这就是本节课的知识逻辑主线。

在明确了知识逻辑的基础上，本节课的思维逻辑也就得以确立。可以看出，这节课不是也不应该是为了找规律而找规律，而是通过探寻数列的规律进一步地理解数列的概念。数列的概念是本节课最本质的教学内容，以它为载体所体现出来的最本质的东西就是这节课的思维逻辑。

由数列的定义我们知道，数列是一列有顺序的数。教学中应该在定义的基础上展开思维活动，如启发学生思考：如何理解数列定义中的“顺序”？让学生在积极思考问题的基础上，懂得数列中的每一项的数值与对应的序号 n 的关系就是这里所说的“顺序”。

在明确了数列概念的基础上，引导学生进一步地思考：本节课要探寻的“规律”是指什么呢？让学生学会从“数列的概念”中去探寻“数列的规律”的本质。所谓找“规律”，就是要探寻数列的项与其对应的项数 n 的关系。略显遗憾的是，在实际的教学中教师在概念内涵的揭示上不够到位，教师本人对本节课的教学本质的理解还不够深刻，导致教学中操作层面的东西较多，思维层面的要求偏弱。

在探究过程中，教师将问题分成四组，题目的内容基本反映了所要探索的目的，但四组题目探索的主题还不是很明确，也就是探索什么还不是很清楚，对所谓的“规律”的理解也比较模糊。这表明授课教师在教学设计上还没有将知识的逻辑结构梳理清楚，从而在思维逻辑上就不够清晰。教师的引导更多的是让学生去“观察”，但“观察”的内涵是什么？由于教师没有给出明确的指令，只能是“漫无目的”地观察并得出结论。

授课教师也在黑板上小结，如：观察—猜想—验证。但这样的小结显得内容空洞，没有揭示出本节课相关内容的本质。实际上，从课堂教学的过程看，学生的探索是从三个方面展开的：(1)通过分析项与项之间的关系探索项与其对应的序号 n 的关系；(2)研究项的数值的特征得到项与其对应的序号 n 的关系；(3)分析该数列与“特殊数列”之间的关系，探索项与其对应的序号 n 的关系。

在本节课的最后阶段，教师让学生进行总结，但仅是聚焦在从“特殊”到“一般”再到“特殊”的研究方法。而这种泛泛而谈的研究方法在数学学习中很普遍，还没有从思维层面上进行总结。其实本节课的思维逻辑依据的正是研究内容所在的学科的思维特点，即归纳思维。

本节课的教学逻辑结构是：①思维的基础：数列的概念；②规律的本质：项与项数 n 的关系；③探究的目标：项的数值的特征、项与项之间的关系、与特殊数列之间的关系；④学科的观点：归纳的思想。

从本节课的分析我们不难看出：静态层面的知识逻辑向动态层面的思维逻辑的转化是基于教师对知识本质的理解和研究。要让学生具有思维的逻辑，就要让学生学会用最基本的概念去理解问题和思考问题，并能够站在知识逻辑的高度去认识知识所承载的思维逻辑。而这一切都有赖于教师的专业指导。教师研究教学就是要研究教学的逻辑，只有如此，我们的课堂才能充满理性，充满智慧。

本节课的教学逻辑结构图如下：

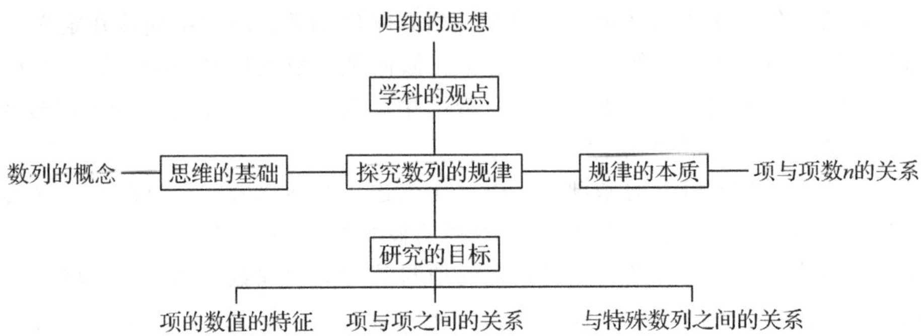

课例 7：垂径定理

(1)课堂的引入部分，授课教师通过赵州桥的实例引出问题：研究圆的性质。这样的引入似乎合情合理，但问题是由于没有和本节课的逻辑主线联系在一起，让人感觉有点生硬，包括最后再提赵州桥的拱高的计算，也是没有和本节课最本质的圆的轴对称性质联系上，人为痕迹明显，不够自然。

在教学的过程中，由圆的轴对称性的证明到垂径定理的得出，缺乏一个思维的过渡。尽管这个定理是圆的轴对称性质的具体表述，但是，不能说这个转化或过渡没有思维的东西在里面。可以精心设计几个问题，如：如何把圆的这种沿着某一条直径对折能够完全重合的性质转化到具体的几何元素的相等关系？如果教师用类似这样的问题启发学生去思考，是能够促进学生更深刻地理解垂径定理的。在得出垂径定理之后，也可以提出这样的问题让学生去思考：垂径定理与圆的轴对称性质是什么样的关系？让学生通过这样的反思性问题去体会所学的垂径定理在圆的学习中的逻辑地位和价值。

教学中教师基本没有给学生深入思考问题的时间。即使教师提出问题，也显得过于具有操作性，过于具体，不利于学生展开思维活动。教师所提出的问题缺乏对教学内容的本质思考，没有能够从研究问题的角度与学生展开交流，而是一题一题地在做，包括垂径定理的推论，也设计成一道证明题，使得课堂教学的思维活动处在一种隐性的过程中，偏离了课堂教学的意义。

课堂教学给人的整体感觉是授课教师对课堂思维活动的控制过强，学生的思维活动被教师完全主导，学生没有思维活动的空间。由于教师没能激发出学生积极的思维活动，课堂的氛围略显沉闷。这样的课在我们的数学教学中很普遍。那么，问题出在哪里了呢？与教师课后交流时，授课教师反映出来的困惑是：如何提出有深度的问题？怎样做才不是在进行单纯的知识的教学？

作为教师首先要有将知识的教学转变为思维的教学的意识，而要做到这一点，就要深入地研究教材、研究知识之间的联系。也就是要研究知识所承载的数学思维是什么、学科的观点是什么。教师只有明确了知识逻辑和思维逻辑，才能够在教学过程中，提出有思维含量的问题，才能够将操作性的探索活动转变为思维性的探索活动。课堂教学会不会显得沉闷，关键是授课教师能不能激发出学生学习的那种欲望，教师提出的问题是否有思考的价值，是否能够触碰到这节课知识的本质。

教师要能够站在知识逻辑的高度去认识我们所教授的内容，这种高度也不是有多么神秘，实际上就是知识之间的联系及其所承载的数学思维和学科观点。

(2)本节课最大的败笔出现在“引入”部分。当教师提出如何证明圆是轴对称图形的时候，没有给学生思考的时间，换句话说是没有让学生经历错误的过程，教师自己先将证明圆是轴对称图形的两个思路说了出来，希望学生能够按照正确的思路给出证明。但事与愿违，学生们根本没有理解老师的思维，他们对圆的轴对称的证明方法是五花八门，但都是错误的。学生们容易忽略证明的前提是要在圆上任取一个点，他们希望的是能够通过有限的点，甚至是特殊的点来说明圆的轴对称性质；还有的学生通过圆中所构造的直线形的几何图形具有轴对称性质来说明圆的轴对称性质。按理说，学生的思维出现问题正好是教学的切入点，但是本节课教师一开始就明明给出了证明的思路，特别强调了要在圆上任取一点，为什么学生还是出现这样的错误呢？

教学是一个很复杂的过程，不是你把所谓的正确方法告诉学生，学生就会了。学生真正地理解一个问题，学会一种方法，改变一个观点不仅需要时间，也需要经历思考问题的过程，更需要教师的专业指导，这就是教学逻辑。

在圆的轴对称性质证明完并得到垂径定理之后，授课教师很快就引导学生进入垂径定理的应用，解决有关圆内的线段长度的计算问题。实际上，垂径定理及其推论是一体的，通过定理和推论来深入地理解圆的轴对称性质是本节课的教学目标。另外，在讲应用垂径定理的过程中，教学的重点应该放在如何通过弦来确定对称轴，即垂直弦或平分弦(不是直径)的那条直径所在的直线，而不是讲计算的方法，甚至讲所谓的技巧。

本节课用了25分钟时间去证明圆是轴对称图形。教学的设计是不恰当的，因为这节课的重点不在这里。感觉整节课教师都很被动，被学生的各种证明方法牵着走，缺乏自己的教学逻辑主线。

课例8：二次函数的性质和图像

这是八年级的一节课，教学目的是使学生掌握二次函数的图像和性质；熟悉从函数解析式角度研究函数性质的方法。教学过程简述如下：

例1. 研究二次函数 $y=x^2$ 的性质，并作出它的图像。

教学要求：按照分析函数解析式—得到函数性质—推断函数图像的过程来探讨。

1. 研究函数 $y=x^2$ 自变量及因变量的取值范围

问题(1)：此函数的自变量在什么范围内取值？

问题(2)：当自变量在此范围内取值，因变量在什么范围内取值？

[点评]通过以上问题自然而然地讨论了自变量 x 及因变量 y 的取值范围问题，重要的是引导学生用函数思维思考问题，那种一上来就求函数的定义域和值域的做法淡化了函数的思维，强调的是计算求值，这是与函数的教学目标相违背的。

2. 研究函数 $y=x^2$ 的对称性

问题(1)：从函数解析式的代数特征我们来分析：函数的自变量 x 与因变量 y 之间是否有特殊的关系？

问题(2)：从函数概念我们知道，对于定义域内任意的自变量，通过函数关系式有唯一确定的值和它对应，那么这些函数值都是不同的吗？

(如学生发现函数值可以相同，追问其对应的两个自变量的取值有什么特点。)

问题(3)：上述对称性反映在函数 $y=x^2$ 的图像上会有什么几何特征？函数 $y=x^2$ 的对称轴是什么？

[点评]这段教学函数的味道非常足。引导学生从函数解析式的特点，分析这个函数的自变量 x 满足什么样的代数特征使得因变量 y 的变化有规律，是从代数特征的角度认识函数的对称性，而不是一上来就让学生从函数图像的对称特征去理解其对称性。这样的教学使得学生的思维活动得以充分地展开，就是让学生有的可想。

3. 研究函数 $y=x^2$ 的增减性及最值

问题(1)：请同学们观察函数 $y=x^2$，当自变量 x 由小到大变化时，因变量 y 有变化吗？有怎样的变化？

问题(2)：当自变量 $x=0$ 时，函数值是多少？(引导学生分析出二次函数图像的对称轴 $x=0$ 是函数增减性的一个分水岭。)

问题(3)：函数 $y=x^2$ 有最值吗？是多少？当自变量取什么值时函数 $y=x^2$ 达到了最大(小)值？

问题(4)：此时能否得到函数 $y=x^2$ 的顶点坐标？

[点评]通过问题的设置带着学生共同思考数学问题，通过问题的层层递进，引导学生从函数解析式入手分析，积极思考，探究此函数的变化状态。

4. 画出函数图像并观察其性质

(1)根据以上对函数 $y=x^2$ 性质的研究，画出函数的示意图。

(2)列表、描点，画出这个函数的图像。

(3)从所列的表格中你能看出函数的什么性质？

[点评]这段教学不像以往那样用描点法画出函数图像，而是依据刚刚分析出来的函数性质画出函数的图像，让学生能够体会到研究函数性质的价值和意义，之后教师再引导学生用描点法画出这个函数的图像，通过列表画图的过程进一步体会函数的概念和函数的对称性和单调性。

例 2. 研究函数 $y=x^2+2x$ 的性质并画出图像。

启发学生思考：对比函数 $y=x^2$ 分析函数 $y=x^2+2x$ 的代数特征，自变量出现次数多，自变量 x 的变化如何影响因变量 y 的变化不易分析，这时候你应该怎么做呢？

(自变量 x 出现次数越少越好，为此我们选择配方法。$y=x^2+2x \Rightarrow y=(x+1)^2-1$ 只一个位置出现自变量 x，便于研究。)

下面类比 $y=x^2$ 的性质研究函数 $y=x^2+2x$。

1. 自变量及因变量的取值范围

此函数的自变量 x 在什么范围内取值？当自变量 x 在此范围内取值，因变量 y 在什么范围内取值？

2. 函数 $y=x^2+2x$ 的对称性

问题(1)：互为相反数的两个自变量所对应的函数值相等吗？

问题(2)：对比 $y=(x+1)^2-1$ 与 $y=x^2$ 两个函数解析式，它们从形式上看较类似。

当 $y=(x+1)^2-1$ 的自变量满足怎样的特点时函数值会相等？

(引导学生发现当 $x+1$ 取互为相反数时所对应的两个函数值相等。)

问题(3)：此时对应的两个自变量 x 的取值又有什么样的关系？

问题(4)：上述性质反映在函数 $y=x^2+2x$ 的图像上会有什么几何特征？

对称性的具体分析：将 $y=x^2+2x$ 配方得 $y=(x+1)^2-1$，显然，当 $x+1$ 取相反数时，函数值相等。即 $x+1=\pm t$ 时，函数值相等。也就是 $x=-1+t$ 和 $x=-1-t$ 时，函数值相等。这就是说二次函数 $y=x^2+2x$ 的自变量 x 在 x 轴上取关于 -1 为对称中心的两个点对应的两个数 $-1+x$ 和 $-1-x$ 时，函数值总是相等的，这就说明函数的图像关于直线 $x=-1$ 对称。

[点评]上述教学的过程是本节课的难点，当学生面对比较复杂的函数解析式时如何研究这个函数的性质是具有观念性的问题。授课教师通过引导学生对复杂的函数解析式的化简，也就是采用学生非常熟悉的配方的过程，让学生能够体会到通过函数的自变量的特征分析及其与因变量的代数关系进行函数性质的研究，这是对学生的数学学科素养的一种培养，具有重要的意义和价值。

3. 研究函数 $y=x^2+2x$ 的增减性

问题(1)：请同学们观察函数解析式 $y=x^2+2x$，当自变量 x 由小到大变化时，因变量 y 有变化吗？有怎样的变化？

问题(2)：函数递增和递减之间有分界线吗？

增减性的具体分析：在 $y=x^2+2x=(x+1)^2-1$ 中当 $x=-1$ 时，y 取得最小值 -1，当 $x<-1$ 时，自变量 x 越小，$|x+1|$ 就越大，$(x+1)^2$ 就越大，即 y 就越大；当 $x>-1$ 时，自变量 x 越大，$|x+1|$ 就越大，$(x+1)^2$ 就越大，即 y 就越大；这样函数的增减性自然可以解决，同时也可以帮助我们说明函数图像是开口方向向上的抛物线。

在完成以上各环节后，教师再次提出任务：

问题(3)：既然我们把二次函数的相关性质都分析完了，那么如何利用以上的二次函数的性质推断出二次函数的图像？用二次函数的性质推断其图像时，需要研究分析二次函数的哪些主要性质，才能比较准确地画出图像？

[点评]在得到函数的图像之后，教师引导同学们分析讨论利用二次函数解析式研究函数性质然后推断函数图像的研究过程的流程图。在学生形成认知的基础上，为了让学生抓住问题的本质，把这种方法真正内化，拓宽学生的认知结构，教师再次提出问题：研究函数可以怎么研究？用什么方法、从什么角度研究？特别是，用函数的性质推断函数的图像时，需要研究分析函数的哪些主要性质，才能比较准确地画出图像？既然通过上面的学习使我们认识到学习研究函数的性质与图像可以从函数解析式的角度直接完成，那么

同学们是否可以按照例 1 的方法——先分析性质再推断图像来独立完成下一个问题呢？由此将带领学生进入本节课的第三个环节——独立探究，巩固方法，这也是本节课所要突破的一个难点：试述二次函数 $y=-x^2-4x+3$ 的性质，并作出它的图像。

授课教师对这节课的反思：

1. 本节课改变了以往常见的函数研究方法，让学生从函数解析式的角度去研究函数，重要的是让学生体会到对函数的研究方法，以便能将其迁移到其他函数的研究中去，教师可以真正做到“授之以渔”而非“授之以鱼”。

2. 本节课的引入环节设计得比较直接，很快引入新课。问题(1)分别从两个变量的取值范围，函数的对称性、增减性方面展开探究。多数学生积极参与，主动思考老师提出的问题，数学思维顺利被打开；接着探究问题(2)，在研究函数值域的环节出现了问题，学生答案不一，思维碰撞此时出现，这时候教师的引导显得非常重要，教师引导学生说出为什么要配方，配方法的好处是什么，这时候教师再总结提升配方法的作用。我觉得配方法应该是本节课的一个核心方法，应该从原理上解释清楚并落实。问题(2)的难点是配方后函数解析式为 $y=(x+1)^2-1$，如何通过这个解析式分析出函数的对称性？教师用了数轴直观法，并引入了参数 t 来帮助说明问题。他觉得这么讲应该有一些学生没理解，但放学的时候他问了几个成绩偏弱的孩子，对称性那儿听懂了吗？回答是“当时有点没绕过来，后来想想就明白了”。听到学生讲这些，教师很高兴。所以数学教学中有些必要的、本质的知识即使不容易理解，也应该给学生讲讲。若总避开不讲，学生的能力就永远得不到提升。

3. 问题设置有层次，有价值，逻辑性较强，符合学生认知，问题提出准确、简练。

4. 在教学过程中不断向学生渗透数学思想方法，让学生在学习中体会数学思想方法的重要性，部分学生还能自觉地运用这些数学思想方法去分析、思考问题。

这位青年老师上完课曾感慨道：“公开课虽上完了，但我经常会想，原来函数性质还可以这样去讲，这么上课自己都觉得很舒服，都觉得在学生面前很有能量。现在终于明白您书中写的数学的‘味道’是什么了。我想这就是与您几次碰撞下来的最大的收获吧。”

交大附中相剑利老师听了这节课后写了一篇文章《“二次函数的性质”研究课给我的感悟》，她写道：

听完课，首先我感觉很震撼，因为我从未接触过这样设计“二次函数的性质”，值得自己慢慢地去感悟。2011 版《九年义务教育阶段课程标准》是这样写的：“会用描点法画出二次函数的图像，通过图像了解二次函数的性质。”我们大多数人都是按照“课标”的要求来设计我们的课：先用描点法画出二次函数

$y=x^2$的图像，根据图像归纳出性质再过渡到画出 $y=-x^2$，$y=\frac{1}{2}x^2$，$y=-\frac{1}{2}x^2$，$y=3x^2$，$y=-3x^2$ 的图像，然后上升到 $y=ax^2(a\neq0)$的性质，再逐渐研究 $y=ax^2+bx+c(a\neq0)$的图像和性质。

我想“课标”表述的是基本要求，对于不同的学生实际应该有不同的要求，正如“课标”所说：“教师应成为学生学习活动的组织者、引导者、合作者，为学生的发展提供良好的环境和条件。”教师的“组织”作用主要体现在两个方面：第一，教师应当准确把握教学内容的数学实质和学生的实际情况，确定合理的教学目标，设计一个好的教学方案。第二，在教学活动中，教师要选择适当的教学方式，因势利导，适时调控，努力营造师生互动、生生互动、生动活泼的课堂氛围，形成有效的学习活动。所以本节课的教学设计高于“课标”，设计新颖，立意高远，真正起到了公开课的示范引领作用。我认为这堂课的设计亮点如下：

1. 二次函数性质的探究内容体现了：追根溯源，凸显数学本质。

函数的本质是什么？是两个变量 x、y 和变量之间的对应法则。函数的性质是由什么决定的？函数的性质是由函数解析式和 x 的取值范围决定的，所以二次函数的性质：自变量和因变量的取值范围、最值、对称性、增减性从解析式就能得到，而图像只是一个验证的过程。函数的性质不是由图像决定的而是由解析式决定的。这节课的设计凸显了函数性质的本质来自于解析式，由解析式我们能得到函数的性质，并能大致画出函数的示意图。

2. 二次函数性质探究的过程体现了：从特殊到一般，从简单到复杂的数学思想。

二次函数性质探究体现了整个数学体系的研究顺序，从最特殊、最简单的二次函数 $y=x^2$入手，引导学生了解应按什么顺序研究函数的性质。$y=x^2$增加一项后的 $y=x^2+2x$ 的性质只要配方成 $y=(x+1)^2-1$，就可以用和前面一样的方法研究函数性质，我认为到此为止学生已经自己会研究函数的性质，甚至学生对以后接触到的新的函数，比如指数函数等等，也已经清楚从哪些方面、按什么顺序研究其性质。我想这样的探究为学生学习函数性质的整个方法体系打下了扎实的基础，这个探索活动让学生积累了基本的数学活动经验。

3. 二次函数图像的猜想过程体现了：数学从已知到未知的探索过程。

我过去上课从未问过学生，二次函数的图像是什么样的。人们对于未知世界的认识总是从猜想开始。二次函数的图像和已学过的一次函数图像一样吗？既然不一样，那会是什么样呢？可能会有哪些情况呢？这节课不但学生弄明白了二次函数的图像为什么是抛物线，而且我想听课教师也学到了新知识。

课例 9：函数的零点

教学过程简述如下：

问题 1：如何研究二次函数 $f(x)=x^2-2x-3$？

通过熟悉的二次函数，让学生体会研究函数的一般方法；基于学生画二次函数图像的已有经验，从图像和函数本身的角度出发，初步体会零点的价值。

问题 2：(1)分析函数 $f(x)=2(x-1)(x+2)(x-3)$ 的函数值的正负与哪些自变量的值有关。

(2)这三个自变量的值对函数值的正负是如何刻画的呢？

以二次函数、三次函数为载体，使学生在研究函数性质时，体会到函数值为 0 的自变量有意义，引出概念。

问题 3：通过函数解析式，结合函数的性质，体会下列函数是否有零点。若有，有几个？自变量在什么范围内取值时，函数值大于 0 或者小于 0？

(1) $y=\begin{cases}x+3, & (x<0)\\ x^2-4x+3, & (x\geqslant 0)\end{cases}$；(2) $y=\begin{cases}x^2+4x, & (x\geqslant 0)\\ 4x-x^2, & (x<0)\end{cases}$；(3) $y=x-\dfrac{1}{x}$；

结合具体函数的性质，体会零点的价值。

问题 4：已知函数 $f(x)=ax^3+bx^2+cx+d$ 图像如图 4-3 所示，试判断 a 的符号。

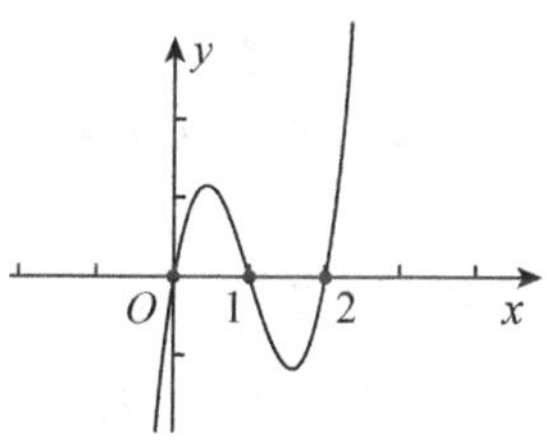

图 4-3

[点评]为什么要讲函数的零点？这是我和授课教师在一起备课的时候不断追问的问题，也就是这节课的定位要定在哪里。从知识逻辑的角度看，函数的零点是在学生学习了函数概念、函数性质并研究了一次函数和二次函数的性质与图像之后的教学内容，因此可以说，函数的零点仍然是研究函数的性质，使学生通过函数的零点的确定及函数值的分布进一步体会函数的概念和研究函数性质的方法。函数的零点从本质上说就是函数的一个使得函数值为零的自变量，这个自变量所对应的函数值一般来说是函数值的正负分界点；从几何角度来看，函数零点的相关概念及性质决定着函数图像在直角坐标系的位置，特别是相对于 x 轴的位置。研究函数零点的意义是什么呢？教学价值又是如何呢？通过这次研究课的备课和教学实践，我们能够进一步地从函数零点的思维逻辑去思考。在函数零点概念的教学中，我们要引导学生会从函数的自变量对函数值的影响这样一个思维途径去思考，不要把函数零点错误地理解为函数图像与 x 轴的交点，要能够从函数自变量的角度理解概念。所以说，函数零点的教学，就是函数概念教学的继续，通过函数零点的学习，学生能够进一步地领会函

数的思维方法。这就是进行函数零点概念及性质教学的价值。如何来讲函数的零点这节课呢？由于这节课符合教学逻辑的定位就是研究函数性质的继续，因此，在教学中，要通过引导利用函数的解析式研究函数性质来深刻理解函数的零点概念，而不是孤立地讲。教学中授课教师通过对二次函数和三次函数的研究，非常自然地进行了零点概念的教学，让学生感受到了零点概念是研究函数性质的必不可少的一部分。如此，也就达到了这节课的教学目的。

在这节课的过程中，有一个小片段，引起了听课的北京十一学校的廖丽娜老师的关注，她在课后的点评《启发而不是告知》中写道：

在教师设计的活动三“以具体函数为载体，体会函数零点的概念”过程中，处理分段函数 $y=\begin{cases}x^2+4x, & x\geqslant 0\\ 4x-x^2, & x<0\end{cases}$ 的零点问题时，学生在分析函数的性质时提到了奇偶性(教师设计应该是借助函数的零点以及其他性质比如函数值的正负、对称性，去刻画此函数的大致图像)，但是因为分段函数的对称性证明或者即使是表述对于学生也是一个难点，所以学生回答肯定是“漏洞百出”的。甚至一位女同学在上黑板书写自己看法的时候，因为紧张虽然能看出“会”但是还是“挂在”了黑板前，仅留下一个 $f(-x)=x^2-4x$ 的“尴尬”式子。

遇到这种情况，如果是我，肯定会着急地利用“语言提示”甚至是直接指导板书学生完成问题的证明，但是王老师的处理方案出乎我的意料，在轻声询问了学生意见并说“回座位再想想”后，环视了学生团队，又一次放慢了进度，请了另一位跃跃欲试的男同学。满怀信心的男生在板演中，首先写了 $f(x)=x^2+4x$，然后口述其思路：欲求函数的奇偶性就需要再考虑“与 x 相反的自变量 $-x$ 的函数值特点”，与此同时板书了“$(-x)=4x-x^2$”。在这个思路正确但是漏洞较多的答案面前，同学们没有嘲笑也没有轻视，而是边审核自己的答案边口头提示上前面板书的这名男同学错误所在“少 f 作用了”，“不是 $4x$ 而是 $4\times(-x)$”，完善了此次板书任务。而在此过程中基本上没有诱导性发言、只是在不断评价学生“不错”“是的”“想法正确”的王老师，显得很冷静，不仅关注板演的学生，同时也在环视教室其他同学的表情。

叶澜教授说过：“一节课不应该完全是预先设计好的，在教师与学生、学生与学生的合作、对话、碰撞中，难免会出现一些超出教师预设方案之外的新问题、新情况，这就是课堂的动态生成。”在这一节上课伊始就人手一份讲义的课堂，设计一定是流程化了的，但是生动的学生反应，是对教师的一个考验。特别是面对一个明显错误，王老师采取的不是单纯依靠“正面的示范”加以纠正，而是让学生有一个沉静反思的时间，鼓励学生自由表达自己在探索数学规律过程中的想法，不断用评价语言来催生新的教学资源，从而借学生之口、之手完成了“启发”。

廖丽娜老师这段点评，让我们看到了课堂上教学逻辑感性的一面。什么是在教学生，学生如何才能学好数学，是需要我们在自己的教学实践中不断地去思考和探索的。

课例 10：指数函数

教学过程简述如下：

1. 情境设置，形成概念

实例 1：细胞分裂问题。某种细胞分裂时，由 1 个分裂成 2 个，2 个分裂成 4 个，4 个分裂成 8 个，……那么，1 个这样的细胞分裂 x 次后，得到的细胞个数 y 该怎样表示？

实例 2：《庄子·天下篇》中写道："一尺之棰，日取其半，万世不竭。"请写出取 x 次后，木棰的剩余量 y 与 x 的函数关系式。

2. 研究指数函数的图像性质

师生活动：教师引导学生先从特殊指数函数 $y=2^x$ 入手，引导学生分别从定义域、奇偶性、单调性、与坐标轴交点、值域等性质加以研究，在此基础上再通过描点得到函数的图像。学生汇报研究结果，教师在黑板板演。对于有困难的地方学生互相讨论，合力解决。对于单调性本节课不要求证明，奇偶性让学生用定义试着加以证明。最后教师展示学生绘制的图像。

总结出了 $y=2^x$ 这个函数具备的性质如下：

(1)定义域：**R**；(2)对称性：不具备；(3)单调性：在 **R** 上是增函数；(4)函数零点：无；(5)与 y 轴交于(0，1)；(6)值域：$\mathbf{R}^+$。

设计意图：通过前面学过的实数指数幂，理解此函数的定义域为 **R**；学会从代数角度分析函数的相关性质，结合所分析的性质再描点，绘出较为准确的图像，这也是本节的难点之一，让学生体会研究一个函数的一般方法。让学生由初中的"看图说话"的水平，提升到高中的严格推理的层面上来。

师生活动：认识了 $y=2^x$ 这个函数后，教师再让学生研究函数 $y=\left(\frac{1}{2}\right)^x$ 的性质和图像，从而让学生对两个函数进行对比，学生回答问题，并在同一个坐标纸上绘出图像，教师实物展台展示。教师随后让学生再研究 $y=3^x$ 和 $y=\left(\frac{1}{3}\right)^x$ 的性质与图像，感受两个函数间的联系与区别，学生独立研究，教师个别提问，并展示学生研究成果，最后教师利用"几何画板"展示这几个函数在同一个坐标系下的图像。

设计意图：学生在同一个坐标系下绘制多个指数函数的图像，感受不同指数函数间的区别与联系。通过性质的对比，为后续指数函数性质的归纳做准备。

3. 发现问题，深化概念

形成概念：形如 $y=a^x$ 且 $a>0$，$a\neq1$ 的函数称为指数函数，定义域为 $x\in\mathbf{R}$。(学生会漏掉定义域及 a 的限制条件，这些在讲一次函数、二次函数时要注意强调，在这个地方稍加提醒。)

提出问题：为什么要限制底数 $a>0$，$a\neq1$? 这一点让学生分析，互相补充。

分 $a<0$，$a=0$，$0<a<1$，$a=1$，$a>1$ 五部分讨论。

师生活动：学生思考讨论，互相补充说明，最后将定义精确化。

设计意图：培养学生归纳、概括、抽象的数学能力和严谨的数学思维习惯。

(1)让学生在情境中发现问题，遇到挑战，激发斗志，并引导学生在简单的具体问题中抽象出共性，体验从简单到复杂，从特殊到一般的认知规律。通过以上三个例子，试着让学生自己归纳出指数函数的定义，形成对指数函数的第一次认识。

(2)让学生感受我们生活中存在这样的指数函数模型，便于学生接受指数函数的形式。

4. 归纳指数函数性质

师生活动：通过前面研究过的具体的指数函数图像，归纳总结出指数函数的一般性质。

教师利用多媒体教学手段，通过“几何画板”演示底数 a 取不同的值时的图像，让学生观察函数图像的变化特征，归纳总结 $y=a^x$ 的图像与性质。

授课教师的课后反思：

“指数函数”这节课上学生在已掌握了函数的一般性质和简单的指数运算的基础上，进一步研究指数函数的图像与性质，它一方面可以进一步深化学生对函数概念的理解与认识，使学生得到较系统的函数知识和研究函数的方法，同时也为今后研究对数函数打下基础。因此，本节课的内容十分重要，它对知识起到了承上启下的作用。

本节课除了要让学生掌握指数函数的定义、图像与性质外，还要让学生理解研究函数性质的一般方法。传统教学中通常是先给出指数函数的定义，再通过图像研究性质，这样做虽然降低了教学难度，但是学生就会认为一个函数的性质就是通过图像得到的。可是学生一般只是通过描几个特殊点连线得到函数图像，这样得到的图像并不一定准确，自然也不能对函数的性质有清晰的认识，比如我曾经在“函数的表示方法”一节中布置过绘制 $y=x^3$ 的图像的作业，学生画起来就有难度，答案大相径庭，这就是没有函数性质做基础，单纯靠描点(描点的个数较少)导致的结果。描点法虽然操作简单，但是学生使用起来还是感到很茫然。

改变一个人的习惯很难，改变一个人的思维习惯更难。为了完成这节课的教学目标，我在第二章中的一次函数和二次函数教学中已经渗透从解析式入手研究函数性质。由于知识的有限，学生在初中学习这两个函数时都是通过描点作图直观感知，再从图像上发现函数的性质，更多停留在感性层面上，也正是这样的学习过程让学生习惯了用图像来研究函数的性质。所以在一次函数和二次函数的教学中我没有将这两节课上成复习课，而是利用两个函数的解析式研究函数的性质，让学生从理性上对两个函数有更深一层的认识。

有了前面的内容做基础，我在本节教学中做了新的尝试，先由实例得到两个具体的函数 $y=2^x$ 和 $y=\left(\frac{1}{2}\right)^x$，然后引导学生从解析式入手研究这两个函数的性质。由于在第二章中学生先学习了单调性，再学奇偶性，所以在研究函数性质的时候，学生也自然先研究函数的单调性。我在这个地方加以引导，让学生明白应先研究奇偶性，一方面，如果函数具备奇偶性，那么只需研究部分图像；另一方面，奇偶性是函数整体的性质，而单调性是函数局部的性质，先从整体上认识函数会相对容易些。研究完 $y=2^x$ 和 $y=\left(\frac{1}{2}\right)^x$ 后，我也没有急于给出指数函数的概念和性质，为了培养学生观察、类比、归纳、抽象概括的能力，也为了让学生体会高中数学研究的是一类问题，而不是个别问题，所以我又让学生分析了函数 $y=3^x$ 和 $y=\left(\frac{1}{3}\right)^x$ 的性质与图像，通过对比分析，最终归纳出指数函数定义和指数函数的图像性质。由于有了几个具体函数做基础，学生在给指数函数下定义时对底数 a 的限制自然就明确到 $a>0, a\neq1$，当然需要继续让学生从指数幂的运算上来分析为什么这样限制 a。

[点评]“指数函数”是在学生掌握一次函数、二次函数研究方法之后的新函数，这节课的教学价值是什么呢？通过这样一节课，我们要教会学生什么呢？

授课教师的这节“指数函数”告诉我们：指导学生运用指数函数解析式并借助其图像研究函数性质是本节课的价值所在。通过研究指数函数性质，让学生进一步感受研究函数性质的基本方法。

教师在与学生进行思维交流过程中，提出的问题都是在探寻研究性质的逻辑及方法。如：为什么研究奇偶性？怎样研究奇偶性？怎样研究函数的单调性？这样的问题能够促使学生去反思自己的操作行为，使之上升到思维层面进行概括。

实际上，指数函数不具有对称性，很多教师在这一段的教学中直接就进入函数单调性的研究，看似合情合理，却违背了研究函数性质的一般规律，不利于学生理解研究函数性质的一般方法。授课教师的这节课，在指导学生研究指数函数性质时，是遵循着研究函数性质的一般思路的。

这节课还有一个明显的特点就是坚持用函数解析式研究函数的性质。虽然解析式 $y=2^x$ 和 $y=\left(\frac{1}{2}\right)^x$ 对于学生来说很陌生，但老师引导学生结合刚刚学过的指数运算，运用解析式 $y=2^x$ 和 $y=\left(\frac{1}{2}\right)^x$，让学生经历这样一种研究性质的过程。尽管学生目前还无法通过解析式证明并判断指数函数的单调性，但在师生的交流中，经历了运用解析式去思考如何用任取两个自变量的值去判断其函数值的大小关系，这样的教学价值远大于一上来就画指数函数的图像，由图像得到其单调性。

分析指数函数的图像分布，也是研究函数性质中的一项重要任务。对几组底数分别大于 1 或大于 0 小于 1 的指数函数图像特点的研究包括两方面：一方面是共性的分析，另一方面是不同性质的分析。如单调性让学生进一步悟到研究不同函数关系的方法，尤其像 $y=2^x$ 和 $y=\left(\frac{1}{2}\right)^x$ 这样底数具有某种关系的一组函数图像上的对称性。教师没有满足于只得出结论，而是进一步启发学生从两个函数自变量的关系入手去分析，这对培养学生的理性思维具有重要意义。

本节课在教学设计上有所突破。原有的或者说最常见的教学设计是：通过实例引出指数函数概念，给出指数函数定义，特别是要在这段教学中引导学生去讨论为什么要对 $y=a^x$ 的底数 a 限制范围为 $a>0$，$a\neq1$，之后再结合具体的指数函数 $y=2^x$ 和 $y=\left(\frac{1}{2}\right)^x$ 进行研究。这节课也是从实例出发，但是在得到函数 $y=2^x$ 和 $y=\left(\frac{1}{2}\right)^x$ 之后，教师并没有急于给出指数函数的概念，而是以 $y=2^x$ 为研究的载体进行了深入的性质研究，之后利用 $y=2^x$ 和 $y=\left(\frac{1}{2}\right)^x$ 的对称性得到 $y=\left(\frac{1}{2}\right)^x$ 的性质，在这个过程中，让学生感受到研究函数性质的一般方法。再通过对 $y=3^x$ 和 $y=\left(\frac{1}{3}\right)^x$ 等函数的性质及图像的研究，归纳、提炼出对于底数在不同范围下函数性质的差异，在此基础上概括得出指数函数的概念、定义。

以上设计突出了研究函数性质的逻辑主线，遵循了从特殊到一般的认知规律，是在对课本的知识逻辑深入分析的基础上的一种再创造，教学过程中营造了浓厚的研究氛围，激发了学生积极参与到课堂教学的思维活动中，可以说这种设计更符合教学的逻辑，也反映出授课教师研究知识和研究教学的能力非常扎实。

后 记

2014年的11月份，我以“教学的逻辑”为主题，连续写下了三篇博文。当时是怎么想起以“教学的逻辑”为议论的主题呢？我还记得写这三篇博客时的情景，因为这三篇博文是我在外地听课时，在烟台四中校园内学生公寓的一间宿舍里写出来的。白天听课，和老师们一起研讨教学问题，晚上回到宿舍就在电脑旁把我最近一段时间里对课堂教学的一些思考进行整理。我在之前的博客中，从各个角度对课堂教学都进行过阐述，无论是从知识的分析还是对课堂教学的实施，我都借助博客这个平台和教师们进行分享和交流。每当看到很多教师很努力地在上课并且希望能够把课上好，却在每次上完课后总是有这样或那样的遗憾和困惑的时候，我也为此感到纠结：这些问题的出现到底是什么原因造成的？能不能帮助教师们从更理性的角度进行分析？我在和教师们进行课后交流的时候，一方面要了解授课教师是如何备课的，如何理解课堂教学内容的，如何进行教学设计的，还要再对照教师在课堂教学中的实践进行深入的剖析。

在胶东半岛宁静的冬夜，我似乎找到了一个词能够用来概括这些问题出现的缘由，这个词就是“逻辑”。我有感于课堂教学中缺乏逻辑主线的种种现象，一口气写下了3500字的这三篇博文。北大附中的鲍敬谊老师读后在回复中以《让学生们具有思维的逻辑》为题写下了一段文字：“很欣赏张老师的倡导！如何让学生具有思维的逻辑，是我们每个老师都必须要思考的，让数学来得自然些、亲切些、有意思些，教师在教学设计上就要给学生设置思维的发展空间，给学生思维的逻辑搭建可以展开的平台。谢谢张老师的分享！”二十中的王晓青老师也在回复中发表了读后的感受：“知识的逻辑‘高大上’，要求教师提高自身的学科素养，学科素养绝不等于会做题、会讲题；思维的逻辑接地气，要求教师在实践过程中体会积累，把学生当成会思维的人去教，不是把学生当成只会机械模仿的动物去教。”遵照《海淀教育》编辑宋世云老师的建议，我把这三篇博文整合成文，发表在2015年的《海淀教育》第一期上。

从写完《教学的逻辑》这篇博客之后，我的教学研究就一直围绕着这个主题展开。研究教学内容的内涵是什么、教材教法分析的本质是什么、如何教学生思考问题、如何教学生研究问题、如何培养学生的学科素养，等等，这些问题就不是一篇3500字的文章所能够涵盖的了。也就在这个时候，我参加的首都师范大学承担的北京市教委委托项目“北京市中小学特级教师研修工作室”进入总结、收尾阶段，需要把研修的成果用专著的形式固化下来。在导师张景斌教授的指导下，我以《数学教学的逻辑——基于数学本质的分析》为题，对全书的框架进行了构思，并于2015年的暑假写成初稿。张景斌教授看完初稿后，提出了非常宝贵的修改建议，我又在随后的两个月的时间里对全书进行了认真的修改，终于成稿。

这本书的写作带给我的最大收获是让我享受到了学术写作的过程，激发了我表达自己学术观点的勇气。我也越来越喜欢通过学术写作的方式来提炼自己对教学的思考与研究，并与喜欢数学教学的教师们分享我对数学教学的感悟。

最后，我要再一次感谢我的导师张景斌教授，是她让我亲身体验到了一名学者对学术研究的科学态度和严谨规范的学术作风。在写作过程中，很多和我熟悉的教师和朋友也都给我提出了宝贵的意见和建议，在此一并致谢。